THICH NHAT HANH

Aus Angst wird Mut

THICH NHAT HANH

Aus Angst wird Mut

Grundlagen buddhistischer Psychologie

Fünfzig Verse
über die
Natur des Bewusstseins

Aus dem Englischen von Thomas Geist

arkana

Penguin Random House Verlagsgruppe FSC® N001967

2. Auflage 2025

Originalverlag: Parallax Press, Berkeley, California, USA
produktsicherheit@penguinrandomhouse.de
(Vorstehende Angaben sind zugleich Pflichtinformationen nach GPSR.)

Titel der Originalausgabe: *Transformation at the Base*
Lektorat: Dr. Ulrich Scharpf, Ursula Richard
Umschlag: Morian & Bayer-Eynck, Coesfeld
Umschlagmotiv: © Hildegard Morian
Layout und Satz: Ingeburg Zoschke, Berlin
Druck und Bindung: GGP Media GmbH, Pößneck
Printed in Germany
ISBN 978-3-442-34568-7

www.arkana-verlag.de

Inhalt

Kommentare

Einführung

Der vietnamesische Zenmeister Thuong Chieu (12. Jh.) sagte: »Wenn wir verstehen, wie unser Geist funktioniert, wird die Praxis einfach.« Das vorliegende Buch zur buddhistischen Psychologie soll helfen, die Arbeitsweise des Geistes zu verstehen, indem es die Natur des Bewusstseins begreifbar macht. Die *Fünfzig Verse* lassen sich als eine Art Straßenkarte für den Pfad der Praxis lesen. Der Buddha hat durch Meditation seinen eigenen Geist zutiefst verstehen können, und seit mehr als zweitausendfünfhundert Jahren arbeiten auch die, die seiner Lehre folgen, daran, sich so um ihren Körper und Geist zu kümmern, dass Transformation und Frieden möglich werden.

Die *Fünfzig Verse* beruhen auf den wichtigsten Strömungen buddhistischen Denkens in Indien, von den Abhidharma-Lehren des Pali-Kanon[1] bis zu den späteren Mahayana-Lehren wie dem *Avatamsaka-Sutra*. Die Entwicklung der buddhistischen Philosophie und Lehre in Indien wird gemeinhin in drei Perioden unterteilt: Ursprungsbuddhismus, Buddhismus der Vielen Schulen und Mahayana-Buddhismus.[2] Die *Fünfzig Verse* enthalten Elemente aus den Lehren aller drei Perioden.

Der Abhidharma (wörtlich »Besonderes Dharma«) ist ein Grundlagentext des Ursprungsbuddhismus. Einhundertvierzig Jahre nach dem Hinscheiden des Buddha, teilte sich die Sangha[3] in zwei Strömungen, die Sthaviras[4] und die Mahasanghikas. Dies war der Übergang zur Periode der Vielen Schulen, in der achtzehn oder zwanzig neue Schulen entstanden, in den meisten Fällen aufgrund unterschiedlicher Auffassungen über einzelne Punkte der Lehre.[5] Aus den Sthaviras entstanden später zwei Unterschulen, die Sarvastivadins und die Sautrantikas. Der andere Hauptzweig des Buddhismus der vielen Schulen, die Mahasanghikas, bildete einen der Vorläufer der dritten großen Phase des Buddhismus in Indien, dem Mahayana (wörtlich »Großes Fahrzeug«).[6]

Während seiner Lebzeit war es der Buddha, der die Lehren lebte und verkörperte, aber nach seinem Tod blieb seinen Schülern die Aufgabe, seine Lehren zu systematisieren, damit sie auch in Zukunft studiert werden konnten. Der Abhidharma war die erste dieser Sammlungen, aber die Arbeit ging auch in den folgenden Jahrhunderten weiter, in denen sich die buddhistische Philosophie entwickelte. Im fünften Jahrhundert unserer Zeitrechnung verfasste Buddhaghosa ein für die Systematisierung äußerst wichtiges Werk, den *Weg zur Reinheit (Visuddhi-Magga).*[7] Etwa zur gleichen Zeit erarbeitete der Mönchsgelehrte Vasubandhu eine Zusammenfassung und einen Kommentar der Lehren Buddhas unter dem Titel *Schatz des Abhidharma (Abhidharma-kosha-bhashya).*[8]

Vasubandhu studierte und praktizierte mit einer Reihe buddhistischer Schulen in der Gegend von Gandhara im heutigen Nordpakistan. Dann begab er sich nach Kaschmir, dem Zentrum der Sarvastivada-Schule (die zur Basis eines Großteils des frühen chinesischen Buddhismus wurde). Die Sarvastivadins gestatteten ausschließlich Kaschmiris, mit ihnen zu studieren und zu praktizieren. Vasubandhu verkleidete sich daher, um die Lehren hören zu können. Nachdem er seine Studien bei den Sarvastivadins abgeschlossen hatte, verfasste Vasubandhu sein *Abhidharma-kosha-bhashya.* Seine Lehrer erkannten, dass er ein großes Verständnis der Lehren ihrer Tradition erworben hatte, allerdings bemerkten sie nicht, dass das *Abhidharma-kosha-bhashya* auch Lehren der Sautrantika und anderer Schulen enthielt.

Vasubandhu hatte einen Halbbruder, Asanga, der ein verwirklichter Mönch des Mahayana-Buddhismus war. Dieser verfasste eine wichtige Abhandlung zum Abhidharma vom Standpunkt des Mahayana, das *Mahayana-samgraha-shastra*[9]. Asanga sprach mit Vasubandhu oft über die Bedeutung der Mahayana-Lehren; Vasubandhu jedoch blieb skeptisch. Er schätzte die Lehren und die Praxis der Mahayana-Schulen, war jedoch der Meinung, dass die späteren Entwicklungen, einschließlich des Mahayana, kein authentischer Buddhismus mehr seien. In einer Vollmondnacht dann, als Vasubandhu Gehmeditation übte, begegnete er Asanga, der an einem klaren Teich stehend Mahayana-Lehren rezitierte. Plötzlich erlebte Vasubandhu einen Durchbruch zu der Tiefe und Schönheit des Großen Fahrzeugs, und von diesem Zeitpunkt übten und lehrten die Brüder den Mahayana-Buddhismus gemeinsam.

Vasubandhu gilt als Patriarch und bedeutendster Vertreter der Vijnaptimatra- oder Nur-Manifestation-Schule, die aus der Yogacara-Schule des Mahayana hervorging.[10] Er schrieb Kommentare über Asangas Werke und verfasste selbst zwei wichtige Abhandlungen in Versform zu den Lehren der Nur-Manifestation-Schule, das *Vimshatika (Zwanzig Verse)* und das *Trimshika (Dreißig Verse)*.[11]

Aufgrund von Vasubandhus Training in den unterschiedlichen Traditionen hat sich die Nur-Manifestation-Schule aus dem Abhidharma der Sarvastivada-Schule und Vasubandhus eigenem Werk, dem *Abhidharma-kosha-bhashya,* das er noch vor seinem Kontakt mit dem Mahayana verfasste, entwickelt. Daher enthält die Nur-Manifestation-Schule viele Elemente nicht mahayanischen Ursprungs. Die Werke Vasubandhus haben dem Großen Fahrzeug tief und wirksam gedient, aber sie wurden niemals hundertprozentig Mahayana. Selbst zweihundert Jahre nach seiner Zeit galt die Nur-Manifestation-Schule noch als »Übergangsfahrzeug«.[12]

Im siebten Jahrhundert reiste der chinesische buddhistische Mönch Xuanzang (600–664), der auch der »Pilger« genannt wurde, nach Indien und besuchte die Universität von Nalanda, den Hauptsitz buddhistischer Studien. In seinen Reisechroniken aus Zentralasien und Indien beschreibt Xuanzang, dass zu seiner Zeit zehntausend Mönche in Nalanda studierten.[13] Unter der Anleitung von Meister Shilabhadra studierte Xuanzang den Nur-Manifestation-Buddhismus. Shilabhadra, damals schon einhundert Jahre alt, war der Rektor von Nalanda und der letzte der berühmten »Doktoren«

der Nur-Manifestation-Schule. (Vasubandhu war der erste, Sthiramati[14] ein weiterer und Dharmapala, Shilabhadras eigener Lehrer, war der neunte.)

Im Vergleich der Werke Sthiramatis und Dharmapalas lässt sich ihr unterschiedlicher Zugang zur Nur-Manifestation deutlich erkennen. Der Originalkommentar Vasubandhus wurde zudem von Dignaga erweitert, indem er Elemente der Epistemologie und der Logik hinzufügte. Diese Mischung der Lehren studierte Xuanzang in Nalanda und später in China. Gegründet auf die Lehren von der Manifestation des Bewusstseins begründete er eine Schule, die Wei Shi (Nur-Bewusstsein) genannt wurde. Außerdem verfasste er einen Kommentar zu Vasubandhus *Dreißig Versen* mit dem Titel *Standardverse über die Acht Formen des Bewusstseins*[15]. Xuanzang vertrat auch die Idee der »drei Bereiche« der Wahrnehmung, ein System, das die Qualitäten der Wahrnehmung in Bezug auf unterschiedliche Ebenen des Bewusstseins beschreibt. Er schrieb ein kurzes Gedicht über die drei Bereiche der Wahrnehmung, »Das Wesen des Wahrgenommenen-an-sich, wenn es nicht nach unserem Geist geht«, das in Kapitel Vierundzwanzig des vorliegenden Buches wiedergegeben ist.

Ein Jahrzehnt nach Xuanzang präsentierte der chinesische Mönch Fazang die Lehren der Nur-Manifestation auf eine ganz und gar dem Mahayana entsprechende Weise. Fazang war ein Student der *Blumenschmuck-Lehrrede (Avatamsaka-Sutra)* und sein wichtiges Werk *Die Wunderbare Bedeutung des Avatamsaka*[16] nahm diese Lehren auf, besonders die Idee des »eins ist alles, alles ist eins«, um die Lehren der Nur-Manifestation zu bestätigen. Fazangs Bemühungen hatten allerdings keine langfristige Wirkung, und nach ihm hat niemand mehr die Arbeit fortgesetzt, die Nur-Manifestation-Lehren ganz im Sinne des Mahayana vorzustellen. Auch heute noch lesen Gelehrte und Praktizierende die *Dreißig Verse*, ohne sie als bedeutende Mahayana-Lehren zu erkennen.

Als Novize habe ich Vasubandhus *Zwanzig* und *Dreißig Verse* auf Chinesisch auswendig gelernt und studiert. Als ich in den Westen kam, erkannte ich, dass diese wichtigen Lehren buddhistischer Psychologie für die Menschen hier Türen zum Verständnis würden öffnen können. Also verfasste ich im Jahre 1990 die *Fünfzig Verse*, um die von Buddha, Vasubandhu, Sthiramati, Xuanzang, Fazang und anderen übertragenen kostbaren Juwelen zum Strahlen zu bringen. Nachdem Sie die *Fünfzig Verse* studiert haben, werden Sie die klassischen Werke dieser großen Meister besser verstehen können, und Sie werden erkennen, welches Werk die Grundlage für welchen der *Fünfzig Verse* ist.

Ich habe versucht, in diesem Buch die Lehren der Nur-Manifestation ganz im Sinne des Mahayana vorzustellen. Wenn Sie bei Ihrer Lektüre gelegentlich ein Wort oder einen Satz nicht verstehen sollten, dann bitte bemühen Sie sich nicht zu sehr. Lassen Sie die Lehren einfach in sich hineinfließen, so wie Sie vielleicht Musik hören oder wie die Erde sich vom Regen durchdringen lässt. Wenn Sie nur Ihren Intellekt gebrauchen, um diese Lehren zu studieren, dann ist das so, als wäre die Erde mit Plastik abgedeckt. Wenn Sie aber den Dharma-Regen Ihr Bewusstsein durchdringen lassen, werden die *Fünfzig Verse* Ihnen die ganzen Lehren des Abhidharma »in einer Nussschale« zugänglich machen.

Die Nur-Manifestation-Lehren sind außerordentlich tiefgründig und komplex, und man kann sein ganzes Leben damit verbringen, sie eingehend zu betrachten und zu erforschen. Bitte lassen Sie sich von ihrer Komplexität nicht einschüchtern. Machen Sie langsam. Versuchen Sie, nicht zu viele Seiten auf einmal zu lesen, und nehmen Sie sich die Zeit, jeden Vers und den dazugehörigen Kommentar in sich aufzunehmen, bevor Sie zum nächsten übergehen. Mit Achtsamkeit, Freundlichkeit und Mitgefühl werden Sie diese Lehren ganz leicht und natürlich verstehen.

Fünfzig Verse
über die Natur des Bewusstseins

Teil I *Speicherbewusstsein*

Eins

Der Geist ist ein Feld,
das alle Arten von Samen aufnimmt.
Dieses Geistfeld kann man auch
»alle Samen« nennen.

Zwei

Eine unendliche Vielfalt von Samen gibt es in uns –
Samen des Samsara und Samen des Nirwana, Samen der
Verblendung und Samen der Erleuchtung,
Samen des Leidens und Samen des Glücks,
Samen der Wahrnehmungen, der Namen und Begriffe.

Drei

Samen, die als Körper und Geist manifest werden,
als Daseinsbereiche, Stufen und Welten,
sind sämtlich in unserem Bewusstsein gespeichert.
Deshalb wird es »Speicherbewusstsein« genannt.

Vier

Einige Samen sind uns angeboren,
sie wurden uns von unseren Ahnen vererbt.
Andere wurden gesät, als wir uns noch im Mutterleib befanden,
wieder andere gehen auf unsere Kindheit zurück.

Fünf

Seien sie nun von Familie, Freunden,
der Gesellschaft oder durch Erziehung übertragen,
alle unsere Samen sind
sowohl individueller als auch kollektiver Natur.

Sechs

Die Qualität unseres Lebens
hängt von der Qualität
der Samen ab,
die tief in unserem Bewusstsein ruhen.

Sieben

Die Funktion des Speicherbewusstseins ist es,
die Samen und ihre entsprechenden Gewohnheitsenergien
aufzunehmen und zu bewahren,
damit sie in der Welt manifest werden
oder weiter ruhen können.

Acht

Manifestationen aus dem Speicherbewusstsein
werden als »Dinge-an-sich« wahrgenommen
oder als Abbilder von Dingen oder als bloße Vorstellungen.
Alle sind in den achtzehn Elementen des Seins enthalten.

Neun

Sämtliche Manifestationen tragen die Zeichen
sowohl des Individuellen als auch des Kollektiven.
Die Reifung des Speicherbewusstseins funktioniert ebenso
durch seine Teilhabe an den verschiedenen Stufen
und Daseinsbereichen.

Zehn

Unverstellt und unbestimmt
fließt das Speicherbewusstsein in dauernder Veränderung.
Gleichzeitig ist es mit den
fünf universellen geistigen Gebilden versehen.

Elf

Obwohl vergänglich und ohne eigenständiges Selbst,
enthält das Speicherbewusstsein sämtliche Phänomene
des Kosmos
– sowohl bedingte als auch unbedingte –
in Form von Samen.

Zwölf

Samen können Samen hervorbringen.
Samen können Gebilde hervorbringen.
Gebilde können Samen hervorbringen.
Gebilde können Gebilde hervorbringen.

Dreizehn

Sowohl Samen als auch Gebilden
wohnt die Natur des Interseins und der
wechselseitigen Durchdringung inne.
Das eine wird hervorgebracht von allem,
alles hängt vom einen ab.

Vierzehn

Das Speicherbewusstsein ist weder gleich noch verschieden,
weder individuell noch kollektiv.
Gleichheit und Vielfalt bedingen und durchdringen einander.
Das Kollektive und das Individuelle bringen einander hervor.

Fünfzehn

Wird Verblendung überwunden, herrscht Verstehen vor
und das Speicherbewusstsein ist keinen Trübungen
mehr unterworfen.
Es wird zur Großen Spiegelgleichen Weisheit
und spiegelt den Kosmos in allen Richtungen. Sein Name
lautet nun Reines Bewusstsein.

Teil II *Manas*

Sechzehn

Samen der Verblendung bringen
die geistigen Gebilde des Begehrens und Anhaftens hervor.
Diese Kräfte bestimmen unser Bewusstsein,
sobald Körper und Geist manifest werden.

Siebzehn

Manas entsteht
gestützt auf das Speicherbewusstsein.
Seine Funktion ist das Begreifen.
Es greift nach den Samen, die es für ein »Selbst« hält.

Achtzehn

Manas' Objekt ist das Zeichen eines Selbst,
das sich im Feld der Abbilder findet,
dort, wo Manas
und Speicherbewusstsein sich berühren.

Neunzehn

Als Basis alles Heilsamen und Unheilsamen
in den übrigen sechs manifest werdenden Bewusstseinsformen,
unterscheidet Manas unaufhörlich.
Seiner Natur nach ist es sowohl unbestimmt als auch verdunkelt.

Zwanzig

Manas hängt zusammen mit den fünf universellen
geistigen Gebilden,
mit »Mati« von den fünf speziellen
sowie mit den vier Haupt- und mit acht Nebenplagen
des Geistes.
Sie alle sind unbestimmt und verdunkelt.

Einundzwanzig

Wie der Schatten der Form folgt,
folgt Manas stets dem Speicherbewusstsein.
Manas ist der fehlgeleitete Versuch, durch die Suche nach
Dauerhaftigkeit und blinder Befriedigung zu überleben.

Zweiundzwanzig

Ist die erste Stufe des Bodhisattva-Pfades erlangt,
sind die Hindernisse des Wissens und die Geistesplagen
verwandelt.
Auf der zehnten Stufe transformiert der Yogi, die Yogini,
den Glauben an ein eigenständiges Selbst,
und das Speicherbewusstsein ist von Manas befreit.

Teil III *Geistbewusstsein*

Dreiundzwanzig

Mit Manas als Basis
und den Phänomenen als Objekten
wird das Geistbewusstsein manifest.
Der Bereich seiner Wahrnehmung ist der umfassendste.

Vierundzwanzig

Das Geistbewusstsein verfügt über drei Arten der Wahrnehmung.
Es hat Zugang zu den drei Feldern der Wahrnehmung und kann von dreifacher Natur sein.
Alle geistigen Gebilde – universelle, spezielle, heilsame, unheilsame und neutrale –
werden im Geistbewusstsein manifest.

Fünfundzwanzig

Das Geistbewusstsein ist die Wurzel aller Handlungen von Körper und Sprache.
Es ist seine Natur, geistige Gebilde manifest werden zu lassen, seine Existenz ist jedoch nicht kontinuierlich.
Das Geistbewusstsein lässt Handlungen entstehen, die zur Reifung führen.
Es spielt die Rolle des Gärtners, der alle Samen aussät.

Sechsundzwanzig

Das Geistbewusstsein ist ständig in Funktion,
außer in Zuständen des Nicht-Wahrnehmens,
den zwei Verwirklichungen,
dem Tiefschlaf, der Ohnmacht oder dem Koma.

Siebenundzwanzig

Das Geistbewusstsein funktioniert auf fünf verschiedene Arten:
in Zusammenarbeit mit den fünf Formen des Sinnesbewusstseins, unabhängig von ihnen,
zerstreut, konzentriert oder instabil.

Teil IV *Formen des Sinnesbewusstseins*

Achtundzwanzig

Gegründet auf das Geistbewusstsein,
manifestieren sich die fünf Formen des Sinnesbewusstseins
getrennt von oder zusammen mit dem Geistbewusstsein
wie Wellen auf dem Wasser.

Neunundzwanzig

Das Feld ihrer Wahrnehmung ist das der Dinge-an-sich.
Der Modus ihrer Wahrnehmung ist direkt.
Ihre Natur kann heilsam, unheilsam oder neutral sein.
Sie arbeiten aufgrund der Sinnesorgane
und des Empfindungszentrums des Gehirns.

Dreißig

Sie treten mit den
universellen, den speziellen und den heilsamen,
den grundlegend und zweitrangig unheilsamen sowie
den unbestimmten geistigen Gebilden in Erscheinung.

Teil V *Die Natur der Wirklichkeit*

Einunddreißig

Bewusstsein beinhaltet stets
Subjekt und Objekt.
Selbst und andere, innen und außen
sind sämtlich Kreationen des konzeptuellen Geistes.

Zweiunddreißig

Bewusstsein hat drei Teile –
Wahrnehmender, Wahrgenommenes und Ganzheit.
Alle Samen und geistigen Gebilde
sind gleich.

Dreiunddreißig

Geburt und Tod sind von Bedingungen abhängig.
Bewusstsein ist von Natur aus eine unterscheidende
Manifestation.
Wahrnehmender und Wahrgenommenes
hängen voneinander ab
als Subjekt und Objekt der Wahrnehmung.

Vierunddreißig

In individueller und kollektiver Manifestation
sind Selbst und Nicht-Selbst nicht zwei.
Der Zyklus von Geburt und Tod vollendet sich in jedem
Augenblick.
Bewusstsein entwickelt sich im Ozean von Geburt und Tod.

Fünfunddreißig

Raum, Zeit und die vier großen Elemente
sind sämtlich Manifestationen des Bewusstseins.
Im Prozess des Interseins und der wechselseitigen Durchdringung
gelangt unser Speicherbewusstsein in jedem Augenblick
zur Reife.

Sechsunddreißig

Wesen werden manifest, wenn die Bedingungen ausreichen.
Reichen die Bedingungen nicht mehr aus, erscheinen sie
nicht länger.
In Wahrheit gibt es kein Kommen, kein Gehen,
kein Sein und kein Nichtsein.

Siebenunddreißig

Wenn ein Samen ein geistiges Gebilde entstehen lässt,
handelt es sich um die Primärursache.
Das Subjekt der Wahrnehmung hängt vom Objekt der
Wahrnehmung ab.
Dies nennt sich Objekt als Ursache.

Achtunddreißig

Günstige oder nicht hinderliche Bedingungen
sind unterstützende Ursachen.
Die vierte Art der Bedingung
ist die Unmittelbarkeit der Fortdauer.

Neununddreißig

Wechselseitig abhängige Manifestation hat zwei Aspekte –
verblendeten Geist und wahren Geist.
Verblendeter Geist ist die Konstruktion von Abbildern.
Wahrer Geist ist erfüllte Natur.

Vierzig

Das Konstruierte erfüllt den Geist mit Samen der Verblendung,
was zum Elend von Samsara führt.
Das Erfüllte öffnet das Tor der Weisheit
zum Bereich der Soheit.

Teil VI *Der Pfad der Praxis*

Einundvierzig

Über die Natur der wechselseitigen Abhängigkeit
zu meditieren,
kann Verblendung in Erleuchtung verwandeln.
Samsara und Soheit sind nicht zwei.
Sie sind ein und dasselbe.

Zweiundvierzig

Noch während die Blume blüht, ist sie bereits im Kompost,
und der Kompost ist schon in der Blume.
Blume und Kompost sind nicht zwei.
Verblendung und Erleuchtung bedingen und
durchdringen einander.

Dreiundvierzig

Fliehe nicht Geburt und Tod.
Blicke einfach tief in deine geistigen Gebilde.
Wird die wahre Natur der wechselseitigen Abhängigkeit
erkannt,
ist die Wahrheit des Interseins verwirklicht.

Vierundvierzig

Übe bewusstes Atmen,
um die Samen des Erwachens zu gießen.
Die Rechte Sicht ist eine Blume,
die im Feld des Geistbewusstseins erblüht.

Fünfundvierzig

Wenn die Sonne scheint,
lässt sie alle Pflanzen wachsen.
Wenn die Achtsamkeit erstrahlt,
verwandelt sie alle geistigen Gebilde.

Sechsundvierzig

Wir erkennen innere Knoten und latente Neigungen
und können sie dann verwandeln.
Wenn unsere Gewohnheitsenergien sich auflösen,
findet Verwandlung an der Basis statt.

Siebenundvierzig

Der gegenwärtige Augenblick
enthält Vergangenheit und Zukunft.
Das Geheimnis der Verwandlung liegt darin,
wie wir mit eben diesem Augenblick umgehen.

Achtundvierzig

Verwandlung findet
in unserem Alltagsleben statt.
Übe mit einer Sangha,
um die Arbeit der Verwandlung zu erleichtern.

Neunundvierzig

Nichts wird geboren, nichts stirbt.
Nichts gibt es festzuhalten, nichts loszulassen.
Samsara ist Nirwana.
Es gibt nichts zu erreichen.

Fünfzig

Wenn wir erkennen, dass die Geistesplagen nichts anderes sind
als Erleuchtung,
können wir in Frieden auf den Wellen von Geburt und Tod reiten.
Im Boot des Mitgefühls auf dem Ozean der Verblendung reisend,
lächeln wir das Lächeln der Furchtlosigkeit.

Teil I
Speicherbewusstsein

Nach den Lehren des Nur-Manifestation-Buddhismus[1] hat unser Geist acht Aspekte oder, wie wir auch sagen können, gibt es acht Formen oder Arten des Bewusstseins. Die ersten fünf basieren auf den physischen Sinnen. Es sind die Bewusstseinsaspekte, die entstehen, wenn unsere Augen Formen sehen, unsere Ohren Klänge hören, unsere Nase Gerüche riecht, unsere Zunge etwas schmeckt oder unsere Haut ein Objekt berührt. Die sechste Bewusstseinsform, das Geistbewusstsein *(manovijnana)*, entsteht, wenn unser Geist einem Objekt der Wahrnehmung begegnet. Die siebte, *manas,* ist der Teil des Bewusstseins, der das Geistbewusstsein entstehen lässt und als seine Stütze dient. Die achte, Speicherbewusstsein *(alayavijnana)*, ist der Grund oder die Basis der sieben übrigen Bewusstseinsarten.[2]

In den Versen eins bis fünfzehn geht es um das Speicherbewusstsein. Das Speicherbewusstsein hat drei Funktionen. Die erste besteht darin, alle »Samen« *(bijas)* unserer Erfahrungen zu speichern und zu bewahren. Die in unserem Speicherbewusstsein vorhandenen Samen repräsentieren alles, was wir je getan, erlebt oder wahrgenommen haben. Die durch diese Taten, Erlebnisse und Wahrnehmungen gepflanzten Samen sind das »Subjekt« des Bewusstseins. Das Speicherbewusstsein zieht all diese Samen an, wie ein Magnet Eisenspäne anzieht.

Die zweite Funktion des Speicherbewusstseins bezieht sich auf die Samen selbst. Ein Museum zum Beispiel ist mehr als das Museumsgebäude. Es umfasst ebenso die Kunstwerke, die in ihm ausgestellt sind. Ebenso ist auch das Speicherbewusstsein nicht nur der »Speicher« für die Samen, sondern zugleich die in ihm enthaltenen Samen. Die Samen lassen sich zwar vom Speicher unterscheiden, aber nur in ihm können sie gefunden werden. Wenn man einen Korb Äpfel hat, lassen sich die Äpfel vom Korb unterscheiden. Wäre der Korb jedoch leer, könnte man nicht von einem Korb Äpfel sprechen. So ist das Speicherbewusstsein zugleich *sowohl* der Speicher *als auch* der gespeicherte Inhalt. Auf diese Weise sind die Samen auch das »Objekt« des Bewusstseins. Wenn wir also von »Bewusstsein« sprechen, beziehen wir uns gleichzeitig sowohl auf das Subjekt als auch das Objekt des Bewusstseins.

In seiner dritten Funktion schließlich ist das Speicherbewusstsein ein »Speicher für das Anhaften an einem Selbst«.[3] Das liegt an der subtilen und komplexen Beziehung zwischen Manas – der siebten Form des Bewusstseins – und dem Speicherbewusstsein. Manas erwächst aus dem Speicherbewusstsein, ergreift seinerseits dann einen Teil des Speicherbewusstseins und hält daran als eine separate, unterscheidbare Entität – ein »Selbst« fest. Ein Großteil unseres Leidens rührt aus dieser Fehlwahrnehmung durch Manas, und dies ist Thema des zweiten Teils dieses Buches.

Eins *Der Geist ist ein Feld*

Der Geist ist ein Feld,
das alle Arten von Samen aufnimmt.
Dieses Geistfeld kann man auch
»alle Samen« nennen.

Die Hauptfunktion des Speicherbewussteins besteht darin, alle Samen zu speichern und zu bewahren. Ein Name für das Speicherbewusstsein lautet *sarvabijaka,* »Gesamtheit aller Samen«. Ein weiterer ist *adana* und bedeutet »bewahren«, »halten«, »nicht verlieren«. Das Bewahren aller Samen – sie lebendig zu erhalten, damit sie jederzeit manifest werden können – ist somit die grundlegende Funktion des Speicherbewusstseins.

Samen *(bijas)* verleihen den Phänomenen die Fähigkeit zu überdauern. Wenn man im Frühling einen Samen pflanzt, wird im Herbst eine Pflanze ausgereift sein, die Früchte trägt. Von diesen Früchten wiederum fallen neue Samen zur Erde, wo sie bewahrt werden, bis sie aufkeimen und weitere Pflanzen hervorbringen. Unser Geist ist ein Feld, in das alle Arten von Samen gepflanzt werden – Samen des Mitgefühls, der Freude und Hoffnung, Samen der Sorge, der Angst und der Probleme. Tag für Tag pflanzen unsere Gedanken, Worte und Handlungen neue Samen in das Feld unseres Bewusstseins, und was diese Samen hervorbringen, wird zur Substanz unseres Lebens.

In unserem Geistfeld gibt es sowohl heilsame als auch unheilvolle Samen, gesät von uns selbst, von unseren Eltern, unseren Mitschülern und Lehrern, unseren Vorfahren und der Gesellschaft. Wenn wir Weizen säen, wird Weizen wachsen. Wenn wir heilsam handeln, werden wir Glück erfahren. Wenn wir unheilsam handeln, gießen wir die Samen von Gier, Zorn und Gewalt in uns selbst und in anderen. Die Praxis der Achtsamkeit hilft uns, sämtliche Samen in unserem Bewusstsein zu identifizieren, und mit diesem Wissen können wir uns dafür entscheiden, nur die heilsamen gießen zu wollen. Wenn wir die Samen unserer Freude pflegen und gleichzeitig die Samen des Leidens verwandeln, werden Verständnis, Liebe und Mitgefühl in uns erblühen.

Zwei *Vielfalt der Samen*

Eine unendliche Vielfalt von Samen gibt es in uns –
Samen des Samsara und Samen des Nirwana,
Samen der Verblendung und Samen der Erleuchtung,
Samen des Leidens und Samen des Glücks,
Samen der Wahrnehmungen, der Namen und Begriffe.

Unser Speicherbewusstsein enthält alle möglichen Arten von Samen. Einige Samen sind schwach, andere stark, einige sind groß, andere klein, aber es sind die Samen für alle Erfahrungen vorhanden – die Samen des Samsara und des Nirwana, die Samen des Leidens und die Samen des Glücks. Wenn ein Samen der Verblendung in uns gegossen wird, nimmt unsere Ignoranz zu. Wenn der Samen der Erleuchtung in uns wächst, erblüht unsere Weisheit.

Samsara, der Kreislauf des Leidens, ist unser Aufenthaltsort, wenn wir in Ignoranz leben. Aus diesem Kreislauf auszusteigen ist äußerst schwierig. Schon unsere Eltern haben gelitten, und sie haben die negativen Samen ihres Leidens an uns weitergegeben. Wenn es uns nicht gelingt, die unheilvollen Samen in unserem Bewusstsein zu erkennen und zu transformieren, werden wir sie ohne jeden Zweifel auch an unsere Kinder weitergeben. Diese fortwährende Übertragung von Angst und Leiden treibt den Kreislauf von Samsara an. Gleichzeitig haben unsere Eltern uns aber auch Samen des Glücks übertragen. Durch die Praxis der Achtsamkeit können wir die heilsamen Samen in uns und anderen erkennen und sie jeden Tag gießen.

Nirwana bedeutet Stabilität, Freiheit und das Ende von Samsara. Erleuchtung kommt nicht von außen; niemand kann sie uns geben, auch nicht der Buddha. Der Samen der Erleuchtung liegt bereits jetzt in unserem Bewusstsein. Das ist unsere Buddhanatur – die uns allen innewohnende Qualität des erleuchteten Geistes, die nur genährt werden muss.

Um Samsara in Nirwana zu verwandeln, müssen wir klar erkennen, dass sowohl Samsara als auch Nirwana Manifestationen unseres eigenen Bewusstseins sind. Die Samen von Samsara, Leiden, Nirwana und Glück liegen bereits in unserem Speicherbewusstsein. Wir müssen nur die Samen des Glücks statt die Samen des Leidens gießen. Wenn wir jemanden lieben, versuchen wir die positiven Samen in diesem Menschen zu erkennen und sie mit freundlichen Worten und heilsamen Taten zu stärken. So werden die Samen des Glücks genährt, während die Samen des Leidens immer mehr an Kraft verlieren, weil wir sie nicht durch unfreundliche Worte und unheilsame Taten stärken.

Unser Speicherbewusstsein enthält auch Samen, die durch unsere Wahrnehmung erzeugt worden sind. Wir nehmen viele Dinge wahr, und die Objekte dieser Wahrnehmungen werden dann in unserem Speicherbewusstsein gespeichert. Wenn wir ein Objekt sehen, dann sehen wir, in buddhistischer Terminologie ausgedrückt, sein »Zeichen« *(lakshana)*. Das Sanskritwort Lakshana bedeutet auch Merkmal, Bezeichnung oder Erscheinung. Das Zeichen eines Dings ist das Bild, das wir durch unsere Wahrnehmung *(samjna)* von ihm erschaffen.

Angenommen wir sehen eine hölzerne Platte auf vier Beinen – dieses Bild wird zu einem Samen in unserem Bewusstsein. Der Name, den wir diesem Objekt zuordnen, »Tisch«, ist ein weiterer Samen in uns. »Tisch« ist das Objekt unserer Wahrnehmung, wir selbst, der Wahrnehmende, sind das Subjekt. Beide sind verbunden: Jedes Mal, wenn wir das von uns als »Tisch« bezeichnete Objekt sehen oder auch nur das Wort »Tisch« hören, wird unser Bild eines Tisches in unserem Geistbewusstsein manifest.

Der Buddhismus unterscheidet drei Zeichenpaare. Das erste Paar besteht aus dem allgemeinen und dem speziellen Zeichen von etwas. Wenn wir ein Haus erblicken, so ist das Zeichen oder Bild »Haus« anfänglich allgemein. Das allgemeine Zeichen »Haus« ist eine Art Gattungsbegriff. Bis vor einigen Jahren konnte man noch im Supermarkt Dosen kaufen, die keine bunten Bilder und Markennamen hatten, sondern auf denen schlicht zum Beispiel das Wort »Mais« in schwarzer Schrift auf einfachem weißen Papier stand. So ähnlich verhält es sich mit dem allgemeinen Zeichen eines Objekts.

Mit Hilfe unseres unterscheidenden Geistes nehmen wir jedoch schnell tausende Einzelheiten wahr – Ziegel, Holz, Nägel und so weiter, die für dieses Haus spezifisch sind. Ein Haus kann also als Ganzes gesehen werden – sein allgemeines Zeichen – und ebenso als eine Kombination seiner Teile – sein spezielles Zeichen. Alles hat sowohl eine allgemeine als auch eine spezielle Natur.

Das zweite Zeichenpaar besteht aus Einheit und Vielfalt. Der Begriff »Haus« entspricht einem Konzept von Einheit. Alle Häuser fallen unter die Bezeichnung »Haus«. Doch die allgemeine Idee »Haus« zeigt uns kein in seinen spezifischen Merkmalen individuelles Haus. Häuser gibt es in zahllosen Variationen – das ist die Natur der Vielfalt. Wenn wir irgendein beliebiges Phänomen betrachten, sollten wir die Einheit in der Vielfalt und die Vielfalt in der Einheit erkennen können.

Das dritte Zeichenpaar ist Aufbau und Auflösung. Ein Haus kann sich gerade im Prozess des Aufbaus befinden und ist doch gleichzeitig auch im Prozess der Auflösung. Obwohl das Holz neu und das Haus noch nicht einmal ganz fertig ist, beginnt es durch die Feuchtigkeit oder Trockenheit der Luft, bereits zu verwittern. Wenn wir etwas Form annehmen sehen, sollten wir erkennen können, dass es sich gleichzeitig schon im Prozess der Auflösung befindet.

Unsere Meditationspraxis sollte uns dazu befähigen, stets beide Aspekte jedes dieser Zeichenpaare zu erkennen. Wenn wir die Teile betrachten, sehen wir das Ganze, und wenn wir das Ganze betrachten, sehen wir jedes Teil. Wenn ein Schreiner einen Baum betrachtet, kann er sich die Blockhütte bereits vorstellen, denn er ist darin ausgebildet, aus dem Holz eines Baumes ein Haus zu bauen. Er sieht die allgemeinen und die spezifischen Aspekte eines Baumes. Achtsamkeit hilft uns, alle sechs Zeichen zu sehen – das Allgemeine und das Spezifische, die Einheit und die Vielfalt sowie den Aufbau und die Auflösung – wann immer wir ein einzelnes Zeichen, ein spezifisches Objekt wahrnehmen. Das ist die Lehre der wechselseitigen Verbundenheit und Durchdringung, die Lehre des *Interseins.*

Den Objekten unserer Wahrnehmung ordnen wir Namen, Worte oder Bezeichnungen wie »Berg«, »Fluss«, »Buddha«, »Gott«, »Vater« oder »Mutter« zu. Jeder Name, den wir einem Phänomen zugeordnet haben, jeder Begriff wird als Samen in unserem Bewusstsein gespeichert. Diese Samen lassen wiederum andere Samen in uns entstehen, die wir »Bilder« nennen. Sobald wir den Namen von etwas hören, entsteht in unserem Bewusstsein ein Bild, und dieses Bild halten wir dann für die Wirklichkeit. Sagt zum Beispiel jemand in unserer Umgebung die Worte »New York«, berühren wir augenblicklich die in unserem Speicherbewusstsein liegenden Samen unseres Bildes von New York. Wir sehen zum Beispiel die Insel Manhattan oder die Gesichter von Menschen, die wir dort kennen, vor uns. Diese Bilder können sich jedoch von der gegenwärtigen Wirklichkeit New Yorks stark unterscheiden. Vielleicht sind sie sogar voll und ganz Schöpfungen unserer Einbildung, aber wir sind selten in der Lage, die Grenze zwischen Wirklichkeit und unserer eingebildeten Wahrnehmung zu erkennen.

Wir benutzen Begriffe, um auf etwas zu verweisen – ein Objekt oder ein Konzept. Diese Begriffe können der »Wahrheit« des Bezeichneten, die sich letztlich nur durch eine direkte Wahrnehmung seiner Wirklichkeit erkennen lässt, entsprechen oder nicht. In unserem Alltagsleben nehmen wir nur äußerst selten direkt wahr. Auf der Basis der in unserem Speicherbewusstsein vorhandenen Samen jener Bilder, die wir von den Dingen haben, erfinden und erschaffen wir uns Wahrnehmungen. Sind wir verliebt, kann sich das Bild des geliebten Menschen in unserem Geist erheblich von der tatsächlichen Person unterscheiden. Vielleicht könnte man sogar sagen, dass wir am Ende eher unsere falsche Wahrnehmung heiraten als den Menschen selbst.

Falsche Wahrnehmungen sind für sehr viel Leid verantwortlich. Wir sind uns so sicher, dass unsere Wahrnehmungen richtig und vollständig sind, doch häufig trifft das einfach nicht zu. Ich kenne einen Mann, der den Verdacht hatte, sein Sohn sei nicht von ihm, sondern von einem Nachbarn, der seine Frau oft besucht hatte. Der Mann war zu stolz und schämte sich zu sehr, um mit seiner Frau oder irgendjemandem über seinen Verdacht zu sprechen. Eines Tages erwähnte ein zu Besuch gekommener Freund, wie sehr der Junge doch seinem Vater glich. Erst da begriff der Mann, dass das Kind tatsächlich sein Sohn war. Weil er an seiner falschen Wahrnehmung festgehalten hatte, musste die Familie jahrelang viel Schmerz erdulden.

Es geschieht so leicht, dass wir unser geistiges Bild, unser Zeichen von etwas, mit dessen Wirklichkeit verwechseln. Der Prozess der Verwechslung unserer Wahrnehmung mit der Wirklichkeit ist so subtil, und wir erkennen nur sehr schwer, dass er überhaupt stattfindet. Achtsamkeit hilft uns, diesen Prozess nicht zu übersehen. Bei der Meditation üben wir, unseren Geist in unmittelbarer, also korrekter Wahrnehmung zu schulen. Wir blicken tief in unsere Wahrnehmungen hinein, um ihre Natur zu entdecken und herauszufinden, welche Elemente korrekt und welche eingebildet sind.

Wahrnehmungen können auf Vorurteilen beruhen, die sich aus den Samen vergangener Erlebnisse in unserem Speicherbewusstsein entwickelt haben. Wenn wir nicht achtsam sind, werden wir solche Wahrnehmungen für korrekt halten. Halten wir aber eine falsche Wahrnehmung auf Dauer aufrecht, fügen wir uns selbst und anderen Schaden zu. Tatsächlich bringen Menschen sich sogar wegen ihrer unterschiedlichen Wahrnehmung ein und derselben Wirklichkeit gegenseitig um.

Wir leben in einem von falschen Bildern und Einbildungen erfüllten Universum. Doch wir sind davon überzeugt, mit der Welt wirklich in Kontakt zu sein. Wir mögen tiefen Respekt vor dem Buddha haben und sicher sein, dass wir uns, begegneten wir ihm persönlich, vor ihm verbeugen und alle seine Unterweisungen anhören würden. In Wirklichkeit jedoch hätten wir dem Buddha in unserer eigenen Stadt längst begegnet sein können, ohne den geringsten Wunsch verspürt zu haben, ihm nahe zu sein, weil er schlicht nicht unserer Vorstellung vom Aussehen eines Buddha entsprach. Wir glauben vielleicht, dass ein Buddha in schöne Roben gekleidet und von einer Aura des Lichts umgeben sei. Wenn wir dann einem Buddha in gewöhnlicher Alltagskleidung begegnen, erkennen wir ihn folglich nicht. Wie kann ein Buddha ein Sporthemd tragen? Wie kann eine Buddha keine Lichtaura haben?

Es sind so viele Samen falscher Wahrnehmungen in unserem Bewusstsein. Dennoch sind wir uns ziemlich sicher, dass unsere Wahrnehmung der Wirklichkeit richtig ist. »Dieser Mensch hasst mich. Er schaut mich nicht einmal an. Er will mich verletzen.« Das ist möglicherweise nicht mehr als eine Phantasie unseres Geistes. In dem Glauben aber, dass unsere Wahrnehmung der Wirklichkeit entspricht, handeln wir aufgrund dieser Wahrnehmung. Das ist überaus gefährlich. Eine falsche Wahrnehmung kann zahllose Probleme schaffen. Tatsächlich lässt sich unser gesamtes Leiden auf unser Unvermögen zurückführen, die Dinge so zu sehen, wie sie sind. Wir sollten uns stets bescheiden fragen: »Bin ich mir sicher?«, und uns dann Zeit und Raum geben, unsere Wahrnehmungen tiefer, klarer und stabiler werden zu lassen.

Drei *Manifeste und nicht manifeste Samen*

Samen, die als Körper und Geist manifest werden,
als Daseinsbereiche, Stufen und Welten,
sind sämtlich in unserem Bewusstsein gespeichert.
Deshalb wird es »Speicherbewusstsein« genannt.

Bevor etwas manifest wird, behaupten wir, dass es nicht existiert. Können wir es aber wahrnehmen, dann sagen wir, es existiert. Aber auch wenn ein Phänomen nicht manifest ist, so ist es doch vorhanden – als Samen in unserem Bewusstsein.

Dieser Vers bezieht sich auf verschiedene buddhistische Vorstellungen im Zusammenhang mit den unterschiedlichen Seinsweisen lebender Wesen, die in späteren Kapiteln des Buches ausführlicher beschrieben werden. Kurz gesagt handelt es sich bei den »Daseinsbereichen« *(dhatus)* um den Bereich der Begierde *(kamadhatu)*, den Bereich der Form *(rupadhatu)* und den Bereich der Nichtform *(arupadhatu)*. Der Bereich der Begierde wird von Begehren, Zorn, Hass, Arroganz und Verblendung geprägt. Die Lebewesen in diesem Bereich leiden sehr, weil sie ständig Dingen hinterherrennen. Wenn wir uns entschließen, einfach zu leben und einige unserer Begierden aufzugeben, gelangen wir in den Bereich der Form. In diesem Bereich leiden wir weniger und können sogar ein gewisses Maß an Glück erfahren. Im dritten, dem Nichtform-Bereich, gibt es keine Materie mehr. Es ist nur noch Energie vorhanden, und diese Energie manifestiert sich als unser Geist, unser Zorn, unser Leiden und so weiter. Das Leben geht weiter, aber es gibt keine Wahrnehmung von Form.

Der Bereich der Begierde, die vier Ebenen des Bereichs der Form und die vier Ebenen des Nichtform-Bereichs ergeben zusammen die neun Stufen des Seins. (Die einzelnen Stufen werden in Kapitel

Neun beschrieben.) Solange wir uns nicht von unseren falschen Wahrnehmungen befreit haben, werden wir uns in den Bereichen von Begierde, Form und Nichtform verfangen. Frühe buddhistische Texte vergleichen die drei Bereiche samsarischer Existenz mit einem »brennenden Haus«. Die drei Bereiche stehen in Flammen, und wir selbst sind es, die durch unsere falschen Wahrnehmungen das Feuer gelegt haben.

Der Sinn und Zweck buddhistischer Praxis besteht darin, das Leiden dieser Bereiche und Stufen zu transformieren. Wenn wir uns darin üben, tief in das Wesen der Begierde hineinzuschauen, dann befreien wir uns vom Bereich der Begierde und beginnen, im Bereich der Form, einem höheren Bereich, zu leben. Schauen wir noch tiefer, können wir auch unsere Anhaftung an die Form lockern und anfangen, im Bereich der Nichtform zu existieren. Auch im Bereich der Nichtform gibt es noch Leiden, weil nicht alle falschen Vorstellungen beseitigt sind und noch viele Begierden in der Tiefe unseres Geistes ruhen. Es ist möglich, alle drei Bereiche im gegenwärtigen Augenblick zu berühren, und zwar sowohl in uns als auch um uns herum.

Jeder Daseinsbereich ist das Ergebnis des kollektiven Bewusstseins derer, die in ihm leben. Wenn unsere Welt ein friedlicher, glücklicher Ort ist, dann aufgrund unseres kollektiven Bewusstseins. Wenn sie in Flammen steht, dann sind wir auch dafür mitverantwortlich. Ob ein Ort angenehm oder unangenehm ist, hängt immer vom kollektiven Bewusstsein der dort Lebenden ab. Wenn fünf oder sechs Menschen gemeinsam praktizieren und die Früchte von Freude, Frieden und Glück ernten und wenn diese Menschen dann ein Praxiszentrum errichten, in dem auch andere an diesem Glück teilhaben können, dann haben sie ein kleines »Reines Land« geschaffen. Die Daseinsbereiche entstammen alle unserem Geist, sie manifestieren sich aus den in unserem Speicherbewusstsein vorhandenen Samen.

Die Samen werden generell als zwei Arten von Welten manifest. Die erste ist die Welt der fühlenden Wesen – der menschlichen, tierischen und pflanzlichen Spezies also. Die menschliche Gesellschaft entsteht, genauso wie die Gesellschaften der tierischen und pflanzlichen Spezies, im kollektiven Bewusstsein. Die zweite ist die instrumentale Welt, die von den so genannten nicht-fühlenden Wesen – Bergen, Flüssen, Luft, Erde, Ozonschicht und so weiter – gebildet wird. Die instrumentale Welt ist die Welt der Natur, der Umwelt, und auch sie ist die Schöpfung unseres kollektiven Bewusstseins. Unser Speicherbewusstsein enthält und manifestiert die Samen dieser Welten, die alle nach bestimmten Gesetzen und Rhythmen funktionieren.

Alle Gebilde sind Manifestationen unseres Bewusstseins. In seinem Text, *Standardverse über die Acht Formen des Bewusstseins*, sagt Xuanzang: »(Bewusstsein) empfängt, imprägniert, erhält und bewahrt die Körper-Basis und die instrumentale Welt.«[4] Das Bewusstsein empfängt alle Erfahrungen und Wahrnehmungen, die uns über das Sehen, Hören, Riechen, Schmecken und Berühren erreichen, und wird von ihnen durchdrungen. Sämtliche unserer Erfahrungen und Wahrnehmungen werden zu Samen in unserem Speicherbewusstsein. Das wird »Imprägnierung« (*vasana*) genannt. Alles, was wir lernen, gelangt in unser Speicherbewusstsein, hinterlässt seinen »Geruch« und wird dort bewahrt. Vielleicht glauben wir, etwas vergessen zu haben, aber nichts von dem, was das Speicherbewusstsein aufnimmt, geht jemals verloren. Alles bleibt dort gespeichert, doch manifestiert es sich erst dann, wenn die Umstände dafür reif sind.

Vier *Übertragung*

Einige Samen sind uns angeboren,
sie wurden uns von unseren Ahnen vererbt.
Andere wurden gesät, als wir uns noch im Mutterleib befanden,
wieder andere gehen auf unsere Kindheit zurück.

Einige Samen empfangen wir im Laufe unseres Lebens in der »Sphäre unserer Erfahrung«. Andere waren jedoch schon vorhanden, als wir geboren wurden – die »Sphäre der angeborenen Samen«. Zum Zeitpunkt unserer Geburt waren diese Samen bereits in unserem Bewusstsein vorhanden – Samen des Leidens und des Glücks, die uns von vielen Generationen von Vorfahren vererbt wurden. Viele unserer Fähigkeiten, Verhaltensweisen und körperlichen Merkmale wie auch unserer Werte sind uns von unseren Vorfahren vererbt oder »übertragen« worden. Und wenn dann im Laufe unseres Lebens sich entsprechend günstige Umstände ergeben, werden einige dieser Samen manifest. Andere werden in unserem ganzen Leben nicht manifest, aber wir geben sie an unsere Kinder weiter, die sie dann an ihre Kinder weitervererben. Und vielleicht werden viele Generationen später, zu Lebzeiten eines unserer Ururenkel, die Umstände günstig und einige der übertragenen Samen werden dann manifest.

Die Genetik hat gezeigt, dass die »Blaupause« für die Merkmale unseres Körpers und Geistes von vielen Generationen von Vorfahren stammt. Die Wissenschaft hat in Experimenten nachgewiesen, dass es bei Ratten sieben Generationen dauern kann, bis ein bestimmtes Merkmal wieder auftritt. Wenn wir uns in Achtsamkeit üben, so sorgen wir damit nicht nur für unser eigenes Wohl, sondern ebenso für das unserer Vorfahren und zahlloser nachfolgender Generationen. Alle diese Generationen sind bereits jetzt in uns. Die Erfahrungen aller Ahnen sowie unendliche Zeit und unendlicher Raum sind schon im Bewusstsein eines winzigen Embryos enthalten. Wenn wir das verstehen, empfinden wir eine ungeheure Verantwortung für alles werdende Leben.[5]

Wenn wir uns an einem Tag der Woche in besonderer Weise um Frieden, Freude und Glück bemühen, dann bringen wir in diesen vierundzwanzig Stunden unseren Vorfahren und den zukünftigen Generationen Glück und Frieden. Lassen wir hingegen eine ganze Woche verstreichen, ohne uns darin zu üben, haben nicht nur wir selbst eine Gelegenheit zur Freude verpasst, sondern auch unsere Vorfahren, unsere Kinder und deren Kinder haben eine Gelegenheit verloren. Wenn wir vom Leiden befreit sind und Frieden und Glück verwirklichen, erfahren auch unsere Vorfahren Frieden und Glück und wir übertragen die Samen von Frieden und Glück auf zukünftige Generationen.

Die Samen, die uns übertragen wurden, können wir auch als »Gewohnheitsenergien« (*vasana*, »Imprägnierung«) bezeichnen. Vielleicht glauben wir, nicht singen zu können, aber die Samen des Singens, die von unserer Großmutter stammen, die singen konnte, sind auch in uns. Unter den richtigen Umständen werden wir uns nicht nur daran erinnern können, wie man singt, sondern wir werden das Singen sogar genießen. Die Samen des Singens in uns können schwach sein, weil sie über lange Zeit nicht gegossen wurden. Aber sobald wir beginnen, uns tatsächlich im Singen zu üben, keimen diese Samen aus und werden kräftiger. Samen wie diese sind weitgehend angeboren. Alles, was sie brauchen, um zu erblühen, sind förderliche Umstände.

Dasselbe gilt für die Erleuchtung. Wenn wir erstmals von den Lehren des Erwachens hören, glauben wir, auf etwas für uns ganz Neues gestoßen zu sein. Aber auch die Samen des Erwachens tragen wir bereits in uns. Unsere Lehrerinnen und Lehrer, unsere Freundinnen und Freunde auf dem Pfad geben uns nur die Gelegenheit, diese Samen zu berühren, und helfen uns, sie wachsen zu lassen. Als der Buddha den Pfad des großen Verstehens und der grenzenlosen Liebe verwirklichte, rief er aus: »Wie erstaunlich, dass sämtliche Lebewesen die grundlegende Natur des Erwachens besitzen und sie doch nicht kennen. Darum treiben sie Leben um Leben im Ozean des großen Leidens.«[6] Es gibt bereits jetzt viele heilsame und gesunde Samen in unserem Bewusstsein. Mit Hilfe eines Lehrers, einer Lehrerin und einer Sangha, einer Gemeinschaft von Praktizierenden, können wir zu uns selbst zurückkehren und in Kontakt mit diesen Samen gelangen. Der Zugang zu einem Lehrer, einer Lehrerin und einer Sangha sind die förderlichen Umstände, die unsere Samen des Erwachens heranreifen lassen.

In jeder Zelle unseres Körpers, in unserem Speicherbewusstsein, befinden sich alle Samen, die uns von allen Generationen unserer Vorfahren übertragen wurden. Die »Imprägnierung« unseres Bewusstseins findet bereits vor unserer Geburt statt, während wir uns noch im Leib unserer Mutter befinden. Schon bald nach der Zeugung beginnen wir weitere Samen aufzunehmen. Jede Wahrnehmung, jede Freude und jede Sorge unserer Mutter und unseres Vaters hinterlassen in uns einen neuen Samen. Das größte Geschenk, das Eltern ihren Kindern machen können, ist ihr eigenes Glück. Wenn die Eltern glücklich und friedvoll miteinander leben, empfängt das Kind Samen des Glücks. Wenn die Eltern jedoch voller Wut miteinander umgehen und sich gegenseitig Leid zufügen, imprägnieren diese negativen Samen das Speicherbewusstsein des Kleinkindes.

Neues Leben in diese Welt zu bringen ist eine sehr ernste Angelegenheit. Ärzte und Therapeuten brauchen bis zu zehn Jahre, um eine eigene Praxis eröffnen zu können. Aber jeder kann ohne jede Ausbildung und Erfahrung Mutter oder Vater werden. Wir sollten eine Art »Schule der Familie« gründen, in der junge Menschen vor ihrer Hochzeit ein Jahr lang lernen können, tief in sich hineinzuschauen und herauszufinden, welche Samen in ihnen stark und welche schwach sind. Wenn die positiven Samen zu schwach sind, müssen die zukünftigen Eltern Mittel und Wege finden, sie zu gießen und damit zu kräftigen. Sollten die negativen Samen zu stark sein, müssen sie Mittel und Wege finden, sie zu verwandeln, und sie müssen auf eine Weise zu leben lernen, in der diese Samen nicht mehr so stark gegossen werden.

Ein Jahr Vorbereitungszeit, bevor man heiratet und eine Familie gründet, ist keine übertriebene Forderung. Zukünftige Mütter könnten lernen, wie sie statt unheilvoller Samen solche des Glücks, des Friedens und der Freude in das Speicherbewusstsein ihres ungeborenen Babys säen können. Und auch zukünftige Väter müssen sich darüber klar sein, dass die Art und Weise ihres Handelns Samen in das Speicherbewusstsein ihres ungeborenen Kindes sät. Strenge Worte, ein abweisender Blick oder eine lieblose Handlung – das Baby im Mutterleib nimmt alles auf. Das Speicherbewusstsein des Fötus nimmt alles auf, was in der Familie geschieht. Ein gedankenloses Wort oder eine entsprechende Tat begleitet das Kind vielleicht für den Rest seines Lebens.

In einer solchen Familienschule könnten die jungen Frauen und Männer auch zu einem neuen Kontakt mit ihren Eltern und Vorfahren finden. Dies hilft ihnen dabei, sich selbst kennen zu lernen – die eigenen Stärken und Schwächen – und einen angemessenen Umgang mit den eigenen Samen zu finden. Das ist ein wichtiges Projekt.

Junge Eltern sollten alle Freuden und Schwierigkeiten festhalten, die sie in der Zeit vor und nach der Zeugung erleben; ebenso sollten sie alle wichtigen Ereignisse von der Geburt des Kindes bis etwa zu seinem zehnten Lebensjahr festhalten. Die Kinder vergessen wohl die meisten Dinge, die sich während dieser Zeit zugetragen haben, wenn aber die Eltern ihnen von allen Ereignissen dieser Zeit berichten können, wird dies später, wenn sie selbst erwachsen geworden sind und nun ihrerseits die Familienschule besuchen, sehr hilfreich für sie sein.

Wir haben Samen des Leidens von unseren Eltern erhalten. Vielleicht sind wir entschlossen, es selbst ganz anders zu machen als sie. Wenn wir aber nicht wissen, wie man Samen verwandelt, werden wir es ganz genauso machen wie unsere Eltern. Ihre Freuden und Leiden beeinflussen uns auch weiter. Wenn unser Vater etwas sagt, das unsere Mutter glücklich macht, erhalten auch wir Samen des Glücks. Sagt er etwas, das unsere Mutter zum Weinen bringt, empfangen wir Samen des Leidens.

Am besten können wir unsere Kinder schützen, wenn wir schon ganz früh damit beginnen. Ich kenne Paare, die ihren Alltag voller Achtsamkeit und Sanftmut zu gestalten suchen, um keine negativen Samen in das Speicherbewusstsein ihrer Kinder zu säen. Achtsam zu leben ist während der neun Monate, in denen das Kind im Mutterleib heranwächst, besonders wichtig. Aber auch nach der Geburt sollten die Eltern weiterhin achtsam sein. Das Baby mag die Worte zwar nicht verstehen, aber unsere Stimmen verraten unsere Gefühle. Wenn wir etwas mit Liebe sagen, kann das Baby es fühlen. Wenn wir etwas aus einer gereizten Stimmung heraus sagen, so empfängt das Kleinkind auch das. Wir sollten niemals glauben, nur weil unser Kind noch im Mutterleib oder ganz klein sei, verstünde es nichts. Wie immer die familiäre Atmosphäre beschaffen sein mag, sie geht in das Speicherbewusstsein des Babys ein. Es kann deutlich fühlen, wenn in der Familie dicke Luft herrscht.

Viele Kinder können die bedrückende Atmosphäre zu Hause nicht ertragen und verstecken sich im Badezimmer oder in einem anderen Raum, um die Worte, die Wunden in ihre Herzen reißen, nicht hören zu müssen. Manche Kinder werden wegen der Art und Weise, wie ihre Eltern miteinander umgehen, sogar krank. Nicht selten entwickeln sie dann eine Angst vor Erwachsenen und Autoritätspersonen, die ein Leben lang anhält. Ich habe Kleinkinder gesehen, die ganz natürlich und glücklich spielten, solange kein Erwachsener im Raum war, sobald sich aber die Tür öffnete und ein Erwachsener das Zimmer betrat, waren sie wie gelähmt und stumm. Die Samen der Angst waren schon so stark in ihnen geworden.

Kinder sind so zart und verletzlich. Darum müssen wir als Eltern ganz umsichtig sein und nichts sagen oder tun, was unserem kleinen Jungen oder Mädchen Leid zufügen würde. Wir wissen, dass der Eindruck dieses Leidens sie ihr Leben lang begleiten würde. Viele Kinder werden körperlich und emotional von ihren Eltern missbraucht und leiden ihr ganzes Leben darunter. Achtsames Leben – im Bewusstsein, dass unsere Kinder eine Fortdauer unserer selbst sind – ist äußerst hilfreich. Indem wir achtsam leben und tief schauen, erkennen wir, dass unsere Kinder tatsächlich unsere Fortdauer sind. Sie sind nichts anderes als wir selbst. Wenn wir wegen unserer Eltern gelitten haben, wissen wir, dass wir die negativen Samen unserer Eltern in uns tragen. Sind wir dann nicht in der Lage, diese Samen in uns zu erkennen und durch unsere Praxis zu transformieren, werden wir unseren Kindern genau das antun, was unsere Eltern uns angetan haben. Dieser Teufelskreis des Leidens kann nur durch die Praxis achtsamen Lebens zum Stillstand gebracht werden.

Um zu verstehen, wie die Samen in unserem Speicherbewusstsein von Generationen von Vorfahren übertragen werden, empfahl der Buddha, die Übertragung des physischen Körpers eingehend zu betrachten. Unser Körper ist uns von unserer Mutter, unserem Vater und unseren Vorfahren übertragen worden; wir sind die Empfänger der Übertragung; und unser Körper ist das Objekt der Übertragung. Die drei Elemente in diesem Prozess der Übertragung sind also: der Übertragende, das übertragene Objekt und der Empfangende.

Der Buddha lehrte, tief in die Natur jedes Phänomens zu blicken und die Leerheit der Übertragung zu erkennen. Wir stellen uns die Frage: Was hat mein Vater mir übertragen? Die Antwort lautet: Er hat sich selbst übertragen. Das übertragene Objekt ist nichts anderes als er selbst, und ich bin tatsächlich die Fortdauer meines Vaters. Ich bin mein Vater. Unsere Vorfahren sind in uns. Sie manifestieren sich manchmal in der Art, wie wir lächeln, reden oder denken. Dann stellen wir uns die Frage: Wer ist der Empfangende der Übertragung? Ist er eine separate Wesenheit? Nein. Der Empfangende der Übertragung ist sowohl das Objekt der Übertragung als auch der Übertragende selbst. Das Objekt der Übertragung ist eins mit dem Übertragenden.

Wenn wir diese Wahrheit durchdringen, die Realität der Leerheit der Übertragung, erkennen wir, dass wir unser Vater sind. Wir können nicht länger sagen: »Ich will mit meinem Vater nichts zu tun haben; ich bin zu wütend auf ihn.« Tatsächlich sind wir die Fortdauer unseres Vaters. Das Einzige, was uns übrig bleibt, ist, uns mit ihm zu versöhnen. Und er ist nicht dort draußen, getrennt von uns – er ist in uns. Nur mit diesem Wissen ist Frieden möglich.

Fünf *Individuelle und kollektive Samen*

Seien sie nun von Familie, Freunden,
der Gesellschaft oder durch Erziehung übertragen,
alle unsere Samen sind
sowohl individueller als auch kollektiver Natur.

Unsere Gesellschaft, unser Land und das ganze Universum sind gleichermaßen Manifestationen von Samen aus unserem kollektiven Speicherbewusstsein. Plum Village, die Gemeinschaft in Frankreich, in der ich lebe, ist eine Manifestation des Bewusstseins. Für uns, die wir dort leben, gibt es eine kollektive Manifestation von Plum Village, die wir miteinander teilen, aber für jede und jeden von uns gibt es auch eine persönliche Manifestation von Plum Village im eigenen Geist. Das Plum Village von Schwester Doan Nghiem ist nicht dasselbe wie das Plum Village von Bruder Phap Dang. Plum Village hat seine kollektiven und individuellen Gesichter.

Wenn wir nun sagen, Plum Village sei sowohl eine objektive als auch eine subjektive Realität, so ist das nicht ganz korrekt. Wir mögen denken, dass es eine objektive Realität von Plum Village gibt, die wir eines Tages begreifen werden, obwohl wir stets nur die subjektive Realität von Plum Village in unserem eigenen Bewusstsein erfahren haben. Aber das, was wir »objektiv« nennen, entsteht auch aus unserem Bewusstsein. Unser Bewusstsein umfasst beides: das Individuelle wie das Kollektive, das Subjektive wie das Objektive. Trotzdem sind wir zutiefst überzeugt, dass unser Bewusstsein etwas in uns ist und dass es dort draußen noch – getrennt vom Bewusstsein – eine äußere »objektive« Wirklichkeit gibt, die unser Bild von Plum Village formt.

So vergleichen und streiten wir und stellen uns die Frage, wie wir unsere persönliche subjektive Sicht loslassen und zu einer objektiven

Erkenntnis der Dinge gelangen können. Wir wollen mit der Wirklichkeit der Welt in direktem Kontakt sein. Doch die, wie wir glauben, unabhängig von unseren Sinneswahrnehmungen existierende objektive Wirklichkeit ist selbst eine Schöpfung kollektiven Bewusstseins. Unsere Vorstellungen von Glück und Leid, Schönheit und Hässlichkeit sind Spiegelbilder der Vorstellungen vieler Menschen. Kollektives Bewusstsein ist nicht nur das Bewusstsein von drei oder vier Menschen sondern von hunderten oder tausenden. Einige Dinge beginnen als Schöpfungen individuellen Bewusstseins und werden dann Teil des kollektiven Bewusstseins.

Unser Speicherbewusstsein umfasst sowohl individuelles als auch kollektives Bewusstsein. Was als modisch gilt zum Beispiel, ist eine Schöpfung des kollektiven Bewusstseins einer Gesellschaft. Wir glauben, unsere eigene Vorstellung von Schönheit zu haben, aber wenn wir tief schauen, müssen wir einsehen, dass sie aus den Vorstellungen vieler Menschen gebildet wurde. Angenommen wir wollen eine Krawatte kaufen. In dem Augenblick, in dem wir eine Krawatte sehen, die mit den Samen in unserem Speicherbewusstsein übereinstimmt, die uns signalisieren, was wir für attraktiv halten, hat die Krawatte uns ausgesucht. Wir glauben, unsere Wahlfreiheit ausgeübt zu haben, aber in Wirklichkeit ist die Wahl schon vor langer Zeit gefallen.

Wenn ein Gemälde sich für Millionen von Euro verkaufen lässt, dann liegt das daran, das unser kollektives Speicherbewusstsein es als wertvoll erachtet. Ein Kind hält das Bild vielleicht für hässlich oder wertlos. Unsere Wertschätzung für ein Kunstwerk spiegelt nicht nur unsere eigene, persönliche Vorstellung von Schönheit wider, sondern ebenso das Schönheitsideal unserer Gesellschaft und unserer Vorfahren. Mit unseren Essensvorlieben verhält es sich genauso. Für mich sind eingelegte Senfblätter köstlich. Meine Vorfahren haben sie schon gegessen, und die Samen in meinem Speicherbewusstsein haben die Gewohnheitsenergie, sie zu genießen. Aber Ihnen schmecken eingelegte Senfblätter womöglich nicht im Geringsten. Ob lecker oder widerlich, hängt von den Samen in unserem Bewusstsein ab, sowohl den individuellen als auch den kollektiven.

Demokratie und andere politische Strukturen sind Schöpfungen des kollektiven Bewusstseins. Die Aktienbörse, der Wert des Euro und der Goldpreis sind ebenfalls Produkte des kollektiven Bewusstseins. Börsenmakler und Analysten sind ständig damit beschäftigt, zu rechnen, abzuschätzen und lautstark Meinungen von sich zu geben. Durch diese Aktivitäten verändert sich der Wert der Aktien, des Goldes oder des Euro fortwährend. Die Berechnungen und Schlussfolgerungen setzen eine Kettenreaktion in Gang, die zu kollektivem Verständnis führt, und manchmal führen dieselben Spekulationen zu großem Leid. Die Auf- und Abbewegungen der Börse sind Manifestationen unserer kollektiven Hoffnungen und Ängste. Himmel, Hölle, die Verfassung unserer Nation und die Waren, die wir tagtäglich konsumieren, sie alle sind Manifestationen unseres kollektiven Bewusstseins.

Kein Samen in unserem Bewusstsein ist uns hundertprozentig entweder angeboren oder übertragen worden. Es ist auch nicht so, dass einige Samen rein individueller und andere rein kollektiver Natur wären. Bei einem Musiker gilt dessen Begabung als individuelles Vermögen. Wenn wir aber tief schauen, können wir auch die kollektive Natur seiner Fähigkeit erkennen. Vielleicht stammt die Begabung von seinen Vorfahren, seinen Lehrern oder einfach nur vom Radiohören. Der Samen existiert in seinem Speicherbewusstsein, aber genährt wurde er vom Glück und Leiden, von den Fähigkeiten und Schwächen eines jeden Menschen, mit dem er je in Kontakt gekommen ist.

Jeder Samen in unserem Speicherbewusstsein ist gleichzeitig von sowohl individueller als auch kollektiver Natur. Nichts ist ausschließlich individuell oder kollektiv. Im Individuellen kann das Kollektive erkannt werden und im Kollektiven das Individuelle. Das Kollektive ist aus dem Individuellen gemacht und das Individuelle aus dem Kollektiven. Das ist die Natur der wechselseitigen Verbundenheit aller Phänomene, des Interseins.

Tatsächlich sind die Unterscheidungen zwischen angeborenen und übertragenen Samen, zwischen individuell und kollektiv nur vorläufige. Diese Unterscheidungen sollen uns auf der intellektuellen Ebene helfen, scheinbar gegensätzliche Vorstellungen besser zu verstehen, damit wir in unserer Meditationspraxis mit ihnen arbeiten können. Sobald aber unsere Praxis gereift ist und wir die Natur des Interseins erkannt haben, benötigen wir diese Unterscheidungen nicht länger.

Darum müssen wir die Vorstellungen von individuell und kollektiv letztlich überschreiten. Allen Phänomenen wohnen beide Elemente inne. Das Kollektive und das Individuelle bedingen und durchdringen einander. Der Sehnerv eines Busfahrers scheint eine rein individuelle Sache zu sein, spezifisch und wichtig nur für ihn selbst, aber der Zustand seines Sehnervs kann die Sicherheit vieler anderer Menschen beeinflussen. Wir mögen glauben, gewaltlos zu sein, doch es gibt den Samen der Gewalt auch in uns, gegossen und damit gekräftigt wird er durch das Fernsehen, die Zeitungen oder durch das, was wir sonst sehen oder erleben. Wenn wir tief schauen, werden wir erkennen, dass auch dieser Samen gleichzeitig sowohl eine individuelle als auch eine kollektive Natur besitzt.

Während unserer Meditationsklausuren üben wir achtsames Atmen, Lächeln und Gehen und erzeugen damit eine besondere, die Achtsamkeit fördernde Atmosphäre. Das ist die kollektive Natur einer solchen Veranstaltung. Durch unser achtsames Gehen, Lächeln und Atmen fördern wir unser individuelles Wohlbefinden. Aber so wie das Kollektive im Individuellen enthalten ist, hat auch das Individuelle Einfluss auf das Kollektive. Sobald wir einen friedvollen Schritt machen, verwandelt sich die Welt. Sobald wir lächeln, ändern wir uns nicht nur selbst ein bisschen, sondern auch die, mit denen wir in Kontakt kommen, ändern sich ein wenig. Das Individuelle hat immer einen Einfluss auf das Kollektive und umgekehrt. Alle Samen in unserem Speicherbewusstsein sind von dieser zweifachen Natur: individuell und kollektiv. Wenn wir praktizieren, um unsere heilsamen Samen zu nähren, statt unsere unheilvollen Samen zu gießen, ist es wichtig, dass wir uns dieser Tatsache bewusst sind.

Darum ist die Verbindung zu Menschen so wichtig, die die Samen der Freude in uns stärken. Natürlich wollen wir uns nicht von denjenigen abgrenzen, die leiden, aber so lange unsere heilsamen

Samen noch schwach sind, brauchen wir Freundinnen und Freunde, die uns helfen, die Samen von Frieden, Gesundheit und Glück in uns zu kräftigen. Wenn dann die Samen von Frieden und Glück stärker in uns geworden sind, können wir auch den Leidenden wirksamer helfen. Wir müssen wissen, wann wir stark genug sind, um helfen zu können, andernfalls besteht die Gefahr, dass wir von den schwierigen Samen anderer überwältigt werden.

In einem Praxiszentrum gibt es immer einige Menschen mit ernsten psychischen Problemen. Eine Dharmalehrerin hat die Verantwortung, mit diesen Menschen zu sitzen und ihnen zuzuhören. Sie muss ihr Herz öffnen und ganz und gar präsent sein, um helfen zu können. Wenn aber die Achtsamkeit der Lehrerin für die nicht-duale und sich wechselseitig durchdringende Natur von individuellem und kollektivem Bewusstsein zu schwach ist, kann es sein, dass sie mehr Leiden aufnimmt, als sie verkraften kann, und dann ist sie nicht mehr in der Lage, anderen zu helfen. Übt sie beim Zuhören nicht Achtsamkeit, nährt das Leiden der anderen Person nur die Samen des Leidens in ihr selbst. Dharmalehrer zu sein verleiht uns nicht die Fähigkeit, Dinge zu tun, die über unsere Kräfte gehen. Auch Lehrer oder Lehrerinnen müssen die Anzahl der leidenden Menschen, denen sie zu helfen versuchen, begrenzen oder sie brechen irgendwann zusammen.

Gleiches gilt für Psychotherapeuten. Als Psychotherapeut müssen Sie Ihr Herz öffnen, um das Leiden Ihrer Klientinnen und Klienten verstehen und Mittel und Wege zu ihrer Hilfe finden zu können. Haben Sie aber jemandem geholfen, müssen Sie mit dem Wohltuenden und Heilsamen in Ihnen selbst und in Ihrer Umgebung in Kontakt sein. Wenn Sie die Grenzen Ihrer Kapazität, Leiden aufzunehmen, erreicht haben, dürfen Sie keine Klienten mehr behandeln, bis Sie Ihre eigenen Samen von Gesundheit und Frieden wieder gestärkt haben. Auf diese Weise können Sie helfen, ohne sich zu erschöpfen.

Allerdings müssen wir nicht notwendigerweise Dharmalehrer oder Psychotherapeutin sein, um anderen zu helfen. Wir alle sollten uns Zeit nehmen, unseren Freundinnen und Freunden zuzuhören. Haben wir ihr Leiden angehört, können wir Gehmeditation üben oder etwas tun, was uns wirklich Freude macht. Das gibt uns die Möglichkeit, uns zu erholen und wieder klar zu werden, stark genug, um bald erneut helfen zu können. Wenn wir bereitwillig unser Herz öffnen, ohne uns unserer Grenzen bewusst zu sein, werden nur die Samen unserer eigenen Gereiztheit gegossen, und wir werden vom Leid überwältigt. Wir müssen die gesunden Samen in unserem Bewusstsein kontinuierlich stärken. Viele Menschen in helfenden Berufen glauben, sich keine Ruhe gönnen zu dürfen, weil es ja so viele Menschen gibt, die ihrer Hilfe bedürfen. Aber wenn sie sich nicht erholen, verlieren sie nicht nur ihren eigenen Frieden und ihre Freude, sondern sie können auch für andere nicht mehr hilfreich sein.

Sigmund Freud hatte eine Vorstellung vom Unbewussten, die in gewisser Weise dem buddhistischen Konzept vom Speicherbewusstsein ähnelt. Allerdings ist das Unbewusste nur ein winziger Teil des Speicherbewusstseins. Die siebte Bewusstseinsform, Manas, entspricht mehr oder weniger dem »Ich«, der von Freud gegründeten Schule der Psychoanalyse. Das, was Freud das »Über-Ich« nannte, hat eine gewisse Beziehung zur sechsten Bewusstseinsform, dem Geistbewusstsein. Der Psychoanalytiker C. G. Jung ging noch weiter als Freud und behauptete, dass unsere Emotionen und alle Erfahrungen von Glück und Leid in unserem Geist auch das kollektive Bewusstsein widerspiegeln. Jung bezog einige seiner Ideen aus dem tibetischen Buddhismus. Viele Psychotherapeuten haben sich Jungs Ansichten angeschlossen.

Buddhistische Vorstellungen werden ohne jeden Zweifel auch weiterhin die westliche Psychologie befruchten. So werden die Lehren der Nur-Manifestation-Schule die Methoden zur Heilung psychischer Krankheiten allmählich immer tiefer beeinflussen. Während spezieller Klausuren, die ich für Psychotherapeuten und Psychotherapeutinnen durchgeführt habe, haben wir gemeinsam achtsames Atmen, Sitzmeditation und Gehmeditation geübt und gelernt, unseren Schmerz zu erkennen und zu umarmen. Werden diese Praktiken fester Bestandteil unseres Lebens, ist das der beste Beitrag, den der Buddhismus für die westliche Psychotherapie leisten kann.

Wenn wir von kollektivem Bewusstsein sprechen, denken wir gewöhnlich an die Menschen unserer Zeit und ihre speziellen Vorstellungen von Glück, Erfolg, Leiden, Demokratie und so weiter. Aber der kollektive Aspekt der Samen in unserem Bewusstsein stammt ebenso von unseren Vorfahren und allen, die uns vorangegangen sind. Die Samen in unserem Bewusstsein enthalten die Erfahrungen vieler Menschen in Raum und Zeit. Unser Bewusstsein ist durchdrungen vom kollektiven Bewusstsein des gesamten Raum-Zeit-Kontinuums.

Wo aber ist unser Speicherbewusstsein? Es befindet sich in jeder Zelle unseres Körpers und ist gleichzeitig außerhalb unseres Körpers. Jede einzelne unserer Körperzellen beinhaltet sämtliche Merkmale, Elemente, Erfahrungen, alle Freude und alles Leiden vieler Generationen von Vorfahren. Tatsächlich gleichen unsere Gene in gewissem Sinne den Samen in unserem Speicherbewusstsein. So wie Bewusstsein sowohl individuell als auch kollektiv ist, so ist jede Zelle unseres Körpers einzigartig, enthält aber gleichzeitig den vollständigen genetischen Bauplan unseres ganzen Körpers. Die Wissenschaft verfügt mittlerweile über die Fähigkeit, aus nur einer Körperzelle ein komplettes Lebewesen zu klonen.

Wir müssen die Vorstellungen von »individuell«, »kollektiv«, »innen« und »außen« transzendieren. Innen besteht aus Außen. Wenn wir unsere Haut berühren, berühren wir das Wasser, die Hitze, die Luft und die Erde in uns. Gleichzeitig aber wissen wir, dass diese Elemente auch außerhalb unseres Körpers existieren. Wenn wir ganz tief schauen, erkennen wir, dass auch die Sonne unser Herz ist. Wenn das Herz in unserem Körper aufhört zu schlagen, sterben wir augenblicklich. Aber auch wenn unser zweites Herz, die Sonne, aufhört zu scheinen, müssen wir unweigerlich sterben. Der gesamte Kosmos ist unser Körper, und wir sind der Körper des gesamten Kosmos.

Sechs *Die Qualität der Samen*

Die Qualität unseres Lebens
hängt von der Qualität
der Samen ab,
die tief in unserem Bewusstsein ruhen.

Ob wir glücklich sind oder nicht, hängt von den Samen in unserem Bewusstsein ab. Sind die Samen des Mitgefühls, Verstehens und der Liebe in uns stark, dann können diese Eigenschaften in unserer Persönlichkeit manifest werden. Sind hingegen die Samen des Zorns, der Feindseligkeit und Traurigkeit in uns stark, so werden wir zwangsläufig viel Leid erfahren. Um jemanden wirklich verstehen zu können, müssen wir die Qualität der Samen in seinem oder ihrem Speicherbewusstsein erkennen. Außerdem müssen wir uns vergegenwärtigen, dass die Person nicht allein für diese Samen verantwortlich ist, sondern dass Vorfahren, Eltern und Gesellschaft ihren Teil zur Qualität der Samen im Speicherbewusstsein dieses Menschen beigetragen haben. Wenn wir das verstehen, können wir Mitgefühl mit ihm empfinden. Verständnis und Liebe lassen uns unsere eigenen guten Samen und die anderer gießen sowie die Samen des Leidens erkennen und Mittel und Wege finden, sie zu verwandeln.

Bittet uns jemand um Anleitung, müssen wir in diesen Menschen genau hineinschauen, um die ganz tief in seinem Bewusstsein ruhenden Samen zu erkennen. Geben wir lediglich eine allgemeine Unterweisung oder einen Ratschlag, dann helfen wir dem Menschen nicht wirklich. Wenn wir aber tief schauen, können wir die Qualität der Samen in diesem Menschen erkennen. Das nennt man auch »die Umstände beachten«. Dann können wir einen ganz spezifischen Übungsweg empfehlen, um die positiven Samen zu nähren und die negativen zu verwandeln.

Wenn wir glauben, wir könnten einem bestimmten Menschen nicht helfen, dann liegt das nur daran, dass wir noch nicht eingehend genug seine Umstände und Bedingungen betrachtet haben. Jede und jeder besitzt zumindest einige Samen des Glücks. In einigen sind sie schwach, in anderen hingegen stark. Vielleicht sind wir seit vielen Jahren der Erste, der die Samen des Glücks in unserem Freund berührt. Hilfreich können wir dann sein, wenn wir diese heilsamen Samen zu erkennen und zu nähren wissen. Solange wir nur Gier, Zorn und Stolz sehen, haben wir noch nicht tief genug geschaut.

Der französische Philosoph Jean-Paul Sartre hat gesagt: »Der Mensch ist die Summe seiner Taten.« Jeder von uns ist eine Anhäufung seiner Handlungen, und unsere Taten sind sowohl Ursache als auch Wirkung entsprechender Samen in unserem Speicherbewusstsein. Wann immer wir etwas tun, wird unsere Tat Ursache *(karma-hetu)*. Wenn sie ein Ergebnis zeitigt, ist sie Wirkung (*karma-phala*, »Handlungs-Frucht«). Jede Handlung, die wir mit Körper, Sprache oder Geist ausführen, sät Samen in unser Bewusstsein, und unser Speicherbewusstsein bewahrt diese Samen.

Es gibt drei Arten von Aktivitäten oder Handlungen: geistige Handlungen beziehungsweise Denken, sprachliche Handlungen und körperliche Handlungen, wobei das Denken über den beiden anderen Aktivitäten steht. Selbst wenn wir nichts Übles tun oder auf verletzende Weise sprechen, unser schädliches Denken allein kann stark genug sein, das ganze Universum zu erschüttern. Ob wir durch unsere sprachlichen Handlungen, durch unsere Worte, Leiden schaffen oder Samen der Liebe nähren, hängt von unserem eigenen Glück ab, also von der Qualität der Samen in unserem Speicherbewusstsein. Körperliche Handlungen beziehen sich auf die ganze Bandbreite unserer physischen Taten, seien sie schädlich oder hilfreich. Die Samen der gesamten drei Arten von Aktivitäten werden im achten Bewusstsein – dem Speicherbewusstsein – bewahrt.

Viele Buddhistinnen und Buddhisten rezitieren täglich die Fünf Vergegenwärtigungen, deren fünfte lautet: »Meine Taten sind meine einzig wirklichen Besitztümer. Den Folgen meiner Taten kann ich nicht entgehen. Meine Taten sind der Boden, auf dem ich stehe.« Wenn wir sterben, eine Form des Seins sich in eine andere verwandelt und wir unseren Besitz und unsere Lieben zurücklassen müssen, begleiten uns nur noch die Samen unserer Taten. Bewusstsein hält nicht nur unsere geistigen Aktivitäten fest. Auch die Samen unserer sprachlichen und körperlichen Aktivitäten machen die Reise von dieser zu einer anderen Welt in unserem Speicherbewusstsein mit.

Um zu erkennen, ob jemand glücklich ist, müssen wir nur die Samen in seinem oder ihrem Speicherbewusstsein betrachten. Starke Samen des Unglücks, des Zorns, des Vorurteils und der Verblendung lassen den Menschen sehr leiden, und höchstwahrscheinlich wird er die gleichen unheilvollen Samen in anderen gießen. Sind allerdings die Samen des Verstehens, Mitgefühls, der Vergebung und Freude stark ausgeprägt, ist der Mensch nicht nur zu wahrem Glück fähig, sondern er wird auch die Samen des Glücks in anderen zu gießen verstehen. Unsere tägliche Praxis besteht darin, die positiven Samen in uns selbst und anderen zu erkennen und sorgsam zu pflegen. Von dieser Arbeit hängt sowohl unser eigenes Glück als auch das Glück der anderen ab.

Im Zusammenhang mit der Rechten Bemühung – einem von acht Gliedern des Edlen Achtfachen Pfades, den der Buddha als Weg zur Befreiung gelehrt hat – finden sich vier Übungen.[7] Die erste Übung Rechter Bemühung besteht darin, die unheilvollen Samen, die noch nicht manifest geworden sind, an ihrer Manifestation zu hindern. »Unheilvoll« oder »unheilsam« bedeutet stets »nicht der Befreiung förderlich«. Werden diese schädlichen Samen gegossen, werden sie manifest und gewinnen an Stärke. Wenn wir sie aber mit unserer Achtsamkeit umarmen, werden sie früher oder später geschwächt in unser Speicherbewusstsein zurückkehren.

Die zweite Übung Rechter Bemühung besteht darin, den unheilvollen Samen, die bereits in unser Geistbewusstsein vorgedrungen sind, zu helfen, wieder ins Speicherbewusstsein zurückzukehren. Der Schlüssel ist auch hier die Achtsamkeit. Können wir erkennen, dass ein schädlicher Samen in unserem Geistbewusstsein manifest geworden ist, folgen wir ihm nicht blindlings. Wenn wir Mittel und Wege finden, die noch nicht manifest gewordenen positiven Samen in unserem Speicherbewusstsein zu gießen, damit sie in unserem Geistbewusstsein wirksam werden können, ist dies die dritte Übung Rechter Bemühung. In der vierten schließlich bemühen wir uns, die aus den positiven Samen bereits entstandenen geistigen Gebilde so lange wie möglich in unserem Geistbewusstsein zu erhalten. (Auf die Funktionsweise des Geistbewusstseins werden wir in einem späteren Kapitel noch ausführlich eingehen.)

Unsere Praxis Rechter Bemühung wird von Freude genährt. Gießen wir die Samen des Glücks, der Liebe, Solidarität und Versöhnung tagaus tagein, empfinden wir Freude, und diese Freude lässt die guten Samen länger in unserem Geistbewusstsein wirken und an Stärke zunehmen. Es ist wichtig zu wissen, wie wir unsere Praxis lebendig erhalten können. Eine Geschichte aus dem Wirken Buddhas erläutert diese Tatsache.

Der Buddha fragte den Mönch Sona: »Ist es wahr, dass du Musiker warst, bevor du Mönch wurdest?« Sona bejahte die Frage. Der Buddha fragte weiter: »Was geschieht, wenn die Saiten deines Instruments zu locker sind?«

»Wenn man sie zupft, gibt es keinen Klang«, entgegnete Sona.

»Und was geschieht, wenn die Saiten zu straff gespannt sind?«

»Dann reißen sie.«

»Genauso verhält es sich mit der Übung des Weges«, sagte der Buddha. »Bewahre deine Gesundheit. Sei voller Freude. Zwinge dich nicht zu Dingen, die deine Fähigkeiten übersteigen.«[8]

Um unsere Praxis lebendig zu erhalten, müssen wir unsere körperlichen und geistigen Grenzen kennen und eine Balance zwischen Anstrengung und Erholung finden. Die Praxis sollte angenehm, freudvoll, nährend und heilend sein. Gleichzeitig sollten wir sorgfältig darauf achten, uns nicht in Sinnesvergnügen zu verlieren. Die vierfache Übung der Rechten Bemühung ist der Mittlere Weg zwischen diesen beiden Extremen.

Sieben *Gewohnheitsenergien*

Die Funktion des Speicherbewusstseins ist es,
die Samen und ihre entsprechenden Gewohnheitsenergien
aufzunehmen und zu bewahren,
damit sie in der Welt manifest werden
oder weiter ruhen können.

Die Samen, die wir von unseren Vorfahren, Freunden und der Gesellschaft erhalten, werden in unserem Bewusstsein bewahrt, genauso wie die Erde die heruntergefallenen Samen aufnimmt. Und wie die Samen in der Erde verborgen sind, so bleiben die Samen in unserem Speicherbewusstsein für uns ebenfalls verborgen. Wir sind nur ganz selten mit ihnen in Kontakt. Nur wenn sie in unserem Geistbewusstsein manifest werden, werden wir uns ihrer bewusst. Solange wir uns glücklich fühlen, glauben wir vielleicht, dass es überhaupt keine Samen der Wut oder des Zorns in uns gibt. Sobald uns aber jemand reizt, machen sich diese Samen bemerkbar.

»Gewohnheitsenergie« ist in der buddhistischen Psychologie ein sehr wichtiger Begriff. Unsere Samen tragen die Gewohnheitsenergien von Tausenden von Jahren. Das Sanskritwort für Gewohnheitsenergie, *vasana*, bedeutet »durchdringen« oder »imprägnieren«. Um Jasmintee herzustellen, gibt man frische Jasminblüten zusammen mit dem Tee in ein dicht schließendes Gefäß und wartet einige Wochen ab. Der Jasminduft dringt tief in die Teeblätter ein, und der Tee riecht nach Jasmin, weil er den Duft der Jasminblüten aufgenommen hat. Auch unser Speicherbewusstsein verfügt über die starke Fähigkeit, »Gerüche« oder »Aromen« aufzunehmen und zu bewahren.

Diese Imprägnierung unseres Bewusstseins entspricht den von den Samen getragenen Gewohnheitsenergien und beeinflusst unsere Seh-, Fühl- und Verhaltensmuster. Die Samen in unserem Bewusstsein werden nicht nur in unserer Psyche manifest, sondern auch als Objekte unserer Wahrnehmung – als Berge, Flüsse, andere Menschen. Unsere Gewohnheitsenergien verhindern, dass wir die Dinge so sehen, wie sie in Wirklichkeit sind. Alles, was wir sehen und hören, interpretieren wir im Sinne unserer Gewohnheitsenergien. Wenn man ein Blatt Papier zerknüllt hat, ist es schwierig, es wieder glatt zu bekommen. Es hat nun die Gewohnheitsenergie, zerknüllt zu sein. Mit uns ist es nicht anders.

Begegnen wir einem Menschen, dann treffen wir eigentlich nur unsere eigene Gewohnheitsenergie, und sie hindert uns daran, irgendetwas anderes als unsere projizierte Wahrnehmung zu sehen. Vielleicht hatten wir bei unserer ersten Begegnung ein negatives Gefühl diesem Menschen gegenüber. Dann bildeten wir, durch die Art und Weise, wie wir auf der Basis dieses Gefühls mit ihm umgegangen sind, eine Gewohnheitsenergie aus, die wir durch ständiges Festhalten an dieser Haltung verstärkt haben. Jedes Mal, wenn wir den Menschen wieder sehen, sehen wir stets dieselbe alt gewohnte Person, selbst wenn sie sich zwischenzeitlich vollkommen verändert haben sollte. Unsere Gewohnheitsenergie hindert uns wirksam daran, die Realität des gegenwärtigen Augenblicks wahrzunehmen.

Die Taten und Meinungen unserer Eltern und unserer Gesellschaft beeinflussen uns. Unsere Reaktionen auf die Dinge folgen jedoch ihren eigenen Mustern, und in diesen Mustern sind wir gefangen. Unsere Gewohnheitsenergien sind die Frucht unseres Verhaltens, geformt von unseren Reaktionen auf die Dinge, geformt auch von unserer Umgebung. Wenn ein Mensch in einer bestimmten Umgebung aufwächst, bilden sich spezifische Gewohnheitsenergien aus. So haben viele Kinder heutzutage die Gewohnheit entwickelt, ständig fernzusehen. Wenn sie irgendwo sind, wo es keinen Fernseher gibt, fühlen sie sich unglücklich. Als ein Junge, der nach Plum Village kam, entdeckte, dass wir dort keinen Fernseher haben, drängte er seine Mutter, sofort wieder abzureisen. Wir konnten ihn überzeugen, erst einmal einen halben Tag zu bleiben, und während dieser Zeit traf er viele andere Kinder, die mit ihm spielten. Nach ein paar Stunden war er bereit, noch ein wenig länger zu bleiben.

Schließlich blieb er ganze drei Wochen. Er hatte herausgefunden, dass er auch ohne Fernsehen glücklich sein konnte.

Das Beispiel zeigt: Wir können unsere Gewohnheitsenergien ändern. Das ist die frohe Botschaft. Tatsächlich müssen wir sie sogar ändern, wenn wir uns tiefgreifend verändern wollen. Wir mögen die besten Vorsätze haben, uns wirklich ändern zu wollen, aber wir werden keinerlei Erfolg damit haben, solange wir nicht an unseren Gewohnheitsenergien arbeiten. Am einfachsten geht das im Umfeld einer Sangha, einer Gruppe von Menschen, die sich gemeinsam in Achtsamkeit üben. Wenn wir aufrichtig mit anderen Menschen praktizieren, können wir unsere Gewohnheitsenergien wirklich ändern. Durch die Praxis der Achtsamkeit können wir Gewohnheitsenergien erkennen, unsere Gewohnheitsmuster beobachten und anfangen, sie zu verwandeln.

Sind die Menschen unserer unmittelbaren Umgebung nicht gefestigt, wird ihr Verhalten auch unser Bewusstsein »imprägnieren«. Darum ist es wichtig, dass wir sorgfältig auswählen, mit wem wir unsere Zeit verbringen. Wenn wir mit jemandem sprechen, der unglücklich ist, empfängt unser Speicherbewusstsein die Samen seines Unglücks. Und wenn wir während des Gesprächs nicht sorgfältig darauf achten, unsere eigenen heilsamen Samen zu bewahren, gießt sein Leiden die Samen des Unglücklichseins in uns, und wir fühlen uns schnell wie ausgelaugt.

Die Praxis der Achtsamkeit gestattet uns, neue, angemessenere Gewohnheitsenergien zu entwickeln. Nehmen wir einmal an, wir verziehen bei einer bestimmten Aussage immer das Gesicht. Nicht dass wir eine Grimasse schneiden wollten, es geschieht einfach ganz automatisch. Um diese alte Gewohnheitsenergie durch eine neue zu ersetzen, wenden wir uns, wann immer wir die betreffende Aussage wieder hören, ganz bewusst unserem Atem zu. Am Anfang kostet es Mühe, bewusst zu atmen. Es geht noch nicht wie von selbst. Wenn wir jedoch weiter üben, wird uns auch das bewusste Atmen zur Gewohnheit. Auf diese Weise erzeugen wir eine neue Gewohnheit. Wenn man damit anfängt, sich nach jeder Mahlzeit die Zähne zu putzen, wird man es immer wieder einmal vergessen. Aber nach einer Weile wird es einem so zur Gewohnheit, dass es sich sogar unangenehm anfühlt, wenn man es einmal unterlässt.

Einige Gewohnheitsenergien sind sehr schwer zu verwandeln. Das Rauchen zum Beispiel ist eine Gewohnheit, die viele Raucher nur sehr, sehr schwer aufgeben können. Auch hier ist Achtsamkeit der Schlüssel. Wann immer wir rauchen, üben wir Achtsamkeit, um uns bewusst zu machen, dass wir rauchen. Unsere Achtsamkeit für diese Gewohnheitsenergie wird von Tag zu Tag stärker, und wir begreifen, dass wir unsere Lungen zerstören. Wir erkennen allmählich die Verbindung zwischen unseren Lungen, unserer Gesundheit und den Menschen, die wir lieben. Wir verstehen, dass wir uns um unsere Lieben kümmern, wenn wir uns um uns selbst kümmern. Dann fassen wir den Entschluss, gut für unseren Körper zu sorgen – zu unserem eigenen Wohl und dem unserer Lieben. Achtsamkeit bringt diese Art Einsichten hervor.

Das Trinken von Alkohol ist eine weitere Gewohnheitsenergie. Vielleicht trinken wir stets ein Glas Wein, wenn wir traurig sind, um unsere Traurigkeit zu vergessen. Mit Achtsamkeit sagen wir jedes Mal, wenn wir unser Glas erheben: »Ich weiß, dass ich ein Glas Wein trinke.« Wenn unsere Achtsamkeit dann stärker geworden ist, können wir sogar sagen: »Ich weiß, dass ich traurig bin«, sobald wir Wein trinken. Wenn unsere Achtsamkeit wächst und wir die Traurigkeit, die hinter unserer Gewohnheit, Wein zu trinken liegt, immer genauer erkennen, gewinnen wir die Fähigkeit, die Samen der Traurigkeit in uns zu verwandeln.

Auch Glück kann eine Gewohnheitsenergie sein. Wenn wir Gehmeditation üben, bringt uns jeder Schritt Frieden und Freude. Haben wir gerade erst mit der Praxis der Gehmeditation begonnen, geschieht dies noch nicht mühelos, noch sind wir nicht geschickt genug. Aber eines Tages fangen wir an, ganz natürlich Frieden und Freude zu empfinden. Wir fragen uns: »Warum war ich eigentlich immer so in Eile?« Und fühlen sich die Gehmeditation und andere Arten der achtsamen Bewegung erst einmal natürlich und entspannt an, werden sie schnell zu einer heilsamen Gewohnheit.

Obwohl es also durchaus auch positive Gewohnheitsenergien

gibt, scheinen sich die negativen Gewohnheiten schneller herauszubilden als die positiven. Unsere Kinder sind in der Schule sowohl guten als auch schlechten Einflüssen ausgesetzt, aber immer scheinen sie die schlechten sofort zu übernehmen. Es dauert eine ganze Weile, bis junge Mensch gelernt haben, Shakespeare zu schätzen, aber Alkohol zu trinken, lernen sie im Handumdrehen. Wenn man einem Kind etwas beibringen will, muss man die Dinge vielfach wiederholen, damit die entsprechenden Samen fest im Bewusstsein des Kindes verankert werden. Streicht man eine Wand, ist der erste Anstrich meist noch nicht ausreichend. Man muss noch ein- oder zweimal nachstreichen. Auf diese Weise lernen wir.

Wir müssen unsere negativen Gewohnheitsenergien erkennen, umarmen und verwandeln und uns darin üben, positivere Gewohnheitsmuster zu entwickeln. Ich hatte das große Glück, schon früh in meinem Leben die gute Gewohnheit der täglich geübten Sitzmeditation zu lernen, durch die ich zur Ruhe kommen und mehr und mehr Stabilität, Festigkeit und Freiheit entwickeln konnte. Viele von uns haben mittlerweile die Gewohnheit entwickelt, wann immer wir die Glocke der Achtsamkeit hören, zum Atem zurückzukehren und zu lächeln. Solche positiven Gewohnheiten müssen gepflegt werden, denn unsere negativen Gewohnheitsenergien drängen uns stets dazu, Dinge zu tun oder zu sagen, die zu Leiden für uns selbst und andere führen.

Acht *Felder der Wahrnehmung*

Manifestationen aus dem Speicherbewusstsein
werden als »Dinge-an-sich« wahrgenommen
oder als Abbilder von Dingen oder als bloße Vorstellungen.
Alle sind in den achtzehn Elementen des Seins enthalten.

Wenn Samen aus unserem Speicherbewusstsein in unserem Geistbewusstsein manifest werden, nehmen wir sie entweder direkt wahr oder wir nehmen sie nicht direkt wahr. Es gibt drei Modi oder Felder der Wahrnehmung: direkt, als Abbild oder als bloße Vorstellung. Nach den Lehren der Nur-Manifestation-Schule hängt es gänzlich von der Art und Weise, wie wir die Wirklichkeit wahrnehmen, ab, ob wir glücklich sind oder leiden.

Das erste Feld der Wahrnehmung entspricht der Wahrnehmung der Dinge-an-sich[9]; es ist ein Wahrnehmen ohne Verdrehung oder Verblendung. Von den drei Feldern der Wahrnehmung ist ausschließlich diese Art der Wahrnehmung direkt. Sie gehört zum Bereich der Soheit. Soheit *(tathata)* bedeutet »Wirklichkeit, wie sie ist« oder »Wirklichkeit an sich«. Ein anderer Name für den Buddha ist Tathagata, »der aus der Soheit Gekommene und in die Soheit Gehende«. Alles – ein Blatt, ein Kieselstein, Sie, ich – kommt aus der Soheit. Die Soheit ist der Grund unseres Seins, so wie Wasser der Seinsgrund einer Welle ist.

Sind wir überhaupt fähig, die Wirklichkeit-an-sich zu berühren? Die buddhistischen Lehren sagen ja. Eine Blume kann die Manifestation der Welt der Soheit sein, wenn wir sie direkt wahrnehmen. Es hängt von unserem Wahrnehmungsmodus ab, ob wir die Soheit der Blume berühren oder lediglich ein Bild, das unser Geist erschaffen hat. Allerdings erfolgen unsere Wahrnehmungen nur selten im Modus der Dinge-an-sich. Gewöhnlich nehmen wir die Dinge auf die beiden anderen Arten wahr, nämlich als Abbilder oder bloße Vorstellungen.

Wenn wir uns zum Beispiel verlieben, verlieben wir uns gewöhnlich in ein Bild, das wir uns von unserem Geliebten machen. Dieses Bild ist so stark, dass wir nicht mehr essen, schlafen oder sonst etwas tun können. Unser Geliebter erscheint uns so schön, aber unser Bild von ihm kann tatsächlich himmelweit von der Wirklichkeit entfernt sein. Wir erkennen nicht, dass das Objekt unserer Wahrnehmung nicht die Wirklichkeit-an-sich ist, sondern ein Bild, das wir selbst geschaffen haben. Haben wir unseren Geliebten dann geheiratet und zwei, drei Jahre mit ihm zusammen gelebt, erkennen wir, dass das Bild, an dem wir uns festgehalten haben und das uns nachts den Schlaf geraubt hat, größtenteils falsch gewesen ist. Das Objekt unserer Wahrnehmung, unser Bild von unserem Geliebten, gehört zum zweiten Feld der Wahrnehmung, dem Modus der Abbilder. Unser Bewusstsein manifestiert ein Bild des Objekts, und wir lieben dieses Bild. Das Bild, in das wir uns verlieben, hat möglicherweise nur sehr wenig mit der Person-an-sich zu tun.

Es ist uns dann nicht möglich, das Feld der Wahrnehmung der Dinge-an-sich zu erreichen, weil unser verdrehtes Bild ein Abbild ist und keine direkte Wahrnehmung. Unsere Wahrnehmung in Abbildern gehört nicht hundertprozentig der Welt der Soheit an, weil sie nur zu einem geringen Teil auf der Wirklichkeit basiert. Die Person, die wir lieben, ist kein echter Mensch, sondern bloß ein von unserem Bewusstsein erschaffenes Bild. Diese falsche Wahrnehmung kann Leid erzeugen. Wir sitzen zum Beispiel im Auto neben unserer Frau und ignorieren sie völlig, weil wir glauben, bereits alles über sie zu wissen, und wir uns nicht vorstellen können, dass sie noch irgendwelche interessanten neuen Seiten haben könnte. In dieser Art von Gefühlen und Wahrnehmungen sind wir gefangen. Manchmal ersetzen auch Zorn und Hass die Liebe, aber diese Wahrnehmungen stimmen ebenfalls nicht mit dem Feld der Dinge-an-sich überein.

Auf diese Weise leben wir möglicherweise dreißig Jahre mit jemandem zusammen und begreifen die Wahrheit dieses Menschen nie. Vielleicht ist unser gegenwärtiges Bild von dieser Person näher an der Welt der Person-an-sich als unser Bild von vor dreißig Jahren, aber es ist immer noch ein Bild – es gehört immer noch zum Feld der Abbilder. Wissenschaftler sagen, dass sie noch immer nicht genau wissen, was ein Staubkorn eigentlich ist. Die Existenz eines Elektrons erfüllt uns mit großer Ehrfurcht. Und doch sitzt hier ein Mensch neben uns, und wir glauben bereits alles über ihn zu wissen. Wir hassen oder lieben, abhängig von selbst geschaffenen Bildern. Die meisten unserer Wahrnehmungen, Sehnsüchte und Abneigungen spielen sich im Feld der Abbilder oder im dritten Feld der Wahrnehmungen, dem der bloßen Vorstellungen, ab. Wir müssen kritisch mit unseren Wahrnehmungen umgehen, müssen die Dinge, von denen wir glauben, sie gehörten zur Welt der Dinge-an-sich, eingehend untersuchen und herausfinden, ob es sich nicht doch nur um Abbilder oder bloße Vorstellungen handelt.

Das dritte Feld der Wahrnehmung ist das Feld der bloßen Vorstellungen. In diesem Wahrnehmungsmodus nehmen wir lediglich mental geschaffene Bilder wahr. Wenn wir einen Hund auf der Straße sehen, gehört unsere Wahrnehmung des Hundes zum Bereich der Abbilder. Gehen wir dann heim und träumen von dem Hund, gehört die Traumwahrnehmung zum Feld der bloßen Vorstellungen. In unseren Träumen »sehen« wir Menschen, die wir lieben und hassen, wir sehen Berge und Flüsse. Sie alle gehören in den Bereich der bloßen Vorstellungen. Wenn wir Visualisation praktizieren, dann arbeiten wir ebenfalls mit Bildern, die dem dritten Wahrnehmungsmodus angehören.

Alle Bilder, ob wir sie im Modus der Abbilder oder im Modus der bloßen Vorstellungen wahrnehmen, entsprechen nicht der Wirklichkeit. Sie sind keine direkte Wahrnehmung der Dinge-an-sich. Nach den Lehren der Nur-Manifestation leben wir mehr in der illusorischen Welt der Abbilder und bloßen Vorstellungen als in der wahren Welt der Dinge-an-sich. Unser Bewusstsein kommt nur selten mit der Wirklichkeit in Kontakt. Wir sperren uns selbst in das Gefängnis unserer eigenen verdrehten Bilder von der Wirklichkeit ein.

Angenommen Sie gehen im Morgengrauen über ein Feld. Vor Ihnen am Boden sehen Sie plötzlich eine lange, gewundene Form, die Sie als Schlange »erkennen«. Sie bekommen Angst. Dann richtet jemand seine Taschenlampe auf die Schlange und Sie erkennen, dass es sich tatsächlich nur um ein Stück Seil handelt. Ihre Angst war das Ergebnis falscher Wahrnehmung. Sie haben ein Stück Seil gesehen und gleichzeitig das Bild einer Schlange in ihrem Speicherbewusstsein berührt. Sie waren nicht mit der Wirklichkeit-an-sich in Kontakt, sondern mit dem Bereich der bloßen Vorstellungen.

Ein Gutteil des Leidens, das wir Tag für Tag erfahren, resultiert aus unseren auf Furcht und Unwissenheit gründenden falschen Wahrnehmungen. Hindus und Moslems, Palästinenser und Israelis fürchten die jeweils andere Seite wegen der falschen Bilder, die sie voneinander haben. Weil sie im Bereich der Abbilder und bloßen Vorstellungen gefangen sind, fügen sie einander fortgesetzt Leid zu. Tagein tagaus leben wir im Bereich der Abbilder, voll von Missverständnissen und Diskriminierungen, und wir leiden darunter.

Die ersten fünf Bewusstseinsformen, die der Sinne von Augen, Ohren, Nase, Zunge und Körper, sind fähig zum Kontakt mit dem Bereich der Dinge-an-sich, ganz besonders, wenn sie ihre jeweiligen Objekte der Wahrnehmung ohne Beteiligung und Intervention des Geistbewusstseins berühren. Sobald jedoch das Geistbewusstsein beteiligt ist, findet immer Denken und Einbildung statt, und das von den Sinnen übermittelte Bild wird verdreht. Wenn wir einen Tisch sehen, dann gehört das, was wir »Tisch« nennen, zum Bereich der Abbilder, weil das Geistbewusstsein einen großen Anteil an unserer Wahrnehmung hat. Wir sehen einen Tisch als etwas, auf dem man Dinge ablegen kann. Termiten hingegen sehen ihn als Nahrungsquelle. Ob wir den Tisch nun als Nahrung oder als Ablagefläche sehen, in keinem Fall geschieht unsere Wahrnehmung im Bereich der Dinge-an-sich.

Alles, was im Bereich der Dinge-an-sich von einem Sinnesbewusstsein erfasst wird, verwandelt sich in eine Abbildung, sobald das Geistbewusstsein davon Besitz ergreift. Doch sogar unser Geistbewusstsein ist in der Lage, von Zeit zu Zeit den Bereich der Dinge-an-sich zu berühren. Wenn wir zum Beispiel eine klare Intuition haben, ist unser Geistbewusstsein in Kontakt mit dem Bereich der

Soheit. Intuition ist eine Form des Wissens, die nicht auf Denken und Vorstellung beruht.

Für die Manifestation aller drei Wahrnehmungsmodi – Dinge-an-sich, Abbilder und bloße Vorstellungen – ist unser Speicherbewusstsein verantwortlich. Alle drei Felder der Wahrnehmung sind in den achtzehn Elementen des Seins enthalten. Diese achtzehn Elemente setzen sich zusammen aus den Organen der sechs Sinne, den sechs Objekten ihrer Wahrnehmung und den resultierenden sechs Formen des Bewusstseins. Die Sinnesorgane *(indriya)* – Augen, Ohren, Nase, Zunge, Körper und Geist – werden auch Tore *(ayatana)* genannt, weil alles, was wir überhaupt wahrnehmen, durch sie zu uns gelangt. Diese Sinnesorgane sind die Basis für den Kontakt mit den entsprechenden Sinnesobjekten von Form, Klang, Geruch, Geschmack, Berührung und Geistobjekten. Die Sinnestore und ihre entsprechenden Objekte *(vishaya)* bringen die sechs Formen des Sinnesbewusstseins hervor. Wenn die Ohren in Kontakt mit einem Klang treten, wird das resultierende Gewahrsein Hörbewusstsein genannt. Gleichermaßen kommen auch die anderen fünf Formen des Sinnesbewusstseins zustande, indem ein Sinnesorgan in Kontakt mit seinen entsprechenden Sinnesobjekten tritt. Dabei sind die Objekte des Geistes Gedanken, Vorstellungen und Ideen. Das Ergebnis ihrer Begegnung ist das Geistbewusstsein.

Dharmas, Objekte des Geistes, finden sich in allen drei Welten: der Welt der Dinge-an-sich, der Welt der Abbilder und der Welt der bloßen Vorstellungen. Die achtzehn Elemente des Seins sind der Rahmen, in dem Existenz möglich ist. Der Buddha wurde einmal gefragt: »Was ist die Welt? Wie können wir über alles, was ist, sprechen?« Er antwortete: »Alles, was existiert, lässt sich in den achtzehn Elementen finden. Außerhalb dieser Elemente kann nichts gefunden werden.« Die achtzehn Elemente sind Manifestationen unseres individuellen und kollektiven Bewusstseins. Sämtliche Objekte unserer Wahrnehmung sind in diesen achtzehn Elementen enthalten.

Während Sie jetzt das Buch lesen, befindet sich das Papier, das Sie in Händen halten, im Bereich der Wirklichkeit-an-sich. Die Frage ist nur, ob wir seine wahre Natur auch berühren können. Wir glauben vielleicht, dass wir das Papier so sehen, wie es ist, aber höchstwahrscheinlich stimmt das nicht. Wir sind in der Gewohnheit gefangen, alle unsere Wahrnehmungen und unser ganzes Denken von Ideen wie Selbst und andere, innen und außen, dieses und jenes, Anfang und Ende bestimmen zu lassen. Wenn wir das Universum in Kategorien einteilen, können wir nur noch das Feld der Abbilder berühren, nicht jedoch das Feld der Dinge-an-sich. Selbst wenn Sie das Papier – das Objekt Ihrer Wahrnehmung – tatsächlich mit Ihren Fingern und Augen berühren, ist das, was Ihrer Wahrnehmung erscheint, nicht die Soheit des Papiers, sondern eine Abbildung.

Wir besitzen die Fähigkeit, das Feld der Dinge-an-sich, die Welt der Soheit zu erreichen, aber weil wir denken und unterscheiden, nehmen wir die Dinge gewöhnlich nicht so wahr, wie sie eigentlich sind. Die Natur unseres Geistes ist blockiert (*parikalpita*). Das heißt, dass wir uns, wegen der verdrehten Art und Weise, wie wir die Wirklichkeit wahrnehmen, eine illusorische Welt schaffen. Meditation bedeutet, tief zu schauen, um zur Wirklichkeit vorzustoßen – zuerst zur Wirklichkeit unserer selbst und dann zur Wirklichkeit der Welt. Um zur Wirklichkeit durchzudringen, müssen wir die Vorstellungen loslassen, die wir in unserem Bewusstsein und in unserer Wahrnehmung von uns selbst und anderen, von innen und außen und so weiter geschaffen haben. Unsere Übung besteht darin, die Tendenz des unterscheidenden, dualistischen Denkens zu korrigieren, damit die Wirklichkeit eine Chance erhält, sich uns zu enthüllen.

Neun *Reifung und das Gesetz der Affinität*

Sämtliche Manifestationen tragen die Zeichen sowohl des Individuellen als auch des Kollektiven. Die Reifung des Speicherbewusstseins funktioniert ebenso durch seine Teilhabe an den verschiedenen Stufen und Daseinsbereichen.

Nur wenn die in den Tiefen unseres Bewusstseins verborgenen Samen reifen und in unserem Geistbewusstsein manifest werden, werden wir uns ihrer bewusst. Solange unser Zorn und unsere Besorgtheit im Schlummer liegen, können wir sie nicht wahrnehmen. Wenn wir aber zornig werden – mit gerötetem Gesicht und erhobener Stimme –, ist der Samen unseres Zorns gereift, und wir bemerken ihn. Die Samen des Zorns waren schon da, bevor wir zornig wurden, aber sie schlummerten in unserem Speicherbewusstsein. Hätten wir zu dieser Zeit gesagt: »Ich bin nicht wütend«, wäre das nicht ganz richtig gewesen. Die Samen des Zorns waren ja da, obwohl sie noch nicht manifest geworden waren.

Manifestation (*vijnapti*) ist ein wichtiger Begriff. Was manifest geworden ist, ist eine Funktion des Bewusstseins, und es wird auch vom Bewusstsein wahrgenommen. Sämtliche Manifestationen, die wir in den achtzehn Elementen des Seins wahrnehmen, gehören zu den drei Feldern der Wahrnehmung, dem der Dinge-an-sich, dem der Abbilder und dem der bloßen Vorstellungen. Und alle Manifestationen tragen die Zeichen sowohl des Individuellen als auch des Kollektiven. Manchmal sind sie mehr individuell als kollektiv, manchmal umgekehrt.

Der Vollmond ist eine Manifestation sowohl unseres individuellen als auch unseres kollektiven Speicherbewusstseins. Fast jeder von uns hat die Möglichkeit, sich am Vollmond zu erfreuen, und in diesem Sinne ist er kollektiv. Aber viele von uns nehmen sich nicht die

Zeit, den Mond eingehend zu betrachten. Der Mond ist einigen Menschen näher als anderen.

Wir können das Paradies oder die Hölle in unserem eigenen Geist schaffen. Welche Bedingungen brauchen wir, um wirklich glücklich zu sein? Wenn diese Bedingungen niemals erfüllt werden, werden wir dann den ganzen Rest unseres Lebens unglücklich sein? Oder können wir auch ohne diese Dinge glücklich sein? Viele Bedingungen für unser Glück haben wir bereits, aber nur selten scheinen sie uns zu nutzen. Bitte schreiben Sie einige Bedingungen für Ihr Glück auf, die Ihnen schon jetzt zur Verfügung stehen. Können Sie Ihr Leben so einrichten, dass Sie die Bedingungen erkennen können, wenn sie vorhanden sind? Versuchen Sie, Ihr Leben so zu leben, dass Sie sich diese Bedingungen für Ihr Glück zugänglich machen. Ignorieren oder zerstören Sie sie nicht. Wenn es etwas gibt, das Sie nicht mögen, wie können Sie es annehmbarer gestalten? Bitte denken Sie über diese Fragen nach.

Alle Manifestationen sämtlicher Phänomene entstehen aus unserem Speicherbewusstsein. Das Speicherbewusstsein manifestiert sich in der Form geistiger und körperlicher Gebilde. Da sind unsere Sinnesorgane: Augen, Ohren, Nase, Zunge und Körper und ihre Objekte: Form, Klang, Geruch, Geschmack und Tastempfindung. Das Speicherbewusstsein manifestiert sich aber auch als die drei Felder der Wahrnehmung: den Bereich der Dinge-an-sich oder die Soheit, die wir berühren können, wann immer wir Intersein, Nicht-Dualität, Unbeständigkeit und Nicht-Selbst erkennen; den Bereich der Abbilder, in dem wir unser tägliches Leben verbringen, gefangen in einer Denkweise, die den Prinzipien der Nicht-Dualität und des Interseins widerspricht; und schließlich den Bereich der bloßen Vorstellungen, die Welt der Träume und der Erinnerung.

Alle diese Manifestationen tragen die Zeichen sowohl des Individuellen als auch des Kollektiven. Sämtliche Manifestationen der Natur, wie Bäume, Gras, Berge und Flüsse, alle physischen Phänomene, wie unser eigener Körper und der anderer, sowie sämtliche psychischen Manifestationen, wie Zorn, Traurigkeit und Angst, haben alle sowohl individuelle als auch kollektive Aspekte. Es gibt keine Manifestation irgendeines Phänomens, die ausschließlich individuell oder ausschließlich kollektiv wäre.

Betrachten wir zum Beispiel den Samen des Zorns in uns, so können wir seine individuelle und seine kollektive Natur deutlich erkennen. Unser Zorn wurzelt in unseren Erfahrungen mit unseren Eltern, Lehrerinnen und Lehrern, Freundinnen und Freunden und unserem eigenen Leben. Die Sonne scheint zwar für alle, ist jedoch keine rein kollektive Manifestation. Der Sonnenschein hat auch individuelle Aspekte – er hat für jede und jeden von uns eine andere Bedeutung. Wenn ich ein Picknick plane, möchte ich, dass die Sonne den ganzen Tag über scheint. Ein Bauer wiederum wünscht sich vielleicht Regen, weil sein Getreide Wasser braucht. In Südostasien wünschen sich die Menschen, dass Wolken die heiße Sonne verdecken und etwas Kühlung bringen. In Nordeuropa freut man sich über einen heißen, sonnigen Tag. Dies alles sind Beispiele für die individuellen Aspekte des Sonnenscheins.

Sobald wir eine Kerze anzünden, werden verschiedene Bereiche in unterschiedlicher Entfernung beleuchtet – der Bereich direkt um die Kerze herum, ein etwas weiter entfernter und schließlich ein noch weiter entfernter Bereich. Zünden wir eine zweite Kerze an, so beleuchtet auch sie unterschiedliche Bereiche. Aber zusätzlich kommt noch das Licht der ersten Kerze mit variierender Intensität hinzu. Sobald wir die zweite Kerze entzündet haben, gibt es keinen einzigen Bereich mehr, der nur von dem Licht einer einzigen Kerze erhellt würde. Stets ist auch das Licht der jeweils anderen Kerze beteiligt. Bei den verschiedenen beleuchteten Bereichen handelt es sich also nicht um rein individuelle Manifestationen, sie sind gleichzeitig auch kollektiver Natur.

Weil alle Manifestationen gleichzeitig sowohl individuelle als auch kollektive Aspekte aufweisen, wäre es falsch zu sagen, dass ein junger Mann, der straffällig geworden ist, die alleinige Verantwortung für sein Verbrechen trägt. Er ist das Produkt seiner Familie, seiner Erziehung und der Gesellschaft. Vielleicht haben seine Eltern häufig gestritten, als er noch jung war, und somit viel Leid für sich selbst und das Kind geschaffen. Möglicherweise ist er sogar missbraucht worden. Aus Mangel an Liebe und einer guten Erziehung hat er womöglich versucht, sich mit Hilfe von Drogen ins Vergessen zu flüchten. Die Drogen wiederum verminderten seine Fähigkeit, vernünftige Entscheidungen zu treffen. Am Ende dieses Prozesses stand schließlich ein Verbrechen.

Wenn wir tief schauen, erkennen wir, dass die Bedingungen für die Taten des jungen Mannes nicht nur aus seinem eigenen Geist und seinen individuellen Erfahrungen herrühren. Für die Bedingungen, die ihn in den Teufelskreis von Drogen und Verbrechen geführt haben, tragen wir alle einen Teil der Verantwortung. Wenn wir den jungen Mann nur verdammen und bestrafen, ist niemandem geholfen. Menschen greifen zu Drogen, weil sie voller Schmerz sind und vor dem Leben davonlaufen möchten. Jemanden, der auf diese Weise leidet, einfach ins Gefängnis zu stecken, löst nicht das Problem. Hier sind Liebe und Verständnis nötig sowie konkrete Hilfe, um ihn wieder empfindungsfähig für Freude, Klarheit und Sinnhaftigkeit werden zu lassen und ihn so ins Leben zurückzubringen.

Auch unsere Ängste, Sorgen und Abneigungen tragen die Zeichen des Individuellen und des Kollektiven. Nicht einmal unser denkendes Gehirn ist ausschließlich individuell. In unserer Art und Weise zu denken, wahrzunehmen und zu handeln, spiegelt sich auch das kollektive Bewusstsein wider. Und unser kollektives Bewusstsein spiegelt die Welt unserer Wahrnehmung, in der wir leben, wider und hilft, sie manifest werden zu lassen.

Reifung *(vipaka)* ist eine weitere Umschreibung der Funktionen des Speicherbewusstseins. Man legt alle Samen in einen Behälter – das Speicherbewusstsein – und wartet einfach, dass alle Wahrnehmungen, Gefühle und geistigen Gebilde durch Reifung manifest werden. Jede Wahrnehmung, jedes Gefühl, jedes geistige Gebilde hat sowohl kollektive als auch individuelle Aspekte. Ein Samen muss stets die richtigen Bedingungen vorfinden und entsprechend Zeit haben, um reifen und Früchte bringen zu können. Wenn er dann ausreift, verwandelt sich der Samen in eine Seinsform, die der wahren Manifestation seiner Qualitäten entspricht: eine Orangenblüte bringt eine Orange hervor. Die Blüte braucht die richtige Zeit und die entsprechenden Umstände, um zu einer Orange zu werden, die wir essen können. Auf vergleichbare Weise braucht auch eine Handlung Zeit, um zu reifen. Unsere Handlungen, unser Karma – das, was wir sagen, denken und tun –, braucht Zeit, um zu reifen. Wenn dieses Karma dann reif geworden ist und sich manifestiert, manifestiert es sich unter Beteiligung anderer Bewusstseinsarten.

Das Reifen der Phänomene vollzieht sich in dreifacher Weise:

1) *Ausreifung zu unterschiedlichen Zeiten.* Angenommen wir pflücken einen noch unreifen Apfel, einen Pfirsich und eine unreife Orange und heben sie auf. Zuerst wird der Pfirsich reif, dann der Apfel und schließlich die Orange. Die Samen, die unsere Eltern, Großeltern und Freunde in uns gesät und gegossen haben, werden unausweichlich früher oder später reifen. Man muss sich nicht fragen: »Warum verändere ich mich nicht, wo ich doch schon so viele Lehren des Buddha gehört habe? Warum fühle ich immer noch keinen Frieden, keine Freude in mir, wo ich doch so intensiv Gehmeditation geübt habe?« Jeder Samen wird zu seiner eigenen Zeit reifen. Unsere Praxis besteht lediglich darin, die positiven Samen in uns zu gießen. Wir sollten das Vertrauen entwickeln, dass wir einen bestimmten Samen nur kontinuierlich zu gießen brauchen, um ihn zum Austreiben und Wachsen zu bringen.
2) *Ausreifung unterschiedlicher Arten.* Eine unreife Orange wird zu einer reifen Orange – niemals kann sie zu einem reifen Apfel werden.
3) *Ausreifung und Veränderung.* Wenn etwas reif wird, ändern sich viele seiner Aspekte vollkommen. So ist eine unreife Orange grün und sauer; eine reife hingegen ist orange und süß.

Einen Samen zu säen ist eine verursachende Handlung *(karma-hetu).* Wenn die verursachende Handlung reift, wird sie zu einer resultierenden Handlung oder Handlungsfrucht *(karma-phala).* Angenommen ein Arbeitskollege kritisiert uns vehement, und dies erschüttert unser Selbstvertrauen. Mit dieser Handlung wurde ein unheilsamer Samen gesät, nicht nur in unserem Bewusstsein, sondern ebenso in seinem. Verglichen mit einem durch eine frühere positive Handlung dieses Kollegen gesäten Samens mag der gegenwärtige weniger bedeutungsvoll sein. Aber jetzt gibt es im Bewusstsein unseres Kollegen zwei Samen: einen konstruktiven und einen negativen. Wenn diese beiden Samen reifen, bringen sie ihn in eine Lebenssituation, die einen Durchschnitt des Gewichts beider Handlungen darstellt.

Verursachende Handlungen gelangen an ihr Ende durch ihre schließliche Ausreifung. Wenn wir tief schauen, sehen wir, dass unsere gesamte Psycho-Physiologie, unser Glück und unser Leiden, ausschließlich im gegenwärtigen Augenblick aktive resultierende Handlungen von verursachenden Handlungen der Vergangenheit sind. Zurückschauend können wir die vergangenen Handlungen erkennen, die als Samen in unserem Speicherbewusstsein gesät worden sind. Dank der heilsamen Samen, die wir unseren Lehrerinnen und Lehrern, Freundinnen und Freunden, Eltern und anderen verdanken, können wir in unserer gegenwärtigen Gehmeditation Frieden und Freude erfahren. Betrachten wir die Gegenwart, erkennen wir, dass unser Frieden und unsere Freude in Zukunft noch größer sein werden, wenn wir diese hilfreichen Samen jetzt kontinuierlich weiter ausstreuen und begießen.

Die Art, wie wir jetzt sind, ist die Summe von Handlung A und Handlung B. Wenn wir unseren Körper und Geist eingehend betrachten, können wir den momentanen Grad an Glück, Gelassenheit und Freiheit in uns erkennen. Dann beleuchten wir mit unserer Aufmerksamkeit unsere eigenen vergangenen Taten, die Menschen, die uns unterstützt haben, und das, was wir getan haben, um in der Gegenwart diesen Grad an Glück, Gelassenheit und Freiheit erleben zu können. Darüber hinaus schauen wir auch noch, welche unserer vielen verursachenden Handlungen zu unseren inneren Zuständen von Zorn, Traurigkeit und Eifersucht geführt haben. Um die Samen aus vergangenen Handlungen zu finden, müssen wir nur die Früchte im gegenwärtigen Augenblick betrachten.

Der Ausdruck »Daseinsbereich« in diesem Vers bezieht sich noch einmal auf die drei Bereiche der Existenz, die wir schon in Kapitel Drei erwähnt haben. Es handelt sich um die Bereiche der Begierde, der Form und der Nichtform. Der Bereich der Begierde stimmt mit der ersten Stufe des Seins überein. Die Bereiche der Form und der Nichtform werden jeweils in vier weitere Ebenen unterteilt. Die im Vers erwähnten Stufen beziehen sich auf alle neun Ebenen der drei Bereiche: Den Bereich der Begierde (nicht weiter unterteilt), den Bereich der vier Stufen meditativer Konzentration *(dhyanas)* des Formbereichs und die vier Ebenen des Bereichs der Nichtform. Die gesamten neun Stufen sind:

1) Der Bereich der Begierde *(kamadhathu)*. Charakteristisch für diesen Daseinsbereich ist sehr viel Begierde. Die Wesen laufen den Dingen hinterher und klammern sich an sie. Der Buddha beschrieb sechs Bestimmungsorte oder Seinsweisen, in die fühlende Wesen Leben auf Leben geraten: Die Welt der Götter *(devas)*; die Welt der *asuras* oder »Titanen«, Wesen die einerseits zwar begabt und intelligent, andererseits jedoch zornig und feindlich gesinnt sind; die Welt der Menschen; die Welt der Tiere, die ausschließlich unter dem Diktat ihrer Instinkte leben, kein spirituelles Leben, keine Ideale oder Mitgefühl kennen; die Welt der Hungergeister *(pretas)*, die ständig nach Essen, Schutz und Liebe hungern, die sehnsüchtig irgendetwas zu finden hoffen, an das sie in ihrem Alltag glauben können, die aber niemals zufrieden zu stellen sind; die Welt der Höllen. Diese sechs Seinsweisen – die der Götter, Titanen (Asuras), Menschen, Tiere, Hungergeister und Höllenwesen – befinden sich sämtlich im Bereich der Begierde.
2) Brahma-Himmel. Dies ist die erste Stufe des Bereichs der Form *(rupadhatu)*. Man nennt ihn auch den himmlischen Bereich des ersten Dhyana (Versenkungsstufe). Die Wesen dieser Welt unterscheiden sich zwar körperlich voneinander, denken aber weitgehend auf die gleiche Art und Weise.
3) Der Reine Himmel Großen Lichts. Das ist die zweite Stufe des Formbereichs, der himmlische Bereich des zweiten Dhyana. Diese Welt ist voller Licht. Die Körper der hier lebenden Wesen gleichen einander; ihre Denkweise unterscheidet sich jedoch.
4) Der Überall Reine Himmel ist die dritte Stufe des Formbereichs. Er wird der himmlische Bereich des dritten Dhyana genannt und

ist sehr friedvoll und rein. Die Lebewesen dieses Himmels stimmen in Körper und Geist vollkommen überein.

5) Der Himmel der Nicht-Wahrnehmung. Dies ist die vierte Stufe des Formbereichs und der höchste der vier Dhyana-Bereiche. Auf dieser Stufe verfügen die Wesen nicht über eine von Vorstellungen begleitete Wahrnehmung.
6) Der Bereich der Raumunendlichkeit ist die erste Stufe des Bereichs der Nichtform *(arupadhatu)*.
7) Der Bereich der Bewusstseinsunendlichkeit ist die zweite Stufe des Bereichs der Nichtform.
8) Der Bereich der Nichtsheit oder Objektlosigkeit ist die dritte Stufe des Nichtform-Bereichs.
9) Der Bereich der Weder-Wahrnehmung-Noch-Nichtwahrnehmung ist die vierte und letzte Stufe des Bereichs der Nichtform.

Die drei Bereiche und neun Stufen sind nur aufgrund der Kooperation des Bewusstseins vieler Lebewesen existent. So ist zum Beispiel die Gemeinschaft von Plum Village in Südfrankreich, in der ich lebe, die kollektive Manifestation des Bewusstseins des Lehrers, der Schülerinnen und Schüler, der Freundinnen und Freunde auf dem Pfad und der Praxisgemeinschaft, die dort entstanden ist. Wir alle sind motiviert, zu studieren und zu praktizieren, und so haben wir Plum Village geschaffen, um diesem Wunsch nachgehen zu können. Gleichgültig ob wir in der Welt der Begierde, der Form oder der Nichtform leben: Der jeweilige Bereich ist stets eine Schöpfung des kollektiven Bewusstseins all jener, die ihn bevölkern.

Wenn wir uns im Begierde-Bereich befinden, dann handelt es sich nicht nur um eine Manifestation unseres individuellen, sondern ebenso des kollektiven Bewusstseins. Die westliche Gesellschaft ist eine Konsumgesellschaft, aber die Praktizierenden von Plum Village nehmen nicht in dem Maße am Konsum teil wie die meisten Menschen in westlichen Ländern. Doch auch wir leben immer noch im Bereich der Begierde, der ja eine Manifestation des kollektiven Bewusstseins ist. Fernsehwerbung zum Beispiel ist darauf gerichtet, die Samen der Begierde in uns zu gießen. In Plum Village können unsere Samen der Gier durch dieses spezielle Medium nicht gestärkt werden, da wir nicht fernsehen. Dies ist ein Beispiel für eine individuelle Manifestation innerhalb der kollektiven Manifestation der Konsumgesellschaft.

Das Reifen des Speicherbewusstseins folgt dem Gesetz der Affinität, der Anziehung gleicher Neigungen. Wir tun dieses, aber wir tun nicht jenes. Die Gründe, warum wir einer Sache folgen, nicht aber einer anderen, liegen vorherbestimmt in der »Reifung-als-Ursache«, die zur »Reifung-als-Frucht« führt. Ein Beispiel für eine Reifung-als-Frucht ist die Existenz von Plum Village und der dortigen Praxisgemeinschaft. Reifung-als-Ursache umfasst die Samen, die wir in der Vergangenheit gesät haben und die uns jetzt dorthin bringen. Das nennt man auch »Kraft der Handlung«, in diesem Fall einer heilsamen Handlung. Hätten wir die Samen der Drogenabhängigkeit genährt, würden wir nicht nach Plum Village gehen. Weil wir aber die Samen des Buddhadharma in uns gestärkt haben, zieht dieser Ort uns an. Die Gemeinschaft von Plum Village ist uns – in diesem Sinne – vorherbestimmt. Heilsame Samen sind bereits in unser Speicherbewusstsein gelangt und genährt worden, und jetzt keimen sie aus. Sie geben uns die Energie, dorthin zu reisen und an der gemeinsamen Praxis teilzunehmen.

Als der Buddha eines Tages im Jeta-Hain saß, sagte er: »Ihr Mönche, seht ihr, dass diejenigen, die besonders die Dharma-Gespräche genießen, nahe beim Ehrwürdigen Shariputra sitzen, die mit einem speziellen Interesse an den Regeln aber nahe beim Ehrwürdigen Upali. Die Mönche jedoch, die gerne Dharma-Unterweisungen erteilen, sind um den Ehrwürdigen Purna versammelt. Shariputra ist sehr gut im Dharma-Gespräch. Upali ist ein Experte in den Regeln, und Purna erteilt ausgezeichnete Dharma-Unterweisungen.« Das ist ein Beispiel für das Gesetz der Affinität. Unsere Wünsche, unsere Bedürfnisse und die Energie unserer Handlungen bestimmen über unsere Beteiligung an einem Daseinsbereich oder einem anderen. Wenn wir einen Freund finden, mit dem wir gerne Zeit verbringen, folgen wir dem Gesetz der Anziehung von Ähnlichem. Wir fühlen uns zu dieser Person hingezogen, und diese Information ist als

Samen in unserem Bewusstsein aufgezeichnet. Wenn dieser Samen der Affinität reift, fühlen wir uns von einem bestimmten Menschen oder einer speziellen Situation angezogen.

Plum Village ist ein kleines Stück Land in dem viel größeren Stück Land Europa. Wenn wir in Plum Village sind, sind wir gleichzeitig auch in Europa. Ähnlich ist es mit den neun Existenzstufen: Sind wir an einer der neun Stufen beteiligt, heißt das nicht, dass wir an den übrigen acht keinen Anteil hätten. Unsere Teilhabe ist lediglich etwas schwächer. Unsere Teilhabe an der Stufe, zu der wir uns durch das Gesetz der Affinität hingezogen fühlen, ist konzentrierter – immer aber sind wir auch an den restlichen Stufen beteiligt. Alle neun Stufen existieren in uns. Sobald eine davon manifest wird, werden die anderen nur etwas weniger deutlich, bleiben aber nichtsdestoweniger vorhanden.

Ausreifung ist die reife Frucht unseres Bewusstseins. Zum Zeitpunkt der Ausreifung versucht unser Bewusstsein auf der Stufe zu verweilen, die der Summe unserer Handlungen am nächsten kommt. Wenn in unserem Speicherbewusstsein Handlungen in Verbindung mit Kokainsucht bewahrt sind, zieht uns die Kraft der Anziehung von Ähnlichem in die Gesellschaft von Menschen, die den Drogen ebenfalls zugetan sind. Die Ausreifung der Frucht im Bewusstsein bringt uns mit einem der Daseinsbereiche in sehr tiefe Verbindung.

Lassen Sie uns dieses Buch genauer betrachten. Dieses Buch ist eine Manifestation unseres kollektiven Bewusstseins, denn jeder von uns hat in seinem Speicherbewusstsein den Samen der Praxis gesät. Vielleicht haben Sie ein anderes Buch gelesen oder etwas über die Achtsamkeitspraxis oder über buddhistische Psychologie gehört. Daraus ist Ihr Interesse erwachsen, mehr über die Kunst der Transformation und Heilung zu erfahren. Das, so nehmen wir einmal an, ist vor längerer Zeit geschehen. Jetzt sind die Bedingungen für mich ausgereift, Ihnen dieses Buch anzubieten, und für Sie, es zu lesen. Der Grad der Teilhabe an diesem Prozess hängt bei jedem von uns von der Art unserer Handlungen in der Vergangenheit ab. Warum lesen andere dieses Buch nicht? Weil sie nicht dasselbe Interesse teilen. Aber bei uns hat irgendetwas bestimmt, dass wir uns auf diese

Weise begegnen. Es war in unserem individuellen und kollektiven Speicherbewusstsein verzeichnet. Das ist das Gesetz der Affinität oder Beteiligung.

Jede und jeder von uns kann in allen sechs Bereichen samsarischer Existenz leben – von der Welt der Götter, über die der Asuras, Menschen, Tiere, Hungergeister bis hin zu den Welten der Höllenwesen. Wir alle sind schon in der Hölle gewesen. Die Hölle ist nicht weit weg. Die Hölle ist genau hier. In der buddhistischen Tradition glauben wir, dass es Hungergeister genannte Lebewesen gibt. Hungergeister haben einen riesigen Leib, aber ihre Kehle ist dünn wie eine Nadel. Niemals können sie ihren gewaltigen Hunger stillen. In den buddhistischen Ländern bringen wir jedes Jahr im achten Mondmonat unseren Ahnen Opfer dar. Ahnen sind keine Hungergeister. Sie haben Nachfahren und einen Platz, an den sie zurükkehren können. Aber wir wissen, dass sehr viele Hungergeister umherwandern, die kein Zuhause haben. Aus diesem Grund opfern wir auch diesen Hungergeistern Reiskuchen, Wasser und so weiter. Dabei rezitieren wir Mantras, um ihre Kehlen wieder zu normaler Größe zu bringen. Dann lesen wir das *Herz-Sutra*[10], rufen die Hungergeister herbei und laden sie ein, zu essen. Dabei beten wir zu Buddha Amitabha, dass er sie alle in sein Reines Land aufnehmen möge.[11]

Hungergeister gibt es nicht nur im traditionellen buddhistischen Glauben. Unsere Gesellschaft erschafft tausende Hungergeister jeden Tag. Wenn wir tief genug schauen, können wir sehen, dass sie uns überall umgeben. Es sind Menschen ohne Wurzeln. Ihre Eltern konnten ihnen nicht zeigen, dass Glück möglich ist. Sie fühlten sich von ihrer Kirche oder Gemeinde nicht angenommen und verstanden. Darum haben sie all das zurückgewiesen. Sie glauben nicht mehr an Familie, Gesellschaft oder Religion. Sie glauben nicht mehr an ihre eigene Tradition. Aber immer noch suchen sie etwas Gutes, Schönes und Wahres, an das sie glauben können; sie hungern nach Verständnis und Liebe.

Von Zeit zu Zeit kommen Hungergeister auch in Praxiszentren wie Plum Village. Wir können sie leicht erkennen. Sie bleiben skeptisch, selbst wenn man ihnen Verständnis und Liebe anbietet. Um Hungergeistern zu helfen, muss man sehr geduldig sein. Zuerst muss man ihr Vertrauen verdienen. Aber weil ihre Kehlen so nadeldünn sind, ist ihnen alles verdächtig, und sie sind nicht schnell bereit, an überhaupt irgendetwas zu glauben. Wenn man ihnen Liebe schenken möchte, können sie sie einfach nicht annehmen. Und dem Gesetz der Affinität folgend, tun sich Hungergeister gerne mit anderen Hungergeistern zusammen. Wenn wir die Samen des Hungergeistes in uns nähren, werden wir selbst zum Hungergeist. Dann machen wir uns auf die Suche nach anderen Hungergeistern, mit denen wir unsere Zeit verbringen können, und bilden schließlich eine Gesellschaft von Hungergeistern.

Ob es uns in die Richtung der Götter, Asuras, Menschen, Tiere, Hungergeister oder Höllenwesen zieht, ist in unserem Speicherbewusstsein bereits vorgezeichnet. Karma bedeutet Handlung: die Handlungen von Körper, Sprache und Geist. Jede alltägliche körperliche Handlung, jedes Wort und jeder Gedanke hat die Macht, eine Frucht hervorzubringen. Wenn unsere Handlungen von Körper, Sprache und Geist Zeit haben zu reifen, durchläuft das Speicherbewusstsein einen Reifungsprozess und ein veränderter Seinszustand ist die Folge. Nach vielen Lebensjahren, nach zahllosen Handlungen von Körper, Sprache und Geist manifestiert sich die Beteiligung unseres individuellen Speicherbewusstseins am kollektiven Bewusstsein in unserem nächsten Daseinsbereich.

Angenommen jemand ist im Teufelskreis des Drogenkonsums gefangen. Egal wo er hingeht, stets fühlt er sich von dem Milieu angezogen. Die Ausreifung seiner vergangenen Handlungen zieht ihn in diese Richtung. Die Beteiligung seines Speicherbewusstseins an diesem Seinszustand ist die Frucht seiner Art zu leben. Wenn er nun jemandem begegnet, der ihn zu lieben und ihm zu helfen vermag, werden die positiven Samen in ihm gegossen und er kann bestimmte Einsichten gewinnen. Mit Hilfe dieses anderen Menschen kann er sich vielleicht sogar aus dem verhängnisvollen Milieu lösen. Und allmählich wird die Ausreifung anderer Samen ihm helfen, sich einem anderen Seinszustand zuzuwenden.

Die Samen in uns führen uns dazu, unser Leben mit denen zu teilen, die uns ähnlich sind – gleichgültig ob dies unheilsam oder heilsam ist. Transformation und Heilung sind jedoch möglich. Zuerst müssen wir uns entscheiden, in welche Richtung wir gehen wollen. Zweitens müssen wir den Wunsch haben, uns auf die Reise der Transformation und Heilung begeben zu wollen. Drittens entdecken wir, dass es einen Pfad gibt, den wir beschreiten können, und wir suchen nach anderen, die ebenfalls mit größerer Achtsamkeit zu leben wünschen, um mit ihnen zu praktizieren. Dann entdecken wir, dass wir das gleiche Karma teilen, das Karma, uns um Transformation und Heilung zu bemühen. Diejenigen, die nur an Essen, Schlafen und Sex interessiert sind, kommen im Bereich der Begierde zusammen. Diejenigen, denen die Leidenden in der Welt am Herzen liegen, finden Mittel und Wege, zusammenzukommen und zu dienen. Das ist das Gesetz der Affinität.

Befreiung – Teilhabe am Bereich der Freude und des Friedens – ist möglich, indem wir unsere Samen berühren und verwandeln, wobei wir den positiven Samen helfen zu wachsen. Wir müssen nicht erst sterben, um dann in einer neuen Existenz wiedergeboren zu werden. Folgen wir einige Wochen oder Monate mit ganzem Herzen dem Pfad der Transformation, hilft uns dies, die heilsamen Samen in uns zur Reife zu bringen und hier und jetzt ein neues Leben zu beginnen. Wenn wir gut für unsere Samen sorgen, die guten säen und gießen und die schlechten nicht manifest werden lassen, beschreiten wir den Pfad zur Reife. Ich habe erlebt, dass Menschen aus nur drei oder vier Tagen der Praxis als neue Wesen hervorgegangen sind. Sie konnten heimkehren und sich mit den Mitgliedern ihrer Familie aussöhnen und ihr Glück wieder herstellen. Für die Samen des Neubeginns, des tiefen Schauens, der Transformation und Heilung in ihnen war gut gesorgt worden und so konnten diese schnell zur Reife gelangen. Auch wir sind fähig, aus den Samen in unserem Bewusstsein ein neues Sein hervorzubringen – positiver und glücklicher zu leben. Es gibt nicht den geringsten Grund, daran zu zweifeln, dass wir dazu tatsächlich fähig sind.

Zehn *Die Fünf Universellen*

Unverstellt und unbestimmt
fließt das Speicherbewusstsein in dauernder Veränderung.
Gleichzeitig ist es mit den
fünf universellen geistigen Gebilden versehen.

Dieser Vers beschreibt Qualitäten des Speicherbewusstseins, die es von den anderen Bewusstseinsformen unterscheidet. »Unverstellt« bedeutet dem Licht ausgesetzt, nicht versteckt. Das Speicherbewusstsein ist unverstellt, weil es absolute Klarheit zu erlangen vermag. Darüber hinaus ist es unbestimmt oder neutral, was bedeutet, dass das Speicherbewusstsein selbst weder heilsam noch unheilsam ist, obwohl es sämtliche Samen enthält, heilsame wie unheilsame.

Sämtliche Phänomene kann man kategorisieren als heilsam *(kushala)*, unheilsam *(akushala)* oder unbestimmt. Jede unserer Handlungen, Worte und Gedanken fällt in eine dieser Kategorien. Heilsam bedeutet nützlich für uns selbst und andere. Unheilsam bedeutet schädigend für uns selbst und andere. Unbestimmt bedeutet, dass eine Handlung, ein Wort oder ein Gedanke von sich aus weder heilsam noch unheilsam ist. Abhängig von den Umständen können sie beides sein; ob sie heilsam oder unheilsam sind, hängt dann von unserer Lebensart ab.

Das Speicherbewusstsein arbeitet kontinuierlich, Tag und Nacht, ohne je innezuhalten. Im Gegensatz zu den sechs Sinnesbewusstseinsformen – Sehen, Hören, Riechen, Schmecken, Tasten und Denken –, die manchmal aktiv und manchmal inaktiv sind. Das Sehbewusstsein zum Beispiel funktioniert während des Tages, nicht jedoch, wenn wir schlafen, weil unsere Augen dann geschlossen sind und kein Objekt wahrnehmen. Nur durch den Kontakt mit seinem spezifischen Objekt lässt eine Sinnesbasis das entsprechende Sinnesbewusstsein entstehen. Wenn wir in einem traumlosen Schlaf liegen, ist auch das Denkbewusstsein inaktiv. Das siebte Bewusstsein, Manas, jedoch, das aufs Engste mit dem Speicherbewusstsein verbunden ist und als Stütze für das Geistbewusstsein dient, hält nie inne. Wie das Speicherbewusstsein, so stellt auch Manas seine Aktivität niemals ein. Im nächsten Abschnitt des Buches werden wir uns eingehender mit Manas beschäftigen.

Obwohl das Speicherbewusstsein niemals aufhört, ist es dennoch nicht unveränderlich. Es fließt, unausgesetzt sich verändernd, wie ein Fluss. Ein Fluss ist immer ein und derselbe, aber das Wasser in ihm verändert sich fortwährend. Mit dem Speicherbewusstsein verhält es sich ebenso: Es entspricht dem Fluss, und die in ihm enthaltenen Samen gleichen dem stets sich verändernden Wasser.

Der Begriff » geistige Gebilde« *(citta-samskara)*, manchmal auch »Geistesformationen« genannt, ist im Buddhismus sehr wichtig, und wir werden ihm in diesem Buch immer wieder begegnen. Ein geistiges Gebilde ist das Ergebnis der Manifestation eines Samens aus unserem Speicherbewusstsein. Die Nur-Manifestation-Schule teilt die geistigen Gebilde in einundfünfzig Kategorien ein, die wir im Laufe unserer Beschäftigung mit den *Fünfzig Versen* später im Detail betrachten werden. Um den gegenwärtigen Vers verstehen zu können, müssen wir lediglich wissen, dass es fünf universelle geistige Gebilde gibt: Kontakt *(sparsha)*, Aufmerksamkeit *(manaskara)*, Gefühl *(vedana)*, Wahrnehmung oder Konzeptualisierung *(samjna)* und Willensregung *(cetana)*. Diese fünf Geistesformationen sind »assoziiert«, das heißt, sie sind miteinander verbunden *(samprayukta)*. »Universell« werden sie genannt, weil sie in allen acht Bewusstseinsformen aktiv sind.

Die fünf universellen geistigen Gebilde wirken innerhalb der acht Formen des Bewusstseins als das Empfangende, Annehmende, Haltende, Erhaltende, Bewahrende und als das Speichernde der Samen, den Funktionen des Speicherbewusstseins also. Das Speicherbewusstsein operiert in Form dieser fünf universellen geistigen Gebilde. In jeder der übrigen Bewusstseinsformen unterscheiden sich die fünf universellen geistigen Gebilde jeweils, weil sich der Wahrnehmungsmodus (*pramana,* »Art des Maßnehmens«) des Speicherbewusstseins vom Wahrnehmungsmodus der anderen Bewusstseinsformen unterscheidet.

Um zu verstehen, wie die Bewusstseinsformen arbeiten, müssen wir die Natur, den Modus und das Objekt der Wahrnehmung jeder einzelnen berücksichtigen. In Kapitel Acht haben wir die drei Felder der Wahrnehmung besprochen – das Feld der Dinge-an-sich, das der Abbilder und das der bloßen Vorstellungen. Der Wahrnehmungsmodus, der in den Bereich der Dinge-an-sich führt, ist der direkte *(pratyaksha pramana)*. Eine direkte Wahrnehmung beinhaltet keinerlei Gedanken oder Vorstellungen; sie ist nicht das Ergebnis von Vergleich oder Begründung. Im Speicherbewusstsein ist der Modus der Wahrnehmung immer direkt. Wenn wir ein Feuer sehen, wissen wir, dass es ein Feuer ist. Das ist direkte Wahrnehmung.

Angenommen aber wir sehen Rauch hinter einer Wand aufsteigen und schließen daraus, dass dort ein Feuer sein müsse, dann handelt es sich um eine indirekte, eine abgeleitete, eine schlussfolgernde Wahrnehmung *(anumana pramana)*, die sowohl richtig als auch falsch sein kann. Wenn zum Beispiel das, was wir für Rauch halten, in Wirklichkeit Nebel ist, dann ist unsere Wahrnehmung falsch *(abhava pramana)*. Der Buddha warnte, dass die meisten unserer Wahrnehmungen falsch sind. Wenn wir einen schönen Sonnenuntergang beobachten, glauben wir, dass wir die Sonne des gegenwärtigen Augenblicks betrachten. Doch die Sonne, die wir in diesem Augenblick sehen, ist nur ein Bild der Sonne von vor acht Minuten. Wir gehen mit einer Vielzahl völlig falscher Wahrnehmungen durch unser Leben, von deren Richtigkeit wir aber zutiefst überzeugt sind. Falsche Wahrnehmung ist die Quelle so viel Leidens.

Das Speicherbewusstsein befasst sich nicht mit Denken, Vergleichen oder Vorstellen. Sein Wahrnehmungsmodus ist stets direkt. Daher ist auch der Modus der Wahrnehmung der fünf universellen geistigen Gebilde, solange sie mit dem Speicherbewusstsein operieren, immer direkt. Der Kontakt ist direkt; geistige Aufmerksamkeit ist direkt; ebenso sind Gefühle, Wahrnehmungen und Willensregungen direkt. Das gilt aber nicht notwendigerweise auch für das Funktionieren dieser fünf geistigen Gebilde innerhalb der restlichen Bewusstseinsformen, da deren Natur und Qualität sich unterscheiden.

Die fünf universellen geistigen Gebilde sind nichts vom Geist Getrenntes – der Inhalt des Geistes *ist* der Geist. Die Natur des Speicherbewusstseins entspricht der Natur der fünf universellen geistigen Gebilde. Unser Speicherbewusstsein und die fünf universellen geistigen Gebilde sind sowohl Subjekt wie auch Objekt des Bewusstseins. In beiden Aspekten sind sie unverstellt und unbestimmt, ständig sich verändernd. Jeder Samen, jedes Objekt und jede Wahrnehmung gleichen Wassertropfen im Strom des Speicherbewusstseins, und sie nehmen die Natur dieses Bewusstseins an.

Die Qualitäten, die das Speicherbewusstsein so einzigartig machen, sind dieselben Qualitäten, die die Transformation der in ihm enthaltenen Samen ermöglichen. Eben weil das Speicherbewusstsein unverstellt und unbestimmt ist, weil es neutral und fließend sich ständig verändert, lässt es sich verwandeln. Jeder Tag bietet die Gelegenheit zur Transformation. Wenn wir die Samen in unserem Speicherbewusstsein verwandeln, dann ist das Transformation an der Basis, eine Verwandlung von Grund auf.

Elf *Die Drei Dharmasiegel*

Obwohl unbeständig und ohne eigenständiges Selbst
enthält das Speicherbewusstsein sämtliche Phänomene des Kosmos
– sowohl bedingte als auch nicht-bedingte –
in Form von Samen.

Phänomene *(dharmas)* lassen sich in zwei Gruppen unterteilen: Phänomene »mit Undichtigkeit« *(ashrava)* und Phänomene »ohne Undichtigkeit« *(anashrava)*. Mit Undichtigkeit bedeutet, dass etwas ausläuft wie Wasser aus einem leckenden Tongefäß. Es bedeutet, dass die entsprechende Handlung oder Erfahrung nicht die Natur wahrer Einsicht und Befreiung hat – es gibt immer noch die Möglichkeit des Rückfalls, die Möglichkeit, dass die Früchte unseres Handelns *(karma-phala)* noch mehr Samen der Verblendung in unserem Bewusstsein erzeugen. Ohne Undichtigkeit bedeutet, dass eine Handlung oder Erfahrung rein ist. Sie wird keinerlei unheilsame karmische Frucht hervorbringen.

Angenommen wir empfinden ein Gefühl der Freude. Dieses Gefühl kann mit oder ohne Undichtigkeit sein. Ist die Erfahrung instabil, weil unser Verständnis lediglich oberflächlich ist, wird unser Gefühl der Freude undicht sein. Entdecken wir jedoch die Wahrheit eines Sachverhalts und ist diese Entdeckung von Verstehen und Einsicht getragen, so resultiert daraus ein Gefühl der Freude, das rein ist, ohne Undichtigkeit. Wir fallen nicht in unsere früheren Bewusstseinszustände zurück. Dichte und undichte Seinszustände müssen keinesfalls Gegensätze sein. Solange wir aber die Essenz der Dinge nicht erkennen, ist unsere Wahrnehmung noch undicht.

Undichte Phänomene gehören der Welt von Geburt, Tod und Leiden, der Welt von Samsara, an. Das ist die historische Dimension. Phänomene ohne Undichtigkeit gehören Nirwana, der letztendlichen Dimension, der Welt ohne Geburt und Tod an. Dabei ist es wichtig, im Sinn zu behalten, dass die historische und die letztendliche Dimension Teil ein und derselben Wirklichkeit sind. Eine Welle hat zwei Dimensionen – die historische und die letztendliche. Lebt die Welle nur in der historischen Dimension, lebt sie in Samsara. Erkennt die Welle aber, dass ihre wahre Natur Wasser ist, löst sich ihre Angst auf und sie befindet sich in der letztendlichen Dimension. Die Welle muss nicht erst zu Wasser *werden* – sie *ist* bereits Wasser. Die historische Dimension existiert nicht unabhängig von der letztendlichen Dimension.

In der historischen Dimension scheinen die Phänomene Undichtigkeit aufzuweisen, aber sobald wir sie mit unserer Einsicht tief berühren, treten wir in die letztendliche Dimension ein und nichts Undichtes ist mehr vorhanden. Ob wir uns in der historischen oder der letztendlichen Dimension aufhalten, wird ganz und gar von unserer Wahrnehmung bestimmt. Gewöhnlich nehmen wir die Phänomene in Gegensätzen wahr: Geburt und Tod, Über- und Unterlegenheit, hoch und tief, schön und hässlich. Diese Art der Wahrnehmung verursacht unser Leiden. Wenn wir uns aber vergegenwärtigen, dass die Welle gleichzeitig immer auch Wasser ist, können wir alle dualistischen Vorstellungen hinter uns lassen, und Angst und Leiden hören auf. Die Dinge, die wir in der historischen Dimension als geboren werdend und sterbend, andauernd und abgetrennt, kommend und gehend oder als viele und eins erleben, sehen wir in der letztendlichen Dimension nicht mehr als geboren werdend und sterbend, andauernd und abgetrennt, kommend und gehend oder existent und nicht existent. Alle Phänomene sind gereinigt und von Undichtigkeit befreit.

Ob unsere Handlungen von Undichtigkeit geprägt sind oder nicht, hängt nicht zuletzt von unserer Art des Schauens ab. Wir können einem hungernden Kind helfen, das Leben einer Raupe retten oder jemanden davon abhalten, sich selbst oder andere zu verletzen, und trotzdem können auch diese heilsamen Handlungen undicht sein, obwohl sie Freude und andere gute Ergebnisse mit sich bringen. Wenn wir die Dinge aber tun, ohne uns in dualistischen Vorstellungen wie Raum, Zeit, Selbst und andere zu verfangen, sind unsere Handlungen rein.

Wir können leicht feststellen, ob eine Handlung rein ist oder nicht. Angenommen jemand besucht ein Waisenhaus und wird gebeten, seinen Namen in ein Buch einzutragen und seine Spende zu bestätigen. Die Art und Weise, wie dieser Mensch sich verhält, wird zeigen, ob die Spende in reiner Absicht gegeben wurde. Wenn die Person zum Beispiel hundert Euro gespendet hat, mit dem Gedanken, dass weniger wohl schäbig wirken könnte, so ist ihr Akt der Großzügigkeit undicht. Wenn der Besucher das Verzeichnisbuch jedoch nicht als Nachweis empfindet, der Aufschluss darüber gibt, wie viel andere denn so gespendet haben, und er seine hundert Euro spontan gibt, ohne darüber nachzugrübeln, ob er denn im Vergleich gut dastehen wird, ist seine Handlung rein. Wenn dieser Mensch gibt, sagt er nicht zu sich selbst: »Ich helfe einer Waise, einem Menschen in Schwierigkeiten«, was nur beweisen würde, dass er sich als vom Empfänger der Hilfe getrennt empfindet. Statt dessen kommt seine Hilfe aus der Erkenntnis, dass das Leben unbeständig ist, und er handelt rein aus Liebe heraus.

Undichte Handlungen liegen immer im Bereich von Geburt und Tod – der historischen Dimension. Sie können Leiden lindern helfen, oder sie können weiteres Leiden erzeugen. Gereinigte Handlungen jedoch können uns Freiheit und Nicht-Anhaftung bescheren und uns helfen, nicht wieder in die niederen Bereiche der Existenz zurückzufallen.[12] Diese beiden Arten des Handelns sind nicht vergleichbar. Gereinigtes Handeln rechnet niemals die Menge an Arbeit auf, die nötig ist, noch ist es an der sich vielleicht ergebenden Ehre und den Vorteilen interessiert. Es entsteht ganz natürlich und spontan aus Einsicht und Freiheit. Aus diesem Grund ist das Glück, das aus gereinigtem Handeln resultiert, sehr viel größer, weil diese Art zu handeln befreit und nicht an äußere Zeichen gebunden ist. »Mit Undichtigkeit« bedeutet gebunden an den Kreislauf von Geburt und Tod. »Ohne Undichtigkeit« bedeutet Befreiung.

Eine Blume, unser Zorn, Raum und Zeit sind alles Phänomene oder Dharmas. Es gibt bedingte *(samskrita)* und nicht-bedingte *(asamskrita)* Dharmas. Der verblendete Geist kann ausschließlich bedingte Phänomene berühren, die konstant Veränderungen unterworfen sind, einschließlich Geburt und Tod. In Nirwana gibt es ausschließlich nichtbedingte Phänomene, die Geburt und Tod nicht unterworfen sind. Wenn wir tief genug schauen, erkennen wir, dass die wahre Natur *aller* Phänomene Nirwana ist. Alles ist seit anfangloser Zeit »nirwanisiert«. Das *Diamant-Sutra*[13] und andere Sutras der Prajnaparamita-Literatur des Mahayana[14] helfen uns, die Natur des Nicht-Geboren-Werdens und Nicht-Sterbens aller Phänomene zu erkennen. Der Kosmos *(dharmadhatu)*, der Bereich in dem alle Phänomene oder Dharmas existieren, umfasst alles.

Eine Blume ist ein bedingtes Phänomen. Eine Blume bedarf einer bestimmten Kombination von zusammenwirkenden Bedingungen – einem Samen, Erde, Sonnenschein, Wolken, Regen, einem Gärtner und unserem eigenen Bewusstsein –, um zur Existenz zu gelangen. Sie wird geboren und sie wird sterben. Wenn wir sagen, dass etwas bedingt ist, meinen wir damit, dass es mit allem anderen in wechselseitiger Abhängigkeit und Verbundenheit steht. Es kann nicht unabhängig existieren. Wenn wir tief in das Herz einer Blume schauen, erkennen wir, dass die Blume für sich allein nicht sein kann. Weil sie keine unabhängige, dauerhafte Existenz besitzt, sagen wir, dass sie leer ist von einem eigenständigen oder isolierten Selbst. Dass der Blume die Natur des Nicht-Selbst und der Unbeständigkeit innewohnt, bedeutet gleichzeitig, dass sie erfüllt ist vom gesamten Kosmos. Wenn wir also eine Blume tief berühren, berühren wir den gesamten Kosmos.

Einige Schulen des Buddhismus behaupten, dass Raum ein nichtbedingtes Dharma sei. Meiner Meinung nach ist Raum jedoch bedingt, er ist aus Zeit gemacht und wäre darüber hinaus auch nicht möglich ohne Bewusstsein. Das gilt auch für unser Speicherbewusstsein. Wie alles andere auch ist es unbeständig und ohne eigenständiges Selbst. Sämtliche geistigen Gebilde, die aus unserem Speicherbewusstsein hervorgehen, sind ebenfalls unbeständig und ohne eigenständiges Selbst. Unser gegenwärtiges Bewusstsein setzt sich aus anderen Bewusstseinsformen zusammen, und andere Bewusstseinsformen bestehen aus unserem gegenwärtigen Bewusstsein. Wir können also das Miteinanderverwobensein, das Intersein, im Kern unseres eigenen Speicherbewusstseins erkennen.

Wenn wir eine Blume eingehend betrachten, können wir erkennen, dass sie den gesamten Kosmos enthält – Sonnenschein, Wolken, Zeit, Raum, ja sogar unser eigenes Bewusstsein. Das gilt auch für unser Speicherbewusstsein: Es umfasst sämtliche Phänomene, bedingte wie nichtbedingte. Die meisten Dinge werden als von Bedingungen abhängige Gebilde manifest. Einige Dinge jedoch stützen sich zu ihrer Manifestation auf gar nichts. Diese nichtbedingten Phänomene sind Nirwana, die letztendliche Dimension. In unserem Speicherbewusstsein existieren die Samen des Nichtbedingten schon. Nirwana ist also bereits in uns.

Unbeständigkeit, Nicht-Selbst und Nirwana nennt man auch die Drei Dharmasiegel. Der Buddha hat die Drei Dharmasiegel als die Schlüssel bezeichnet, die das Tor zur Wirklichkeit öffnen und uns so jedes Phänomen zutiefst berühren lassen. Und Achtsamkeit ist die Energie, die wir benutzen können, um im Bereich der Form mit den Phänomenen in Kontakt zu kommen. Wenn wir zum Beispiel in Kontakt mit unserer Leber sind, spürt sie das und ist sehr froh über unsere Aufmerksamkeit. Berühren wir unsere Leber mit unserer Achtsamkeit, erkennen wir ihre unbeständige Natur. Dauernd verändert sie sich. Auch wenn unsere Leber vor drei Monaten noch kerngesund gewesen ist, gibt uns das keinerlei Garantie, dass sie auch weiterhin bei so guter Gesundheit bleiben wird, besonders, wenn wir uns nicht um sie kümmern und gut für sie sorgen. Zur gleichen Zeit erkennen wir auch die wechselseitig abhängige, die Nicht-Selbst-Natur unserer Leber. Das Wohlbefinden unserer Leber hängt von vielen anderen Elementen ab, etwa der Gesundheit unseres gesamten Verdauungssystems, den Dingen, die wir essen und trinken, sowie von erblichen Faktoren.

Wenn wir tief in die unbeständige und Nicht-Selbst Natur unserer Leber schauen, empfinden wir Liebe und den Wunsch, gut für sie zu sorgen, und dies kann den Zustand unserer Leber tatsächlich verändern. Gleiches gilt für unsere Lungen, unser Herz und jeden anderen Teil unseres Organismus. Wir hören auf zu rauchen und essen und trinken nicht mehr auf eine Weise, die unsere Leber erschöpft, unsere Lungen einschnürt und den Fluss unseres Blutes zum und vom Herzen behindert. Wenn wir die Drei Dharmasiegel, die der Buddha uns gegeben hat, benutzen, um das Tor zur Wirklichkeit unseres Körpers zu öffnen, gelangen wir zu einem tiefen Verständnis unseres gesamten Organismus. Und erst wenn wir ihn wirklich tief verstehen, werden wir uns mit der entsprechenden Sorgfalt um ihn kümmern.

Auf die gleiche Art und Weise können wir die drei Schlüssel benutzen, um uns die Wirklichkeit aller Phänomene zu erschließen. Die ersten beiden Schlüssel – Unbeständigkeit und Nicht-Selbst – helfen uns, die historische Dimension der Phänomene zu erforschen. Sind wir dann tief mit der uns umgebenden Welt in Kontakt, befinden wir uns schon im Einflussbereich des dritten Schlüssels – Nirwana – und fühlen uns gelassen und frei von Angst. Gehen wir noch einen Schritt weiter, können wir die letztendliche Natur unseres Körpers, unserer Gefühle, unserer Wahrnehmungen und unserer geistigen Gebilde berühren. Mit Achtsamkeit können wir unsere Traurigkeit, unseren Zorn und unsere Angst berühren. Das ist der Hauptpfeiler der vom Buddha gelehrten Praxis der Meditation. Das Studium des Bewusstseins kann uns dabei eine zusätzliche Hilfe sein.

Unbeständigkeit und Nicht-Selbst sind in der Essenz ein und dasselbe. Beide beschreiben die Abwesenheit eines abgetrennten Selbst. Betrachtet man die letztendliche Wahrheit aus dem Blickwinkel der Zeit, spricht man von Unbeständigkeit; ist der Blickwinkel der Raum, nennt man sie Nicht-Selbst. Unser Speicherbewusstsein ist unbeständig und ohne eigenständiges Selbst; es umfasst alle Dharmas im gesamten Kosmos, sowohl die bedingten als auch die nichtbedingten, genau so wie auch eine Blume den gesamten Kosmos in sich trägt. Die Dimension der Dinge-an-sich lässt sich in einer Blume und in unserem Speicherbewusstsein finden. Und genau so können wir auch die Bereiche der Abbilder und der bloßen Vorstellungen in einer Blume und in unserem Speicherbewusstsein entdecken.

Haben wir alle unser eigenes, unabhängiges Speicherbewusstsein? Die Antwort kann »ja« lauten, solange wir nicht vergessen, dass das Individuelle aus dem Kollektiven besteht. Wo in unserem Körper befindet sich das Speicherbewusstsein? Es ist in jeder einzelnen Körperzelle präsent. Wir können das gesamte Speicherbewusstsein in jeder einzelnen Körperzelle berühren. Klonen ist nur möglich, weil in jeder einzelnen Zelle unseres Körpers die gesamte Information und das Potenzial steckt, den ganzen Körper wieder zu erschaffen. Auch Heilmethoden wie Akupunktur und Reflexzonenmassage zeigen, dass wir den gesamten Körper berühren können, indem wir nur einen kleinen Teil von ihm berühren.

Unser Speicherbewusstsein kann nicht für sich alleine existieren. Es muss mit anderen Formen des Bewusstseins intersein. Das eine besteht und ist gemacht aus allem, und alles enthält und ist gemacht aus dem einen. Das Kollektive besteht aus dem Individuellen, und das Individuelle besteht aus dem Kollektiven. Diese Einsicht hilft uns, die Vorstellungen von »individuell« und »kollektiv« zu überschreiten. Blicken wir tief in das Wesen des Speicherbewusstseins, können wir erkennen, dass seine wahre Natur weder individuell noch kollektiv, sondern gleichzeitig individuell *und* kollektiv ist. Nachdem wir die Vorstellungen völliger Individualität und völliger Kollektivität beseitigt haben, können wir beginnen, die wahre, nicht-duale Natur des Speicherbewusstsein zu erkennen.

Zwölf *Samen und Gebilde*

Samen können Samen hervorbringen.
Samen können Gebilde hervorbringen.
Gebilde können Samen hervorbringen.
Gebilde können Gebilde hervorbringen.

Phänomene können in der Form von Samen oder Gebilden präsent sein. »Samen« bezeichnet Phänomene mit der Kapazität, manifest zu werden. »Gebilde« ist das schon manifest gewordene Phänomen. Dieser Vers beschreibt die Verbindung zwischen Samen und Gebilden. Wenn wir keinen Zorn empfinden, ist der Samen des Zorns nicht manifest, in unserem Speicherbewusstsein ist er aber sehr wohl präsent. Sagt jemand etwas Unangenehmes oder Verletzendes zu uns, gießt er unseren Samen des Zorns. Dieser Samen wird dann in unserem Geistbewusstsein manifest und zu einem geistigen Gebilde.

Ein Samen kann andere Samen innerhalb des Speicherbewusstseins beeinflussen, ohne Beeinflussung durch das Geistbewusstsein. Angenommen wir haben einen Samen der Verzweiflung in uns, der mit der Zeit sehr kräftig geworden ist. Sobald er ausreichend stark geworden ist, wird er in unserem Geistbewusstsein manifest. Sobald ein Samen in unserem Geistbewusstsein manifest geworden ist, ist er zu einem Gebilde geworden und hat im Laufe des Prozesses zusätzlich noch eine Verstärkung erfahren. Alles, was sich manifestiert, wird gestärkt. Ein Samen, der einmal manifest geworden ist, kann daraufhin andere Samen von derselben Natur in unserem Speicherbewusstsein hervorbringen. Wenn Zorn als Gebilde in unserem Geistbewusstsein manifest geworden ist und wir uns nicht mit der Energie der Achtsamkeit darum kümmern, wird das entstandene Gebilde dazu beitragen, den Samen des Zorns in unserem Speicherbewusstsein zu stärken.

Samen bleiben niemals dieselben. Sie unterliegen ständigem Wandel und dauernder Veränderung. Die Samen in unserem Speicherbewusstsein durchlaufen jeden Augenblick den Zyklus von Geburt und Tod. Und auch die aus diesen Samen manifest gewordenen Gebilde durchlaufen jeden Augenblick Geburt und Tod, ebenso das Gebilde unseres Körpers. Geburt und Tod finden jeden Augenblick in unserem Bewusstsein und in jeder Körperzelle statt. Jeder Samen und jedes Gebilde durchlaufen den Prozess von Geburt und Tod im Rahmen von Bedingungen. Ein Samen verschwindet nicht notwendigerweise, wenn das entsprechende Gebilde erscheint. Samen und Gebilde bedingen und durchdringen einander.

Wenn der Samen des Zorns in unserem Speicherbewusstsein als das Gebilde der Energie des Zorns in unserem Geistbewusstsein manifest wird, bleibt er gleichzeitig als Samen weiterhin existent. Nachdem er für eine Weile auf der oberen Ebene unseres Bewusstseins manifest gewesen ist, kehrt unser Zorn wieder zu seiner Wurzel zurück und der Samen wird dadurch ein wenig stärker. Sobald wir irgendeinem Samen die Gelegenheit bieten, als Gebilde manifest zu werden, wird dieser Samen größer und stärker. Wenn wir die Samen des Mitgefühls, der Vergebung und Freude zu berühren verstehen und sie mehrmals täglich manifest werden lassen, werden genau diese Samen immer einflussreicher in unserem Speicherbewusstsein. Wenn wir hingegen die Samen der Angst, des Zorns und Schmerzes in uns berühren und auch anderen gestatten, sie zu berühren, stärken wir genau diese Samen.

Sind wir wütend, leiden wir. Vielleicht glauben wir, es ginge uns besser, wenn wir unsere Wut, unseren Zorn, auslebten. Einige Therapeuten raten ihren Klienten »in Kontakt mit ihrer Wut zu kommen« oder sie »auszuleben und so los zu werden«. Es gibt Therapieformen, bei denen in dieser Weise gearbeitet wird und der Klient beispielsweise auf ein Kissen einschlägt, da dies ein sichererer Weg sein soll, Wut auszuleben, als tatsächlich einen anderen Menschen zu verprügeln. Doch unseren Zorn auszuleben kann den Zorn, den wir verspüren, leicht verzehnfachen. Auch wenn wir nur ein Kissen schlagen, trainieren wir unsere Wut und lassen den Samen des Zorns in uns anwachsen. Ich halte das für keine kluge, sondern für eine gefährliche Praxis, denn indem man das Kissen prügelt und damit dem bereits manifest gewordenen Zorn Ausdruck verleiht, stärkt man den Samen des Zorns an der Basis.

Allerdings sollten wir unseren Zorn auch nicht unterdrücken. Es ist überaus wichtig, dass wir lernen, unsere Wut zu umarmen, sie zu erkennen und ihr zu gestatten, da zu sein. Dann können wir sie mit unserer Achtsamkeit berühren, um sie zu verwandeln. Wenn wir auf ein Kissen einschlagen, berühren wir unsere Wut nicht wirklich mit Achtsamkeit. Wir lassen uns von unserem Zorn überwältigen. Tatsächlich sind wir nicht einmal in Kontakt mit dem Kissen. Wären wir wirklich in Kontakt mit ihm, wüssten wir, dass es *nur* ein Kissen ist, und hätten keinerlei Bedürfnis, auf es einzuschlagen.

Mit Hilfe unserer Achtsamkeit können wir unsere Wut erkennen, sie annehmen, berühren und transformieren. Jedes Mal, wenn ein negatives Gebilde erkannt wird, verliert es etwas von seiner Kraft. Aus diesem Grund ist es so wichtig, achtsam zu atmen und zu gehen. Wir müssen unsere Achtsamkeit benutzen, um die geistigen Gebilde zu erkennen und zu umarmen, sobald sie manifest werden. Wir brauchen die Energie der Achtsamkeit, um auf sichere Weise für unsere Wut zu sorgen.

Wir sollten danach streben, alle positiven und negativen Samen in uns zu identifizieren. Dann können wir verhindern, die negativen Samen zu gießen, und jede Möglichkeit ergreifen, die positiven zu pflegen. Das nennt man »selektives Gießen«. Besonders wichtig ist diese Übung in unseren Beziehungen. Versuchen Sie, die Situation des Menschen, den sie lieben, tief zu verstehen, und nähren Sie nicht seine negativen Samen. Üben Sie sich darin, nur die positiven Samen zu gießen. Sagen Sie Ihrer Partnerin: »Liebling, wenn du mich wirklich liebst, berühre meine negativen Samen nicht zu häufig.« Sie beide sollten einen Friedensvertrag unterzeichnen, in dem Sie übereinkommen, gut für die Samen des anderen zu sorgen. Gießen Sie nur die positiven Samen, bewirken Sie positive Veränderungen im anderen, und diese positiven Veränderungen kommen als größere Freude, tieferer Friede und Glück wieder zu Ihnen zurück.

Dreizehn *Indras Netz*

Sowohl Samen als auch Gebilden
wohnt die Natur des Interseins und der wechselseitigen
Durchdringung inne.
Das eine wird hervorgebracht von allem,
alles hängt vom einen ab.

Die nächsten beiden Verse – der Dreizehnte und der Vierzehnte – zeigen den Beitrag des *Avatamsaka-Sutra* zu den Lehren der Nur-Manifestation. Im Vorwort habe ich erwähnt, dass die Brüder Asanga und Vasubandhu im 4. Jahrhundert die Vijnanavada-Schule ins Leben gerufen haben. Zur damaligen Zeit waren die Lehren der Avatamsaka-Schule im System der buddhistischen Psychologie, das auf der Abhidharma-Lehre des grundlegenden Buddhismus aufbaute, noch nicht enthalten. Im 7. Jahrhundert brachte Meister Xuanzang die Vijnanavada-Lehren nach China, doch die Avatamsaka-Lehren waren auch zu dieser Zeit noch nicht Teil der buddhistischen Psychologie. Der dritte Patriarch der Avatamsaka-Schule in China, Fazang (643–712), war der erste, der diese bedeutenden Mahayana-Lehren in das grundlegende System buddhistischer Psychologie inkorporierte, und zwar in seinem Werk *Anmerkungen zum Mystischen im Avatamsaka-Sutra.*

Im dreizehnten Vers begegnen wir der Lehre des Interseins und der wechselseitigen Durchdringung, wie sie im *Avatamsaka-Sutra* dargestellt wird. Im *Avatamsaka-Sutra* wird das weithin bekannte Bild von Indras Netz beschrieben.[15] Das Netz des Gottes Indra ist ein gewaltiges kosmisches Gewebe mit kostbaren Juwelen an jeder Kreuzungsstelle der Webfäden. Millionen und Abermillionen Juwelen sind so zu einem Netz verwoben, wobei jedes Juwel wiederum viele Facetten hat. Und jede Facette eines jeden Juwels spiegelt sämtliche anderen Juwelen. In der Welt des Avatamsaka, in Indras Netz, ist das eine in allem gegenwärtig und alles im einen. Die buddhistischen Gelehrten illustrierten mit diesem wunderbaren Bild das Prinzip der wechselseitigen Abhängigkeit und Durchdringung.

In unserer gewöhnlichen unterscheidenden Welt sehen wir eine Teekanne als einzelnes, unabhängiges Objekt. Wenn wir aber die Teekanne eingehend betrachten, werden wir entdecken, dass sie viele Phänomene enthält – Erde, Wasser, Feuer, Luft, Raum und Zeit –, tatsächlich werden wir erkennen, dass das gesamte Universum zusammengekommen ist, um diese Teekanne entstehen zu lassen. Das ist die wechselseitig abhängige Natur der Teekanne. Eine Blume besteht aus vielen Nicht-Blume-Elementen wie Wolken, Erde und Sonnenschein. Ohne Wolken und Erde könnte es keine Blume geben. Das ist Intersein. Das eine ist das Ergebnis von allem. Gleichzeitig macht das eine alles möglich.

Die Natur des Interseins und der wechselseitigen Durchdringung können wir in jedem Samen und in jedem Gebilde erkennen. Wechselseitige Durchdringung bedeutet, dass im einen alles enthalten ist. Die Blume kann auf sich selbst gestellt nicht existieren. Sie muss mit allem anderen intersein. Alle Phänomene sind so beschaffen. Der Buddha sagte: »Dieses ist, weil jenes ist.« Das ist eine einfache, aber äußerst tiefgründige Lehre. Sie bedeutet, dass alles zu allem anderen in Beziehung steht. Alles durchdringt alles andere und wird von ihm durchdrungen. Die Sonne durchdringt die Vegetation, die Vegetation durchdringt die Tiere, und auch wir durchdringen uns gegenseitig. Im einen sehen wir alles. In allem sehen wir das eine. Im einen können wir alles berühren und in allem das eine. Das ist die Lehre des *Avatamsaka-Sutra*, die tiefgründigste Lehre der wechselseitigen Verbundenheit im Buddhismus.

Der britische Kernphysiker David Bohm benutzt die Begriffe »explizite Ordnung« und »implizite Ordnung«, um das auszudrücken, was die buddhistischen Lehren die gewöhnliche und die letztendliche Wirklichkeit nennen. In der expliziten Ordnung existiert alles von allem anderen getrennt. Der Elefant existiert getrennt von der Rose, der Tisch existiert getrennt vom Wald, Sie existieren getrennt von mir und so weiter. Die explizite Ordnung ist das, was wir sehen, wenn wir die Dinge nicht wirklich eingehend betrachten. Wenn wir jedoch, so Bohm, die Natur jedes der so genannten Elementarteilchen tiefer betrachten, erkennen wir, dass sich jedes Teilchen aus allen anderen Teilchen zusammensetzt. Die Vorstellungen, die uns in unserem Alltagsleben nützlich sind, lassen sich auf den Bereich des unendlich Kleinen nicht länger beziehen. In einem Teilchen kann man die Existenz aller anderen Teilchen identifizieren. Der tiefe Einblick in die Natur eines Teilchens enthüllt uns die implizite Ordnung, in der alles in allem anderen enthalten ist. Das ist die Lehre des *Avatamsaka-Sutra*.

Die implizite Ordnung ist gleichbedeutend mit der letztendlichen Dimension, und die explizite Ordnung entspricht der historischen Dimension. In der historischen Dimension gibt es die Vorstellungen von Geburt und Tod, Anfang und Ende, diesem und jenem, Sein und Nichtsein. In der letztendlichen Dimension jedoch gibt es weder Geburt noch Tod, weder Anfang noch Ende, weder Sein noch Nichtsein. Die letztendliche Dimension lässt sich mit Worten und Ideen – die ja ihrer Natur nach dazu dienen, die Wirklichkeit in voneinander getrennte Stücke zu zerteilen – nicht beschreiben.

Natürlich müssen wir uns, um mit anderen zu kommunizieren oder den Buddhismus zu studieren, auf Worte, Ideen und Vorstellungen stützen. Am Ende jedoch müssen wir alle diese Vorstellungen wieder aufgeben, damit wahres Verstehen möglich werden kann. Worte wie »gleich« und »verschieden«, »kollektiv« und »individuell« sind nichts als Sprossen einer Leiter. Wir müssen auf ihnen den nächsten Schritt nach oben tun, ohne uns von diesen Worten einfangen zu lassen. Solange wir in Vorstellungen, Ideen und Worten gefangen sind, können wir wahres Verstehen nicht erlangen und werden die letztendliche Dimension nicht erreichen.

Die im *Avatamsaka-Sutra* enthaltene Lehre von der wechselseitigen Durchdringung vermag uns zu helfen, die Tore zur Wirklichkeit aufzuschließen und unsere Vorstellungen bezüglich der Welt über Bord zu werfen. Die Konzepte, mit denen wir üblicherweise die Wirklichkeit beschreiben, werden sich dabei auflösen. Wir wissen, dass wir Lungen haben, um ein- und auszuatmen. Wenn wir aber tiefer schauen, erkennen wir, dass die Berge und Wälder ebenfalls unsere Lungen sind. Ohne sie könnten wir ebenfalls nicht ein- und ausatmen. Wir haben ein gut funktionierendes Herz, und wir wissen, dass wir nicht überleben könnten, wenn unser Herz nicht schlüge. Doch wir haben noch ein zweites Herz – die Sonne. Würde die Sonne ihre Funktion einstellen, würden wir augenblicklich sterben, so als ob das Herz in unserem eigenen Körper aufhörte zu schlagen. Unser Körper ist also der Körper des Kosmos, und der Kosmos ist unser eigener Körper.

Diese Einsicht ist uns nur möglich, wenn wir die Vorstellungen von innen und außen, Selbst und anderen durchschauen. Blicken wir mit den Augen des *Avatamsaka-Sutra,* sehen wir, dass der Kosmos und alle Phänomene in ihm Teil von Indras Netz sind. Wir erkennen, dass Konzepte wie eins und viele, Kommen und Gehen, kollektiv und individuell, oben und unten, ja sogar Sein und Nichtsein auf die letztendliche Wirklichkeit nicht anwendbar sind.

Vierzehn *Vorstellungen überschreiten*

Das Speicherbewusstsein ist weder gleich noch verschieden,
weder individuell noch kollektiv.
Gleichheit und Vielfalt bedingen und durchdringen einander.
Das Kollektive und das Individuelle bringen einander hervor.

Sind Ihr Speicherbewusstsein und mein Speicherbewusstsein eins oder zwei? Zwei zu sagen ist falsch und eins zu sagen ist ebenso falsch. Sie und ich sind nicht eins, und ebenso wenig sind wir zwei. Eins ist eine Idee, und zwei ist eine Idee. Keine Idee stimmt exakt mit der Wirklichkeit überein. Mein Speicherbewusstsein ist aus dem Ihren gemacht, ebenso wie das Ihre aus meinem. Wir können nicht sagen, ob sie verschieden oder gleich sind, ob es sich um ein Speicherbewusstsein handelt oder um viele. Gleich und verschieden bedingen und durchdringen einander. Gleich besteht aus verschieden, und verschieden besteht aus gleich. Vorstellungen von gleich und verschieden, einem und vielen sind Gegensatzpaare, doch die Wahrheit übersteigt Gegensätze stets. Der einzige Weg, unser Leiden und unsere Verblendungen zu beseitigen, besteht darin, unsere dualistische Denkweise zu ändern und alle Vorstellungen zu überschreiten.

Jedes Phänomen besitzt sowohl eine kollektive als auch eine individuelle Natur. Genau wie alles mit dem einen zusammenwirken muss, um etwas hervorzubringen, so hängen das Individuelle und das Kollektive in ihrer Entwicklung und Transformation voneinander ab. Wir müssen also über sämtliche Vorstellungen hinausgehen. Gelehrt wird dies von der Schule der Drei Shastras, deren Verfechter die Lehren des Mittleren Weges studierten und erläuterten, die auf drei Shastras (Kommentaren) von Nagarjuna und Deva (auch Aryadeva genannt) basiert: dem *Madhyamika-Shastra*, dem *Shastra in*

Einhundert Versen und dem *Shastra der Zwölf Türen*. Der Mittlere Weg ist der Weg, der nicht von Konzepten blockiert ist. Die Lehren der Nur-Manifestation enthalten den Geschmack sowohl des *Avatamsaka-Sutra* als auch der Lehren dieser drei Shastras.

Nagarjuna zufolge müssen wir die Vorstellungen von Geburt und Tod, einem und vielen, Kommen und Gehen sowie Dauerhaftigkeit und völlige Auslöschung überschreiten. Nagarjunas Widerlegung dieser dualistischen Konzepte wird die »Acht Verneinungen« genannt. Geburt ist eine Vorstellung, die beinhaltet, dass etwas aus nichts entsteht. Wenn wir die Sache jedoch eingehend betrachten, erkennen wir, dass die Dinge so nicht sind. Etwas kann nicht aus nichts entstehen. Wir haben bereits vor unserer Geburt existiert, wenngleich in anderer Form. Das vorige Leben von Regen sind Wolken. Regen ist eine Fortführung von Wolken. Wenn Energie zu Materie wird, handelt es sich lediglich um eine Fortführung. Es ist nicht etwa so, dass Materie ganz und gar aus dem Nichts entstanden wäre. Die Gesetze der Physik und die Lehre des Buddhismus stimmen darin überein, dass etwas nicht aus nichts erzeugt werden kann.

Auf gleiche Weise kann etwas nicht zu nichts werden; es kann nicht völlig verschwinden und aufhören zu existieren. Wenn wir ein Stück Papier verbrennen, hört das Papier nicht auf zu existieren; es wird zu Hitze, Asche und Rauch. Die Hitze durchdringt den Kosmos. Der Rauch und die anderen Gase steigen in die Luft und bilden Wolken. Asche fällt auf die Erde und nährt den Boden. Regen und fruchtbarer Boden sind wiederum zwei der notwendigen Bedingungen für das Wachsen von Bäumen. Später wird dieser Baum vielleicht wieder zu Papier werden. Betrachten wir es auf diese Weise, können wir erkennen, dass auch ein Stück Papier Geburt und Tod überschreitet.

Die Vorstellungen von Kommen und Gehen sind genauso wenig realitätsgerecht. Wir sagen: »Ich bin von da und da gekommen, und ich gehe da und da hin.« Vor meiner Geburt war ich an einem anderen Ort und nach meinem Tod werde ich wieder an einem anderen Ort sein. Durch die Lehren des Interseins und der gegenseitigen Durchdringung wissen wir aber, dass »hier« und »da« lediglich Konzepte sind und dass jeder Ort an jedem anderen Ort gefunden werden kann. In der letztendlichen Dimension gibt es tatsächlich kein Woher und Wohin.

Die Vorstellung von Dauerhaftigkeit bedeutet, dass etwas – so wie es ist – ewig weiter existiert, dass es niemals eine Veränderung oder Transformation durchläuft. Auch das ist eine falsche Vorstellung. Alles wandelt sich. Die gegenteilige Vorstellung – völlige Auslöschung – beinhaltet, dass unser Körper und unser Bewusstsein aufhören zu existieren, wenn wir sterben. Wir haben jedoch schon gesehen, dass etwas nicht zu nichts werden kann. Unser Körper und unser Bewusstsein verändern einfach die Form.

Unser Verstand gleicht einem Schwert. Er schneidet die Wirklichkeit in voneinander getrennte Stücke. Wirklich begreifen kann unser diskursiver Intellekt – der Geist der Unterscheidung und Abwägung – die Wirklichkeit jedoch nie. Wir müssen lernen, die Wirklichkeit zu berühren, ohne uns auf unsere gewöhnlichen Denkmuster zu stützen. Wenn wir uns darin üben, die Natur des Interseins in den Dingen zu erkennen, können wir das Tor zur Wirklichkeit aufschließen und alle Vorstellungen loslassen, denn sie lassen sich auf die letztendliche Wirklichkeit nicht anwenden.

Der vierzehnte Vers hilft uns, die Vorstellungen von gleich und verschieden, individuell und kollektiv zu überschreiten. Diese Vorstellungspaare erschaffen sich gegenseitig, so wie auch die von rechts und links, oben und unten. Haben wir uns dieser Vorstellungen zum Zwecke des eingehenden Betrachtens bedient, müssen wir sie wieder loslassen, wenn wir wirklich verstehen wollen. Der vierzehnte Vers kann uns dabei helfen. Wenn Sie glauben, Ihr Speicherbewusstsein sei dasselbe wie meins, sind Sie in der Vorstellung von Dauerhaftigkeit gefangen. Wenn Sie denken, Ihr Speicherbewusstsein sei nicht dasselbe, sind Sie im gegenteiligen Extrem gefangen. Wir müssen alle diese Vorstellungen loslassen, um die wahre Natur des Speicherbewusstseins zu erkennen, das weder individuell noch kollektiv ist, sondern sowohl individuell als auch kollektiv.

Fünfzehn *Große Spiegelgleiche Weisheit*

Wird Verblendung überwunden, herrscht Verstehen vor
und das Speicherbewusstsein ist keinen Trübungen mehr unterworfen.
Es wird zur Großen Spiegelgleichen Weisheit
und spiegelt den Kosmos in allen Richtungen. Sein Name
lautet nun Reines Bewusstsein.

Wenn – dank unserer Praxis – die Dunkelheit verschwindet, entsteht Klarheit und unser Speicherbewusstsein wird rein, ohne Undichtigkeit *(anashrava).* Ist die Verblendung verwandelt, herrscht Verstehen vor. Verblendung oder Unwissenheit ist die Grundlage für all unsere falschen Wahrnehmungen, die großes Leid erzeugen. Durch die tiefgründige Betrachtung der Natur des Interseins können wir unsere Verblendung oder Unwissenheit in *prajna* – Weisheit oder Verstehen – transformieren.

Unwissenheit ist eines der zwölf Glieder in der Kette des Abhängigen Entstehens *(pratitya-samutpada).*[16] Abhängiges Entstehen zählt zu den zentralen buddhistischen Lehren und besagt, dass alle psychischen und physischen Phänomene, die unsere Existenz ausmachen, voneinander abhängig sind und sich gegenseitig bedingen. Jedes der zwölf Glieder bedingt das jeweils nachfolgende. Die zwölf Glieder sind: (1) Unwissenheit *(avidya)*, (2) Willensregungen, Gebilde oder Impulse *(samskara)*, (3) Bewusstsein *(vijnana)*, (4) Körper/Geist, Name und Form *(namarupa)*, (5) die sechs Sinnesgrundlagen *(shadayatana)*, (6) Kontakt *(sparsha)*, (7) Gefühl *(vedana)*, (8) Begehren *(trishna)*, (9) Greifen oder Anhaftung *(upadana)*, (10) Werden *(bhava)*, (11) Geburt *(jati)* und (12) Alter und Tod *(jaramaranam)*. Unwissenheit bedingt Willensregungen. Willensregungen bedingen Bewusstsein. Bewusstsein bedingt Geist/Körper. Geist/Körper bedingt die sechs Sinnesgrundlagen und ihre Objekte. Die sechs Sinnesorgane und ihre Objekte bedingen Kontakt. Kontakt bedingt Gefühl. Gefühl bedingt Begehren. Begehren bedingt Greifen. Greifen bedingt Werden. Werden bedingt Geburt. Und Geburt bedingt Alter und Tod. Abhängiges Entstehen ist der Motor, der den Kreislauf von Samsara antreibt. Unwissenheit, das erste Glied, ist die Hauptursache des Leidens.

Der Sanskritbegriff für Unwissenheit lautet *avidya,* was »Abwesenheit von Wissen« bedeutet. Es geht um die Abwesenheit von Verstehen. Aufgrund unserer Unwissenheit oder Verblendung säen und gießen wir zahllose unheilvolle Samen in unserem Speicherbewusstsein. Wenn wir tief schauen, können wir Einsicht entwickeln und diese Samen transformieren. Praktizieren wir kontinuierlich, nimmt unsere Verblendung allmählich ab, und unser Verstehen wächst. Dann kommt ein Punkt, an dem die Unwissenheit völlig verwandelt ist und Verstehen zur Realität wird. Manchmal wird Weisheit, Prajna, auch Reines Bewusstsein genannt *(vimala-vijnana).* Ist unser Speicherbewusstsein vollständig gereinigt, können die Geistestrübungen oder Geistesplagen *(klesha)* – geistige Gebilde wie Angst, Zorn, Hass und wertendes Unterscheiden – es nicht mehr überwältigen. Nach dieser Transformation ist unser Speicherbewusstsein frei. Es hat sich in die Große Spiegelgleiche Weisheit verwandelt und reflektiert die Welt der Soheit ohne Verzerrungen.

Unsere gewöhnliche Art der Wahrnehmung und Erfahrung ist so sehr von Unwissenheit und Verblendung durchdrungen, dass unser Speicherbewusstsein keinerlei Chance hat, sich uns als Teil der letztendlichen Dimension zu enthüllen. Tatsächlich jedoch ist die essenzielle Natur unseres Speicherbewusstseins stets frei gewesen von allen Trübungen. Wenn wir tiefe Einsicht gewinnen in die Wirklichkeit von Nicht-Selbst und Intersein, wird sich die Verblendung verwandeln und die Natur der Soheit wird sich uns enthüllen, eine Natur, die wir bereits in uns tragen.

Einige Praktizierende sind der Meinung, dass nichts mehr übrig bliebe, wenn die Unwissenheit einmal zerstört sei. Haben sie diesen Punkt erreicht, so glauben sie, müssten sie nur noch in eine andere Welt übergehen. Der Buddha jedoch hat gesagt: »Wenn Unwissenheit erloschen ist, erscheint Weisheit.« Wenn man Dunkelheit beseitigt, ist Licht da und mit dem Licht das Erwachen. In diesem Augenblick ist alles, was zum Speicherbewusstsein gehört, das Individuelle wie das Kollektive, gereinigt. Und sobald das Speicherbewusstsein von Unreinheiten *(amala vijnana)* frei ist, wird es zu einem Spiegel, der jeden Aspekt der Existenz ohne jede Verzerrung reflektiert. Geburt, Tod und Leiden verwandeln sich in Frieden, Freude, Erwachen und Befreiung. Das ist das »Reine Bewusstsein« und es lässt uns schon in diesem Leben die Dimension der Soheit erkennen und in sie eintreten.

Wie die Erde so hat auch das Speicherbewusstsein die Aufgabe, Samen aufzunehmen. Wie wir wissen ist das Speicherbewusstsein von Natur aus neutral. Heilsame und unheilvolle Samen manifestieren sich im Speicherbewusstsein, abhängig von der Aktivität der anderen Bewusstseinsformen. Wenn die Sonne scheint, wird die Erde warm; wenn es regnet, wird sie nass. Die Samen in der Erde können dann auskeimen und zu Pflanzen heranwachsen, die Erde wird grün. Während langer Trockenperioden und im Winter, wenn die Sonne weniger kräftig scheint, ist die Erde nicht grün. Aber selbst dann können wir nicht sagen, die Erde wäre leblos. Sie setzt ihre wunderbare Arbeit im Stillen fort.

Die anderen sieben Bewusstseinsformen sind wie Gärtner, die die Erde bearbeiten. Wir studieren und praktizieren, indem wir unsere sechs Sinne benutzen. Die Samen unserer Wahrnehmungen gelangen ins Speicherbewusstsein, das im Stillen seine Arbeit tut, wie die Erde. Als Gärtner graben wir die Scholle um, säen Samen, gießen sie, jäten Unkraut und fügen Dünger hinzu. Die Arbeit der Erde jedoch können wir nicht übernehmen. Nur die Erde kann Samen tragen und uns die Früchte unserer Arbeit schenken. So ist es am wichtigsten, darauf zu vertrauen, dass die Erde die Samen, die wir gesät haben, keimen lassen wird.

Angenommen unser Lehrer empfiehlt uns, während der Meditation ein bestimmtes Objekt tief zu betrachten. Wir sollten nicht versuchen, diese Aufgabe nur mit unserem Intellekt zu erledigen. Unser Intellekt, unser Geistbewusstsein, ist lediglich der Gärtner und kann daher die Arbeit des Speicherbewusstseins nicht übernehmen. Statt dessen sollten wir das Objekt unserer Meditation wie einen Samen in unser Speicherbewusstsein aussäen und jeden Tag gießen, indem wir in all unseren Aktivitäten wie Gehen, Stehen, Liegen oder Sitzen die Praxis der Achtsamkeit üben. Wenn wir den Samen jeden Tag gießen, wird eines Tages, wenn wir es am wenigsten erwarten, als Geschenk unseres Speicherbewusstseins, die Blume des Verstehens für uns erblühen. Wenn wir aber versuchen, den Samen mit unserem Geistbewusstsein zum Wachsen zu bringen, wird er nur vertrocknen. Ein Gärtner kann nicht die Arbeit der Erde tun.

Als Kind sah ich eines Morgens ein wunderschönes Blatt am Grunde einer Zisterne. Ich griff ins Wasser, um es herauszuholen, aber mein Arm war zu kurz und ich reichte nicht zum Grund. So nahm ich einen Stock, rührte das Wasser auf und hoffte, das Blatt werde an die Oberfläche treiben. Irgendwann wurde ich es müde, noch länger darauf zu warten, warf den Stock weg und ging zum Spielen. Etwa zehn Minuten später kam ich wieder an der Zisterne vorbei und sah das Blatt auf der Oberfläche treiben. Die fortgesetzte Bewegung des Wassers hatte das Blatt schließlich an die Oberfläche getrieben.

So verhält es sich auch mit unserem Speicherbewusstsein. Erhält es von unserem Geistbewusstsein den Befehl, etwas zu tun, arbeitet es Tag und Nacht. Viele von uns haben schon die Erfahrung gemacht, irgendwo einen Bekannten zu sehen, dessen Name uns aber in dem Augenblick entfallen ist. Den ganzen Heimweg lang sind wir bemüht, uns an den Namen der Person zu erinnern. Er liegt uns auf der Zunge, aber der angestrengte Versuch, uns zu erinnern, bereitet uns Kopfschmerzen. Wir entscheiden uns also, es für den Augenblick gut sein zu lassen, und gehen zu Bett. In der Nacht, während wir schlafen, arbeitet unser Speicherbewusstsein weiter. Mehrere Stunden haben wir unser Geistbewusstsein bemüht und versucht, uns an den Namen zu erinnern, jetzt aber haben wir die Arbeit unserem Speicherbewusstsein übergeben. Während des Schlafs hat das Geistbewusstsein seine Sucharbeit eingestellt, das Speicherbewusstsein jedoch sucht weiter. Am nächsten Morgen beim Zähneputzen fällt uns der Name dann urplötzlich ein. So ist es auch mit der Meditation. Wir müssen unserem Speicherbewusstsein vertrauen. Es ist nicht der Intellekt, der die ganze Arbeit macht. Wenn wir verstehen, wie unser Speicherbewusstsein funktioniert, werden wir mit unserer Praxis Erfolg haben.

Mit dem nächsten Vers beginnen wir uns mit dem siebten Bewusstsein, Manas, zu befassen. Doch wir verlassen das Thema Speicherbewusstsein nicht. Das Speicherbewusstsein ist die Basis, und wir werden unser Bewusstsein nur dann vollständig transformieren können, wenn die Verwandlung an der Basis ansetzt. Wir werden dem Speicherbewusstsein also auch in den Versen über Manas, in den darauf folgenden Versen über das Geistbewusstsein und die fünf Sinnesbewusstseinsformen sowie in den Versen über die Praxis und den Pfad wieder begegnen.

TEIL II
Manas

Die Verse Sechzehn bis Zweiundzwanzig beschäftigen sich mit dem siebten Bewusstsein, Manas genannt. Die Beziehung zwischen Manas und Speicherbewusstsein ist äußerst subtil. Manas entsteht aus dem Speicherbewusstsein und macht dann einen winzigen Teil des Speicherbewusstseins zum Objekt seiner Beschäftigung, indem es diesen Teil für eine abgetrennte Wesenheit, für ein »Selbst«, hält und klammernd nach ihm greift. Manas klammert sich an das Speicherbewusstsein wie ein Kleinkind an den Rockzipfel seiner Mutter, die dadurch in ihrem Gehen behindert ist. In ähnlicher Weise behindert Manas die Funktion des Speicherbewusstseins und steht der Transformation der Samen im Weg.

Genauso wie der Mond durch den Einfluss der Schwerkraft die steigende Flut auf der Erde erzeugt, ist das Greifen von Manas nach dem Speicherbewusstsein eine Energie, die zur Manifestation von Samen als geistige Gebilde in unserem Geistbewusstsein führt. Unsere Gewohnheitsenergien, unsere Verblendungen und unser grundlegendes Begehren kommen zusammen und bilden eine unerhörte Energiequelle, die all unser Handeln, Sprechen und Denken bestimmt. Diese Energie ist Manas. Die Funktion von Manas ist Denken, Vergleichen, Bewahren und Greifen.

Wie beim Speicherbewusstsein ist auch die Natur von Manas kontinuierlich. Es arbeitet Tag und Nacht ohne Unterbrechung. Wir haben bereits die drei Modi der Wahrnehmung kennen gelernt. Erstens die direkte Wahrnehmung, zweitens die schlussfolgernde oder ableitende Wahrnehmung, die sowohl richtig als auch falsch sein kann, und drittens schließlich die falsche Wahrnehmung. Die Wahrnehmung von Manas gehört stets zum dritten Modus: der falschen Wahrnehmung. Und weil die falsche Wahrnehmung von Manas, besonders seine Sicht von einem »Selbst«, Ursache für so viel Leid ist, ist es wichtig zu verstehen, wie Manas falsche Wahrnehmungen erschafft und aufrecht erhält.

Sechzehn *Samen der Verblendung*

Samen der Verblendung bringen
die geistigen Gebilde des Begehrens und Anhaftens hervor.
Diese Kräfte bestimmen unser Bewusstsein,
sobald Körper und Geist manifest werden.

Unser Speicherbewusstsein manifestiert sich als die Welt, und zwar sowohl als instrumentale Welt (die Natur, die Umwelt) als auch als fühlende Welt (wir selbst und andere Lebewesen). Unser Körper ist eine Manifestation unseres Speicherbewusstseins. Geist/Körper oder »Name und Form« (*namarupa*) wird aufgrund des Speicherbewusstseins manifest. Wenn jedoch Manas, das siebte Bewusstsein, an dem Vorgang beteiligt ist, werden vor allem die Samen der Verblendung in unserem Speicherbewusstsein angeregt, als geistige Gebilde manifest zu werden, und Leiden ist das Ergebnis.

Erinnern wir uns daran, dass einer der Namen für das Speicherbewusstsein »Speicher für das Anhaften an einem Selbst« lautet. Das hat mit Manas zu tun. Manas ist die Energie der Unwissenheit, des Durstes und Begehrens. Es entsteht aus dem Speicherbewusstsein, zu dem es sich dann wieder hinwendet, um einen Teil von ihm zu ergreifen. Jede Bewusstseinsform – auch das Speicherbewusstsein – hat zwei zusammengehörige Aspekte: einen wahrnehmenden Aspekt (*darshana-bhaga*), das wahrnehmende Subjekt, und einen wahrgenommenen Aspekt (*nimitta-bhaga*), das Erkenntnisobjekt. Der Teil des Speicherbewusstseins, den Manas zu ergreifen versucht, ist *darshana-bhaga*, das wahrnehmende Subjekt. An diesem Punkt überschneiden sich Manas und das Speicherbewusstsein. Das Ergebnis dieser Überschneidung ist ein Objekt, nach dem Manas greift.

Manas greift nach dem Bild, das es geschaffen hat, und hält daran als sein Objekt fest. Der Anteil des Speicherbewusstseins, der von

Manas umklammert wird, verliert seine Freiheit. Unser Geist wird versklavt, sobald er von Manas ergriffen und als ein »Selbst« umklammert wird. Manas hält das Objekt seiner Faszination so fest im Griff, als wollte es sagen: »Du gehörst mir.« Es ist eine Art Liebesaffäre. Tatsächlich wird Manas auch als »Liebe zum Selbst« beschrieben. Diese Liebe ist aber eine anhaftende Liebe. Manas ist »der Liebhaber«, das Speicherbewusstsein die Geliebte, das Wesen ihrer Liebe ist Anhaftung – und Leiden das Ergebnis.

Auf Manas gegründet entsteht das Geistbewusstsein, die sechste Bewusstseinsform. Das Geistbewusstsein kann entweder unabhängig oder in Verbindung mit den Bewusstseinsformen der ersten fünf Sinne – Augen, Ohren, Nase, Zunge und Körper – funktionieren. Manas dient auch als unser »Überlebensreflex«. Wenn wir zum Beispiel in tiefem Schlaf plötzlich Lärm hören und aufwachen, so ist das die Funktion von Manas. Wenn jemand etwas nach uns wirft, kommt der Ausweichreflex von Manas. Diese Funktion von Manas ist ein instinktiver Abwehrmechanismus, der nicht auf der Basis von Weisheit arbeitet. Im dauernden Versuch, das Selbst zu schützen, kann Manas es letztlich sogar zerstören.

Die Aktivität von Manas ist Denken, Konzeptualisieren, Vergleichen, Argumentieren, Greifen und Klammern. Tag und Nacht unterscheidet Manas Dinge. »Ich bin dieser Mensch. Du bist jener Mensch. Das ist meins. Das ist deins. Das bin ich. Das bist du.« Stolz, Zorn, Angst und Eifersucht – geistige Gebilde, die darauf beruhen, dass wir uns als abgetrennt erleben – entstehen sämtlich durch Manas. Und weil Manas von Täuschung – Begehren, Angst und klammerndem Greifen – erfüllt ist, besitzt es nicht die Fähigkeit, die Dimension der Dinge-an-sich zu berühren, oder die Dimension der Soheit des Speicherbewusstseins. Sein Objekt ist ein Selbstbild, das nur im Bereich der Einbildung existiert. Manas Anhaftung an einem Selbst basiert also auf einem selbst geschaffenen Bild, genauso wie wir uns zunächst in unser Bild von jemandem verlieben und nicht in den Menschen selbst.

Der Kontakt zwischen den sechs Sinnesgrundlagen und den sechs Sinnesobjekten kann dazu führen, dass Samen der Anhaftung, des

Begehrens, Zorns, Hasses, der Verzweiflung und so weiter gesät werden. Diese Samen können wachsen und immer einflussreicher werden, solange der entsprechende Kontakt anhält. Sie werden als innere Knoten oder Fesseln *(samyojana)* bezeichnet und haben die Kraft zu binden, zu drängen und anzutreiben. Sie berauben uns unserer Freiheit und unseres Wohlbefindens. Diese Knoten werden festgezurrt, diese Samen gesät, wenn Achtsamkeit und Einsicht fehlen.

Solche geistigen Gebilde sind aber nicht nur unangenehm. Wenn wir uns zum Beispiel verlieben, werden die Samen eines süßen Gebildes in unserem Körper und Geist gesät. Wann immer wir einen Augenblick Zeit haben, möchten wir unseren geliebten Menschen sehen. Wenn wir unser Haus verlassen, bemerken wir plötzlich, dass wir zu seinem Haus fahren, selbst wenn wir gar nicht die Absicht hatten. Es ist, als könnten wir nichts dagegen machen. Die Macht unserer geistigen Gebilde treibt uns an. Das ist der Same des anhaftenden Begehrens. »Anhaftung« bedeutet festes Greifen, blindes Anklammern.

Wenn wir rote Tinte berühren, werden unsere Finger rot. Wenn wir dauernd mit Leuten in Kontakt sind, die von Gier, Hass, Verblendung und Vorurteilen erfüllt sind, werden einige dieser Merkmale ebenso auf uns abfärben und unser Bewusstsein wird von ihnen »verschmutzt«. Seien sie bitter oder süß, solche geistigen Gebilde sind Blöcke des Leidens in unserem Bewusstsein. Sie drängen uns, Dinge zu tun, die weder für uns noch für andere gut sind, und doch tun wir sie. Wir werden von einer Art Gewohnheitsenergie, einer Art Sucht angetrieben.

Wir tragen die Samen für viele Arten geistiger Gebilde in unserem Speicherbewusstsein. Die Knoten der Unwissenheit, des Begehrens und Anhaftens in uns sind Kräfte, die unser Verhalten weitgehend formen und uns in Richtung Leiden führen. In vielen buddhistischen Texten werden sie Fesseln genannt, weil sie unsere Fähigkeit behindern, Frieden, Freude und Freiheit zu erlangen. Die Basis all dieser Begierden und Geistesplagen ist die Unwissenheit, unsere Unfähigkeit, die Dinge klar zu sehen. Unwissenheit ist das erste Glied im Kreislauf des Abhängigen Entstehens. Unser Mangel an Verstehen führt zu aus Willensregungen entstehenden Handlungen, die uns wiederum in Richtung Leiden führen.

Betrachten wir einmal einen alkoholkranken Menschen. Jede Zelle seines Körpers, alles Begehren und alle Sehnsucht treiben ihn dazu, Alkohol zu trinken. Diese Willensregung, diese Art von Energie, bestimmt die Richtung seines gesamten Lebens. Unsere geistigen Gebilde bringen uns dazu, uns nach bestimmten Dingen zu sehnen und in eine bestimmte Richtung zu streben. Wir versuchen vielleicht sogar, in eine andere Richtung zu gehen, aber die blinden Kräfte, die uns antreiben, sind äußerst machtvoll. Sie basieren auf Unwissenheit, auf den Willensregungen, die tief in unserem Speicherbewusstsein liegen und als unser Geist/Körper manifest werden. Durch Meditation, durch unser tiefes Betrachten, können wir die Blockaden von Unwissenheit, Begehren und anderen Geistesplagen in unserem Speicherbewusstsein berühren und identifizieren. Dann können wir uns mit all unserer Kraft darum bemühen, nicht weiter in diese Richtung zu gehen.

Siebzehn *Begreifen*

Manas entsteht
gestützt auf das Speicherbewusstsein.
Seine Funktion ist das Begreifen.
Es greift nach den Samen, die es für ein »Selbst« hält.

Manas wird auch als ein sich entwickelndes oder manifest werdendes Bewusstsein *(pravritti vijnana)* bezeichnet, weil es als Ergebnis des Speicherbewusstseins entsteht. Es hat keine unabhängige Selbstexistenz. Wenn wir die Lehren der Nur-Manifestation studieren, müssen wir diesen Punkt mit besonderer Sorgfalt betrachten. Manas ist ein Bewusstsein – ein sich entwickelndes Bewusstsein, dessen Basis das Speicherbewusstsein ist –, gleichzeitig ist es aber auch selbst Basis, in diesem Fall für das sechste, das Geistbewusstsein.

Im achten Kapitel haben wir gesehen, wie aus dem Kontakt jeder der Sinnesgrundlagen mit einem passenden Objekt, ein entsprechendes Sinnesbewusstsein entsteht. Die sechs Sinnesgrundlagen sind Augen, Ohren, Nase, Zunge, Körper und Geist. Diese Sinnesgrundlagen arbeiten mit ihren Sinnesobjekten – Form, Klang, Geruch, Geschmack, Tastbarem und Objekten des Geistes – zusammen, um die sechs Formen des Sinnesbewusstseins (Sehbewusstsein, Hörbewusstsein, Riechbewusstsein, Schmeckbewusstsein, Tastbewusstsein und Geistbewusstsein) entstehen zu lassen. Sinnesgrundlage und Sinnesobjekt gehören zusammen wie Form und Schatten; sie sind gleichzeitig geboren.

Manas ist die Basis für das Geistbewusstsein, und zwar auf die gleiche Weise, wie die Augen Basis für das Sehbewusstsein und die Ohren Basis für das Hörbewusstsein sind. Allerdings kommen die Objekte des Geistes (Gedanken, Erkenntnisse) nicht auf dieselbe Weise aus der äußeren Welt wie die Objekte Form, Klang, Geruch und so weiter. Stattdessen sind sie das Ergebnis der Beschäftigung von Manas mit den Samen in unserem Speicherbewusstsein. Ohne die aus dieser Aktivität resultierenden Objekte des Geistes gäbe es kein Geistbewusstsein, genauso wenig wie es ohne das Objekt Form als Kontakt für die Sinnesgrundlage Auge ein Sehbewusstsein gäbe. Bewusstsein bedeutet immer Bewusstsein von etwas. Wir haben also sieben sich entwickelnde Bewusstseinsformen – die sechs Formen des Sinnesbewusstseins und das siebte Bewusstsein, Manas – und eine Wurzel oder Basis, das Speicherbewusstsein.

Gewöhnlich gehen wir davon aus, dass Bewusstsein zwei Aspekte beinhaltet – Subjekt und Objekt. Subjekt und Objekt sind Begriffe der abendländischen Philosophie. Die Lehren der Nur-Manifestation sprechen davon, dass jedes psychologische Phänomen drei Aspekte hat: ein Subjekt (der Wahrnehmende, *darshana-bhaga*), ein Objekt (das Wahrgenommene, *nimitta-bhaga*) und die Basis oder Ganzheit, die Subjekt und Objekt überhaupt erst ermöglicht; diese Basis ist das Ding-an-sich *(svabhava-bhaga).*

Der deutsche Phänomenologe Edmund Husserl sagte, dass Bewusstsein immer Bewusstsein von *etwas* sein müsse. Die Lehren der Nur-Manifestation vertreten dieselbe Ansicht. Zornig zu sein bedeutet demnach, zornig auf jemanden oder etwas zu sein. Traurig zu sein bedeutet, traurig über jemanden oder etwas zu sein. Zu denken bedeutet, etwas zu denken. All diese geistigen Aktivitäten *sind* Bewusstsein.

Wenn wir einen Teller betrachten, so sehen wir, dass er eine Ober- und eine Unterseite hat. Die Oberseite ist nicht möglich ohne die Unterseite. Oberseite und Unterseite sind mit den Bewusstseinsaspekten des Wahrnehmenden und des Wahrgenommenen vergleichbar. Eines gibt es nicht ohne das andere. Aber dann haben wir noch einen dritten Aspekt: die Substanz, aus der der Teller besteht. Ohne das grundlegende Material könnte es keine Ober- oder Unterseite geben. Genauso wenig wie wir sagen können, die Unterseite des Tellers sei nicht aus demselben Material wie der Teller, sollten wir auch nicht urteilend unterscheiden und behaupten, der Aspekt des Wahrgenommenen sei nicht der Aspekt des Dings-an-sich. Ebenso falsch wäre es zu behaupten, dass die Unterseite des Tellers nicht die Oberseite sei. Alles, was wir als Teller kennen, beruht auf der grundlegenden Substanz, aus der er gemacht ist, dem Ding-an-sich, das das Ganze enthält.

Wahrnehmender, Wahrgenommenes und Ding-an-sich hängen also voneinander ab. Es gibt in den Sutras ein Gleichnis, das diesen Sachverhalt illustriert, und zwar das Bild von den drei Schilfrohren, die sich aneinander gelehnt gegenseitig stützen. Ein einzelnes Schilfrohr kann nichts stützen und ganz bestimmt nicht aus eigener Kraft aufrecht stehen. Aber wenn man drei Schilfrohre ausbalanciert gegeneinander lehnt, stützen sie sich gegenseitig und bleiben stehen. Versuchen wir die drei Aspekte des Bewusstseins – Wahrnehmenden, Wahrgenommenes und Ding-an-sich – in eigenständige Teile zu zerlegen, die für sich selbst stehen können, dann widerspricht dies der Lehre des Buddha. Jedes Teil beinhaltet die beiden anderen Teile. Kein Teil könnte ohne die beiden anderen existieren. Dies zu verstehen wird unsere Praxis fördern.

Der Objektaspekt des Speicherbewusstseins ist die Manifestation der Welt und die Manifestation des Körpers als eine Basis für die Sinne. Die instrumentale Welt ist die Welt der Natur, der Umwelt. Die Welt des Fühlens ist die Welt aller Lebewesen einschließlich der Menschen. Beide Welten sind das Objekt unserer Wahrnehmung. Der Subjektaspekt des Speicherbewusstseins ist das, was das Wahrgenommene hält und bewahrt. Die Samen und Gebilde, die das Speicherbewusstsein bewahrt, liegen im Wahrnehmenden. Aus diesen Samen in unserem Speicherbewusstsein entstehen alle geistigen Gebilde. Alle Samen und alle Manifestationen wurzeln in der Wahrnehmung, wobei der Wahrnehmende auch das Wahrgenommene und das Wahrgenommene auch das Ding-an-sich ist.

Manas entsteht auch aus dem Ding-an-sich-Aspekt des Speicherbewusstseins. Es ist ja ein sich entwickelndes Bewusstsein, das seine Wurzeln im Speicherbewusstsein hat. Seine Funktion ist das Greifen nach dem Teil des Speicherbewusstseins, den es für eine eigenständige Wesenheit, ein Selbst, hält. Der Samen dieses Greifens war bereits bei unserer Geburt vorhanden, und er wird von vielen Dingen in unserem sozialen Umfeld ständig weiter gegossen. Unsere Samen der Geistesplagen – Verblendung, Abneigung und Begehren – werden als Willensregungen manifest und die Kraft dieser Willensregungen wird Manas genannt.

Das Objekt von Manas ist der wahrnehmende Aspekt des Speicherbewusstseins. So wie der Wahrnehmende das Wahrgenommene ganz natürlich umarmt, umarmt auch Manas diesen Aspekt des Speicherbewusstseins, klammert sich an ihn und macht ihn zu einem Objekt. Und dieses Objekt wird zur Idee eines Selbst. Alles, was Manas tut, ist denken und abwägen: »Das bin ich.« Diese Denkprozesse werden *manana* genannt. Tag und Nacht ist Manas mit Denken, Glauben, Abwägen, Greifen und so weiter beschäftigt, wobei es einen Teil des Speicherbewusstseins für sein Objekt und eine eigenständige Wesenheit hält. Es ist ständig gegenwärtig wie eine Art Instinkt und hält sein Objekt für sich selbst. Dies von Manas wahrgenommene Objekt gehört zum Feld der Abbilder; sein Wahrnehmungsmodus ist falsche Wahrnehmung. Die Natur von Manas ist Täuschung. Es wird aus der Unwissenheit geboren, die als Samen in unserem Speicherbewusstsein liegt. Manas umkreist unaufhörlich die Idee von Selbst und von Nicht-Selbst. Dauernd unterscheidet es: »Das bin ich, das ist meins, das ist mein Selbst; jenes bin ich nicht, jenes ist nicht meins, jenes ist nicht mein Selbst.« Ob wir uns dessen bewusst sind oder nicht, das ist die unausgesetzte Tätigkeit von Manas.

Manas glaubt auch fest: »Dieser Körper bin ich.« Wenn nur unser Geistbewusstsein so denken würde, könnten wir mit ihm argumentieren und es von seinem falschen Glauben abbringen. Manas jedoch hält sehr tief und stark an dieser Vorstellung fest. Es ist davon überzeugt, dass sobald der Körper sich auflöst, das Selbst sich auflöst. Und weil eine der Funktionen von Manas in dem Instinkt besteht, zu überleben, das Selbst zu schützen, klammert es sich fest an die Vorstellung, dass unser Geist/Körper ein dauerhaftes, niemals sich verwandelndes Selbst *(atman)* sei. Nach brahmanischem Glauben, der als Vorläufer des Hinduismus gilt, ist das Große Selbst *(maha-atman)* eine unveränderliche und unzerstörbare Urquelle, personifiziert als Gott Brahma. In jedem von uns – so dieser Glaube – befindet sich ein Strahl dieses Atman und Erlösung besteht darin, unser kleines Selbst mit dem Großen Selbst, mit Brahma, wiederzuvereinigen. Das war das vorherrschende Glaubenssystem in Indien zu Lebzeiten des Buddha. Die Lehre des Buddha von Nicht-Selbst und Unbeständigkeit stellt also eine radikale Abkehr von diesem Glaubenssystem dar.

Der Buddha bot uns Unbeständigkeit als ein Instrument an, mit dem wir die Wirklichkeit erforschen und die Wahrheit des Nicht-Selbst entdecken können. So wie eine Blume aus lauter Nicht-Blume-Elementen besteht, ist auch das Selbst aus Nicht-Selbst-Elementen gemacht. Ich bestehe aus Nicht-Ich-Elementen. Wenn ich tief schaue, erkenne ich die Nicht-Ich-Elemente, aus denen ich zusammengesetzt bin – Sie alle, sämtliche Phänomene und der ganze Kosmos. Manas hingegen ist sich des Nicht-Selbst nicht bewusst. Es glaubt an die Idee eines dauerhaften, ewigen Selbst und ist so gezwungen, ständig zwischen dem, was das Selbst ist, und dem, was nicht das Selbst ist, zu unterscheiden. Der einzige Weg, Manas zu helfen, das klammernde Greifen nach den Konzepten von Selbst und anderen aufzugeben, besteht darin, dass wir die unbeständige und wechselseitig abhängige Natur der Wirklichkeit tief betrachten.

Achtzehn *Das Zeichen eines Selbst*

Manas' Objekt ist das Zeichen eines Selbst,
das sich im Feld der Abbilder findet,
dort, wo Manas
und Speicherbewusstsein sich überschneiden.

Wir haben bereits die drei Felder der Wahrnehmung – den Bereich der Dinge-an-sich, den Bereich der Abbilder und den Bereich der bloßen Vorstellungen – sowie die drei Modi der Wahrnehmung – die direkte, die schlussfolgernde oder ableitende und die falsche – besprochen. Der Modus der Wahrnehmung im Speicherbewusstsein ist stets unmittelbar und direkt, ohne jedes Nachdenken oder Abwägen. In Manas gehört die Wahrnehmung zum Bereich der Abbilder und der Modus der Wahrnehmung ist immer falsch. Das chinesische Schriftzeichen für »Abbild« bedeutet »trägt eine gewisse Substanz mit sich«. Für Manas benutzen die Chinesen ein Schriftzeichen, das wörtlich »jemanden geistig lieben« oder »Liebhaber« bedeutet. Xuanzang sagt in seinem Werk *Standardverse über die Acht Formen des Bewusstseins*[1]: »Das Objekt von Manas ist der Bereich der Abbilder, und die Natur dieser Welt ist Verblendung.« Weil Manas verblendet ist, ist seine Liebe blind. Das Objekt dieser klammernden Liebe ist nicht die Wirklichkeit des Speicherbewusstseins, sondern ein von Manas selbst geschaffenes Bild.

Das Objekt der Wahrnehmung des Liebhabers ist sowohl an ihn selbst – Manas – als auch an das Ding-an-sich – das Speicherbewusstsein – gebunden. Wenn Manas und Speicherbewusstsein in Kontakt sind, bringen ihre beiden Energien ein Objekt hervor und zwar in dem Bereich, in dem Manas und Speicherbewusstsein sich überschneiden. Manas kann die Dinge nicht direkt berühren. Es erhebt sich aus dem Grunde des Speicherbewusstseins, berührt einen Teil von ihm, erschafft ein Bild dafür und macht dieses Bild zum Objekt seiner Wahrnehmung. Dieses wahrgenommene Objekt hält es für ein Selbst und verliebt sich darin. In der Folge muss es diesen Teil des Speicherbewusstseins ständig beschützen.

Wollen wir Manas verwandeln, müssen wir die Elemente der Unwissenheit und des Begehrens, die es auf diese Weise handeln lassen, eingehend betrachten. Die Wurzeln von Manas liegen in unserem Speicherbewusstsein. Betrachten wir Manas tief, können wir die entsprechenden, in unserem Speicherbewusstsein liegenden Samen der Unwissenheit und die geistigen Gebilde des Begehrens und Anhaftens identifizieren. Es ist etwa so, als betrachteten wir das Innere einer Orange und könnten dabei bereits den Orangenbaum sehen, der aus dem Samen wachsen wird. Manas ist »verblendet«, bedeckt von einem Schleier der Unwissenheit. Bedeutet dies aber, dass es beseitigt werden muss? Nein. Manas trägt das Speicherbewusstsein in sich, und das Speicherbewusstsein enthält alles, auch die Buddhanatur.

Tatsächlich wohnen allen acht Bewusstseinsformen und sämtlichen geistigen Gebilde die Natur des Interseins und der gegenseitigen Durchdringung inne. Sie sind sowohl kollektiver als auch individueller Natur. Und obwohl Manas blind ist und seine Aktivität so viel Leid für uns erzeugt, sind doch alle anderen Formen des Bewusstseins gleichzeitig in ihm gegenwärtig. Würden wir versuchen, Manas zu eliminieren, wäre das so, als vernichteten wir uns selbst. In einer Blume können wir die Sonne, den Kompost und die Erde erkennen. Ein Ding bringt alle anderen Dinge mit sich. Ein Ding ist alle Dinge. Wenn wir auf diese Weise schauen, werden wir uns nicht mehr über Manas beklagen und darüber, dass es uns Leiden bringt. Im Buddhismus gibt es keine äußeren Feinde – wir werden immer wieder auf uns selbst zurückgeworfen. Das Objekt von Manas ist bloß ein Abbild, eine Vorstellung in unserem Geist, und nichts, was real und außerhalb von uns bestünde. Wenn wir besser verstehen, wie Manas falsche Wahrnehmungen zustande bringt, können wir üben, dies zu verhindern.

Die Lehren der Nur-Manifestation und anderer Schulen des Buddhismus beschreiben vier Bedingungen für die Manifestation aller Phänomene. Die erste davon ist die Ursachenbedingung *(hetu-pratyaya)*. Das chinesische Schriftzeichen für diesen Begriff ist das Ideogramm für »groß« in einem Quadrat. Obwohl die Ursache selbst begrenzend wirkt – das Quadrat schließt das Ideogramm »groß« ein – kann das Ergebnis nichtsdestoweniger bedeutend sein. Ein einzelnes kleines Weizenkorn bringt eine ganze Weizenpflanze hervor.

Die zweite Bedingung ist die Entwicklungsbedingung *(adhipati-pratyaya)*. Es gibt zwei Arten von Entwicklungsbedingungen: die für die Entwicklung förderlichen und die für die Entwicklung hinderlichen. Sonnenschein, Regen und Mutterboden können entweder mithelfen oder nicht mithelfen, dass ein Weizenkorn zu einer Weizenpflanze wird, abhängig von Zeitpunkt, Menge und Qualität jeder der Bedingungen. Wenn es zu viel oder zur falschen Zeit regnet, kann die Pflanze nicht gedeihen. Nicht alle ungünstigen Bedingungen führen allerdings zwangsläufig zu einem unheilsamen Ergebnis. Vielleicht sind wir gerade dabei, einen Fehler zu machen, aber dank ungünstiger Bedingungen vermeiden wir es dann doch, etwas Verletzendes zu tun. In diesem Fall sind die so genannten hinderlichen Bedingungen tatsächlich nutzbringend gewesen. Sie haben die Ausführung einer unheilsamen Handlung verhindert.

Die dritte Bedingung ist die Objektbedingung *(alambana-pratyaya)*. »Objekt« bedeutet in diesem Fall Objekt der Wahrnehmung. Ohne dieses Objekt gibt es keine Wahrnehmung. Einer der hingebungsvollsten Laienschüler des Buddha war der Kaufmann Anathapindika. Er hatte vom Buddha zum ersten Mal von seinem Schwager, einem Anhänger des Buddha, gehört. Als Anathapindika den Namen »Buddha« hörte, erstand in seinem Geist ein Bild, und er empfand große Liebe für den Buddha. Da er den Buddha jedoch bis zu diesem Zeitpunkt noch nicht leibhaftig gesehen hatte, gehörte dies Bild zum Bereich der bloßen Vorstellungen. Diese Vorstellung – das geistige Bild des Buddha – diente als die Objektbedingung, die sich wiederum aus der Entwicklungsbedingung ergeben hatte – die Art und Weise, wie Anathapindikas Schwager über den Buddha gesprochen hatte. Als Anathapindika dann später dem Buddha persönlich begegnete, kam die Objektbedingung für seine Wahrnehmung des Buddha der Wahrheit näher.

Die vierte Bedingung ist die Bedingung der unmittelbaren Fortdauer *(samanantara-pratyaya)*. Jede Manifestation eines Phänomens bedarf zwangsläufig der Fortdauer oder sie wird abgeschnitten. Die Blume dieses Augenblicks braucht die Blume des vorigen Augenblicks, um existieren zu können. Ohne unmittelbare Fortdauer kann nichts existieren.

Diese vier Bedingungen sind nötig, damit überhaupt irgendetwas geboren werden oder irgendein Phänomen manifest werden kann. Unsere Vorstellungen von Ursache und Wirkung sind viel zu vereinfachend. Die Ursachenbedingung ist der Samen, aus dem die Dinge entstehen, aber aus ihr allein kann noch nichts entstehen. Dazu sind noch eine Entwicklungsbedingung, eine Objektbedingung und die Bedingung der unmittelbaren Fortdauer nötig. Hätte es mich zum Beispiel im vorigen Augenblick nicht gegeben, könnte ich jetzt in diesem Augenblick nicht sein.

Die Ursachenbedingung für Manas ist der Ding-an-sich-Aspekt des Speicherbewusstseins. Manas wird aus dem Samen des Begehrens nach einem Teil des Speicherbewusstseins geboren. Die Entwicklungsbedingung für Manas ist der wahrnehmende Aspekt des Speicherbewusstseins. Aufgrund dieser Bedingung schafft Manas ein Objekt für seine Wahrnehmung. Der wahrnehmende Aspekt des Speicherbewusstseins ist jedoch kein direktes Objekt, und so ist diese Bedingung nicht die direkte Objektbedingung für Manas. Stattdessen schafft Manas seine eigene spezielle Objektbedingung, wobei es sich aber auf den wahrnehmenden Aspekt des Speicherbewusstseins stützt. Der wahrnehmende Aspekt des Speicherbewusstseins ist die förderliche Bedingung für die Entwicklung von Manas' falscher Wahrnehmung der Wirklichkeit, die es als Objekt seiner Liebe begehrt. Das ist etwa so, als begegnete man im Traum jemandem und glaubte dann, dass diese Person real sei.

Im Schlaf ist unser Geist der Willkür von Manas unterworfen. Dann leben wir nicht im Bereich der Abbilder, sondern im Bereich der bloßen Vorstellungen. Während wir schlafen, drängt Manas unser Geistbewusstsein, sich der Samen im Speicherbewusstsein so zu bedienen, dass eine Umgebung geschaffen wird, die den Begierden von Manas entgegen kommt. Unser Geistbewusstsein kreiert daraufhin Träume, die aus Vorstellungen von Samen aus unserem Speicherbewusstsein bestehen. Eine Traumperson ist aber keine reale Person. Genauso wenig ist das Objekt von Manas wirklich der wahrnehmende Aspekt unseres Speicherbewusstseins. Der wahrnehmende Aspekt des Speicherbewusstseins spielt nur die Rolle der Entwicklungsbedingung, auf die Manas gründet, um eine Objektbedingung zu entwickeln, die aus falscher Wahrnehmung besteht. Manas schafft dies falsche Bild eines Liebesobjekts, indem es sich auf Bedingungen stützt, die für diese Art Schöpfung förderlich sind. Impulse der Unwissenheit und des Begehren lassen dies ersehnte Bild dann aus Samen im Speicherbewusstsein entstehen.

Im *Mahayana-Samgraha-Shastra* und im *Lankavatara-Sutra* werden das Speicherbewusstsein mit dem Ozean verglichen und die sieben sich entwickelnden Bewusstseinsformen mit seinen Wellen. Auf diese Weise können wir auch die Wurzel von Manas identifizieren. Manas schaut das Speicherbewusstsein voller Begehren an, und es macht dann einen Teil von ihm zu einem Objekt, an das es sich klammern kann. Sobald dies geschieht, ist das Speicherbewusstsein gefangen und kann nicht mehr frei sein. Durch den Kontakt und die Überschneidung von Manas und Speicherbewusstsein entsteht das Objekt von Manas. Dieses Objekt ist jedoch nicht das Ding-ansich, es ist lediglich ein Abbild. Es ist ein Gemisch aus dem subjektiven Aspekt des Speicherbewusstseins und Manas, ein ganz klein wenig bezogen auf die Originalsubstanz des Speicherbewusstseins, die Soheit.

Bewusstsein hat vielerlei Funktionen, und jede ist eine geistige Realität. Wenn wir über die acht Formen des Bewusstseins reden, sprechen wir in Wirklichkeit über acht Funktionen des Bewusstseins. Versuchten wir, das Bewusstsein in acht unabhängige Einheiten aufzuteilen, widerspräche dies dem Geist der buddhistischen Lehren, in denen alles auf das engste mit allem anderen verbunden ist. Wir glauben, Speicherbewusstsein und Manas seien verschieden, aber es gibt eine intime Beziehung zwischen den beiden. Sie sind zwei, aber ebenso sind sie eins.

Ich heiße Thich Nhat Hanh. Ich bin Dharmalehrer, Dichter und Gärtner. Der Dichter in mir ist nicht getrennt vom Dharmalehrer, und der Dharmalehrer ist nicht getrennt vom Gärtner. Jede und jeder von uns hat viele Facetten. Wir können die Basis jeder einzelnen Facette analysieren und erkennen, aber das bedeutet nicht, dass jede Facette von den anderen unabhängig sei. Es handelt sich lediglich um unterschiedliche Facetten eines Ganzen.

Beim Bewusstsein verhält es sich genauso. Die acht Formen des Bewusstseins sind keine acht getrennten Einheiten, die nichts miteinander zu tun haben. Unterschiedliche Funktionen des Bewusstseins haben verschiedene Namen, aber alle diese Funktionen sind eng miteinander verbunden. Obwohl es sich um acht handelt, sind sie zugleich auch eins. Wenn wir sagen, dass es die erste Funktion des Bewusstseins ist, die Samen zu speichern, so geben wir dieser Funktion einen entsprechenden Namen – Speicherbewusstsein – und damit haben wir die Idee eines Speicherbewusstseins. Der zweiten Funktion des Bewusstseins, zu denken und abzuwägen, geben wir den Namen Manas. Die zweite Funktion ist ganz natürlich mit der ersten verbunden und wird von ihr beeinflusst. Das Wirken des Dichters ist ganz natürlich mit dem des Gärtners verbunden und wird von ihm beeinflusst. Das Wirken des Gärtners ist verbunden mit dem des Dharmalehrers und wird von ihm beeinflusst. Der wahre Dichter beinhaltet den Gärtner und der wahre Gärtner beinhaltet den Dharmalehrer.

Das Objekt von Manas ist das Zeichen eines Selbst, das sich im Bereich der Abbilder findet, dort, wo Manas und Speicherbewusstsein sich berühren. Genau an diesem Punkt erscheint das Objekt, welches »Selbst« genannt wird. Es ist ein Produkt geistiger Konstrukte, gegründet auf Unwissenheit und Verblendung und gehört zum Bereich der Abbilder und nicht zum Bereich der Dinge-an-sich oder der Soheit.

Das Speicherbewusstsein gleicht dem Ozean; die sich daraus entwickelnden Bewusstseinsformen gleichen den Wellen. Wenn wir das verstanden haben, wenn wir uns die intime Beziehung zwischen Manas und Speicherbewusstsein vergegenwärtigen, werden wir Manas nicht schmähen. Stattdessen werden wir auf die Transformation der Samen in unserem Speicherbewusstsein hinarbeiten, damit sie auf heilsame Weise und nicht als falsche Wahrnehmungen von Manas manifest werden.

Neunzehn *Die Basis des Heilsamen und des Unheilsamen*

Als Basis alles Heilsamen und Unheilsamen
in den übrigen sechs manifest werdenden Bewusstseinsformen,
unterscheidet Manas unaufhörlich.
Seiner Natur nach ist es sowohl unbestimmt
als auch verdunkelt.

Manas ist die Basis für die Bestimmung, ob die anderen sechs manifest werdenden Bewusstseinsformen der Sinne – das Seh-, Hör-, Riech-, Schmeck-, Tast-, und Geistbewusstsein – heilsame oder unheilsame Auswirkungen haben. Die Bewusstseinsformen der Sinne werden stark von Manas beeinflusst. Wenn Manas verdunkelt und verwirrt ist, sind auch sie verdunkelt und verwirrt. Wenn Manas teilweise befreit ist, sind auch sie teilweise befreit. Wenn Manas auf blinde und verwirrte Weise liebt, müssen die anderen sechs Bewusstseinsformen leiden. Je ausgeprägter die Blindheit von Manas, desto umfassender ist auch ihre Blindheit. Wenn Manas sich öffnet und mehr Akzeptanz entwickelt, dann genießen auch die Bewusstseinsformen der Sinne Offenheit und Akzeptanz. Aus diesem Grund wird Manas auch die »Basis des Heilsamen und Unheilsamen« genannt. Um Manas zu verwandeln, müssen wir unser Speicherbewusstsein verwandeln, das ja alle Samen enthält, auf die Manas sich gründet.

Die Bewusstseinsformen der sechs Sinne stellen von Zeit zu Zeit ihre Tätigkeit ein, Manas jedoch ist wie das Speicherbewusstsein ununterbrochen aktiv. Manas arbeitet Tag und Nacht. Aber anders als das Speicherbewusstsein, das fortwährend aktiv ist, aber nicht unterscheidet, ist die Natur von Manas sowohl unaufhörliche Aktivität als auch Unterscheidung. Manas unterscheidet, indem es sich an das Objekt klammert, welches es für sein Selbst, seine Geliebte, hält. Alles in der Welt ist mit uns verbunden und trotzdem denken wir: »Jene Dinge sind nicht mein Selbst. Nur dies hier ist mein

Selbst.« Gewöhnlich glauben wir, unsere Handlungen seien rational begründet und wir handelten nur, wenn wir verstehen, was wir tun. Das ist jedoch nicht immer der Fall. Wir haben zwar ein gewisses Verständnis, aber häufig sind unsere Emotionen stärker als unsere Vernunft.

Die Natur von Manas ist wie die des Speicherbewusstseins unbestimmt. Es ist aber zusätzlich auch von Unwissenheit verdunkelt. »Verdunkelt« bedeutet »verdeckt sein«. Man kann das Licht nicht sehen, solange es verdeckt wird. Der Schleier der Unwissenheit, der Manas bedeckt, ist die Neigung, zwischen Selbst und Nicht-Selbst zu unterscheiden. »Unbestimmt« bedeutet, dass es die Möglichkeit zur Transformation gibt, und zwar von klammerndem Greifen und wertendem Unterscheiden zu Loslassen und Nicht-Unterscheiden. Die Transformation von Manas ist möglich, weil seine Natur unbestimmt ist. Die Natur kann Dornen und Gestrüpp hervorbringen, aber ebenso auch duftende Früchte und Blumen.

Die Natur des Speicherbewusstseins ist ungehindert, und das bedeutet, dass es zum wahren Geist werden kann – zur Buddhanatur. Keinerlei Hindernis steht ihm im Weg. Es gibt also die Möglichkeit, die Dimension der Dinge-an-sich zu erreichen. Transformation findet im Speicherbewusstsein statt. Wenn die Samen sich verwandeln, aus denen Manas sich entwickelt hat, verwandelt sich Manas mit. Die Unterscheidung zwischen Selbst und Nicht-Selbst, zwischen mein und nicht-mein lösen sich auf.

Ziel der Meditation ist es, eine Veränderung an der Wurzel von Manas und dem Speicherbewusstsein herbeizuführen. Das nennt man Verwandlung an der Basis *(ashraya paravritti)*. »Ashraya« bedeutet »Basis«, »Paravritti« »Revolution«. Revolution bedeutet eine Umkehr vollziehen und in eine andere Richtung gehen. Diese radikale Transformation oder grundlegende Verwandlung kann nur im Lichte der Achtsamkeit stattfinden. Durch Achtsamkeit können wir umkehren und in Richtung Erwachen gehen. Unsere Praxis besteht darin, die Natur von Manas jeden Tag ein klein wenig zu verwandeln und unser Speicherbewusstsein allmählich aus seinem klammernden Griff zu befreien.

Die Wurzel von Manas ist Verblendung, die Samen der Unwissenheit, die tief in unserem Speicherbewusstsein liegen. Die wichtigste Aufgabe des Geistbewusstseins ist es, das Licht der Achtsamkeit auf Manas sowie die Samen in unserem Speicherbewusstsein zu richten, damit wir sie erkennen können. Wenn unser Geistbewusstsein diese Samen beleuchtet, sie mit Achtsamkeit tief berührt, wird die Verblendung davon durchdrungen und kann transformiert werden. Solange Verblendung vom Licht der Achtsamkeit beschienen wird, kann sie weniger leicht als unheilsame Handlungen von Körper, Sprache und Geist manifest werden. Verblendung funktioniert in Dunkelheit, aber nicht im Licht. Sobald die Unwissenheit verwandelt ist, ist auch Manas transformiert.

Um dies zu bewirken, muss unser Geistbewusstsein nicht direkt mit Manas arbeiten. Es kann sich auf die Samen im Speicherbewusstsein beschränken. Das Speicherbewusstsein gleicht einem Garten, einem Stück Erde, das alle Samen enthält. Ein Garten kann sich nicht selbst kultivieren. Dafür braucht es einen Gärtner, eine Gärtnerin. Wenn die Gärtnerin gepflügt, gehackt, die Samen gesät und den Boden bewässert hat, schenkt die Erde ihr Blumen und Früchte, mit denen sie ihren Lebensunterhalt bestreiten kann. Die Gärtnerin weiß, dass nicht sie es ist, die die Früchte hervorbringt, sondern die Erde. Ihre Aufgabe besteht lediglich darin, sich um die Erde zu kümmern. Durch Achtsamkeit berührt das Geistbewusstsein die Fesseln von Verblendung und Begierde in unserem Speicherbewusstsein. Das geschieht Tag und Nacht, und auf diese Weise hilft das Geistbewusstsein dem Speicherbewusstsein, die Frucht der Praxis hervorzubringen, nämlich Freude, Frieden und Transformation.

Wenn wir achtsames Atmen oder Gehen üben und so die Energie der Achtsamkeit in uns stärken, gießen wir den Samen der Achtsamkeit, der bereits in unserem Speicherbewusstsein vorhanden ist. Diese Aktivität erzeugt noch mehr Achtsamkeitsenergie, die dann noch tiefer in das Speicherbewusstsein hineinleuchten kann. Nutzen wir die Energie der Achtsamkeit, um andere Samen zu berühren, so helfen wir diesen Samen, sich zu verwandeln. Berührt die Achtsamkeit positive Samen, hilft sie ihnen, sich zu entwickeln und sich immer deutlicher zu enthüllen. Berührt sie negative Samen, hilft sie ihnen, sich zu verwandeln.

Wenn wir in ein Praxiszentrum kommen, bringen wir unser Speicherbewusstsein und Manas mit uns. Dann empfangen wir Samen des Dharma. Wir dürfen die Samen des Dharma jedoch nicht nur in unserem Intellekt, unserem Geistbewusstsein, belassen. Wir müssen die Lehren mit unserer ganzen Persönlichkeit aufnehmen und sie in den Mutterboden unseres Speicherbewusstseins säen. Durch unser Gehen, Sitzen, Essen und Trinken, durch all unsere Aktivitäten gießen wir diese Samen dann tagein tagaus mit unserer Achtsamkeit.

Wir können Vertrauen zu unserem Speicherbewusstsein haben. Das Speicherbewusstsein stellt seine Aktivität nie ein. Unser Geistbewusstsein mag während der Nacht ruhen, aber unser Speicherbewusstsein setzt seine Arbeit fort. Auch nachdem der Gärtner seine Arbeit eingestellt hat, arbeitet die Erde weiter, um die Samen keimen und wachsen zu lassen. Früher oder später werden wir auf ganz natürliche Weise einen Durchbruch erleben. Die Blumen und Früchte des Erwachens werden aus unserem Speicherbewusstsein erwachsen. Das Geistbewusstsein muss dem Speicherbewusstsein vertrauen, so wie ein Gärtner der Erde vertrauen muss. Beide sind wichtig. Denken Sie aber daran, dass Erleuchtung und Einsicht Ihnen nicht durch das Geistbewusstsein, nicht durch Ihr intellektuelles Verständnis zuteil werden, sondern durch die tiefere Weisheit Ihres Speicherbewusstseins. Nach seiner Transformation wird das Speicherbewusstsein zur strahlenden und alles erhellenden Großen Spiegelgleichen Weisheit.

Damit das Erwachen erblühen kann, müssen wir die Samen des Erwachens in unser Speicherbewusstsein säen. Wenn wir lediglich unser Geistbewusstsein benutzen, in einer Art geistiger Gymnastik, werden wir nicht sehr weit kommen. Viele Menschen belassen die Lehren, die sie hören, nur in ihrem Geistbewusstsein und benutzen ihren Intellekt, um an ihnen herum zu zupfen und zu zerren. Und obwohl sie auf diese Weise dauernd an die Lehren denken und über sie sprechen, lernen sie doch nie, die Samen des Dharma in ihr Speicherbewusstsein zu bringen und sie der fruchtbaren Erde anzuvertrauen.

Wenn Sie Meditation nur mit Ihrem Geistbewusstsein üben, werden Sie keine Fortschritte machen. Grübeln Sie nicht zu viel über die Dinge, die Sie von einem Meditationslehrer lernen. Säen Sie stattdessen diese Dharmasamen in Ihr Speicherbewusstsein. Und gießen Sie diese Samen mit Ihrer Achtsamkeit in all Ihren Alltagsaktivitäten, ob Sie nun gehen, sitzen, liegen, stehen, kochen oder am Computer arbeiten. Ihr Speicherbewusstsein, Ihr Stückchen Land, wird diese Dharmasamen auskeimen und die Blume des Erwachens erblühen lassen.

Wenn wir die selbst-lose, unbeständige und wechselseitig abhängige Natur der Phänomene eingehend betrachten, kann uns dies die Verblendung in Manas zu reduzieren helfen und uns näher an die Weisheit des Nicht-Unterscheidens oder der Gleichheit *(samanta jnana)* bringen. Diese Weisheit lässt uns die wahre Natur des Interseins erkennen – nämlich dass »dies« aus »jenem« gemacht ist und es keinerlei Trennung zwischen diesem und jenem gibt. So können wir, unterstützt durch unser Üben, die Verblendung von Manas in die Weisheit der Gleichheit verwandeln.

Zwanzig *Die Begleiter von Manas*

Manas hängt zusammen mit den fünf universellen geistigen Gebilden,
mit »Mati« von den fünf speziellen
sowie mit den vier Haupt- und mit acht Nebenplagen des Geistes.
Sie alle sind unbestimmt und verdunkelt.

Wie wir bereits in Kapitel Zehn gesehen haben, gibt es viele geistige Gebilde oder Geistesformationen – nach den Lehren der Nur-Manifestation werden sie in einundfünfzig Kategorien eingeteilt –, von denen etliche mit Manas zusammenwirken.[2] Manas ist mit den fünf universellen geistigen Gebilden verbunden, die sich in allen Bewusstseinsformen finden: Kontakt, Aufmerksamkeit, Gefühl, Wahrnehmung und Willensregung. Das andauernde Denken, das Manas eigen ist, besteht aus diesen fünf universellen geistigen Gebilden. Manas ist stets in Kontakt, aufmerksam, fühlt, nimmt wahr und will etwas. Mittels dieser Aktivitäten greift Manas nach dem Speicherbewusstsein und hält es für ein Selbst.

Die fünf speziellen geistigen Gebilde sind nicht zu jeder Zeit in jeder Bewusstseinsform zu finden. Es sind: Eifer *(chanda)*, Entschlossenheit *(adhimoksha)*, Achtsamkeit oder Erinnerung *(smriti)*, Konzentration *(samadhi)* und Einsicht oder Weisheit (*prajna*). Das erste dieser fünf speziellen geistigen Gebilde hat die Qualität der Attraktivität: Sie fühlen sich dazu hingezogen, etwas zu betrachten, es kennen zu lernen, Interesse zu zeigen. Das zweite, Entschlossenheit, kann auch als Unterscheidung beschrieben werden: Sie glauben, ein Objekt erkannt zu haben, Sie bilden sich eine Idee von ihm. Das dritte, Achtsamkeit, besagt in diesem Zusammenhang, dass das Objekt Ihrer Aufmerksamkeit für Sie im Hier und Jetzt existent geworden ist; Sie erinnern sich an es und es erscheint real. Konzentration, das vierte, lässt Sie Ihre Aufmerksamkeit auf das Objekt ausrichten. Die Bedeutung von Weisheit, dem fünften und letzten, liegt darin, dass Sie glauben, ganz genau zu wissen, was das Objekt ist.

Die Sanskritbegriffe der fünf speziellen geistigen Gebilde können verwirrend sein, weil sie in unterschiedlichen Zusammenhängen unterschiedliche Bedeutungen haben. Ganz besonders für »Prajna«, das einzige der fünf speziellen geistigen Gebilde, das sich in Manas findet, gilt in diesem Zusammenhang, dass es sich nicht um Prajna im Sinne von »wahrer Einsicht« oder »wahrem Verstehen« handelt (wie in *Prajnaparamita*). In diesem Rahmen beschreibt der Begriff Prajna eine Art Verständnis oder Überzeugung, die lediglich eine Idee, eine Behauptung ist. In der hier gemeinten Bedeutung ist Prajna häufig auf eine falsche Wahrnehmung gegründet – Sie glauben, Recht zu haben, aber in Wirklichkeit haben Sie Unrecht. Sie glauben, eine Schlange gesehen zu haben, aber es war nur ein Seil.

Sehr häufig klammern wir uns an eine Sache, die wir für wirklich und wahr halten, und lassen uns von dieser Überzeugung auch nicht abbringen. Hier kann man dann sogar von Prajna als einer falschen Einsicht sprechen. Lassen Sie uns der Verständlichkeit halber das Wort »Prajna« lieber für wahres Verstehen, wahre Einsicht oder Weisheit reservieren und stattdessen für das hier gemeinte geistige Gebilde das Wort *mati* benutzen, welches ein Verständnis beschreibt, das auch falsch sein kann. Sobald wir etwas wahrnehmen, selbst wenn wir es falsch wahrnehmen, haben wir doch immer das Gefühl, Recht zu haben. Wir sehen etwas, ergreifen es und behaupten, es handle sich um eine unveränderliche Wahrheit. Manas hält das »Selbst«, das es als Objekt seiner Wahrnehmung selbst geschaffen hat, stets für das Wichtigste überhaupt. Diese verblendete Einsicht ist Mati, eine stur festgehaltene, falsche Wahrnehmung.

Der Buddha illustrierte diese Art des Denkens anhand eines Gleichnisses. Ein Mann, Vater eines kleinen Jungen, ging für ein paar Tage auf Reisen und ließ seinen Sohn zu Hause zurück. Als er zurückkehrte, fand er sein Haus von Banditen niedergebrannt vor. Neben den Ruinen entdeckte er die verkohlten Überreste eines Kindes. Sofort war er überzeugt, das dies die Überreste seines kleinen Sohnes seien und war untröstlich. Am nächsten Tag organisierte er eine Beerdigungszeremonie, sammelte die Asche ein und tat sie in einen schönen Seidenbeutel. Der Mann war sehr vernarrt in seinen Sohn gewesen, und so trug er nun den Beutel mit der Asche stets bei sich, wohin er auch immer ging. Was er nicht wusste, war, dass sein Sohn von den Banditen gefangen genommen worden war und noch lebte.

Nach einiger Zeit gelang es dem Jungen zu entkommen. Mitten in der Nacht erreichte er das mittlerweile wieder aufgebaute Haus seines Vaters. Als er klopfte und seinen Vater bat, die Tür zu öffnen, wurde dieser, da er ja vom Tod seines Sohnes überzeugt war, sehr zornig. Er schrie: »Verschwinde! Lass mich in Ruhe! Mein Sohn ist tot!« Der Junge versuchte wieder und wieder, seinen Vater davon zu überzeugen, dass er sein Sohn sei, aber die Überzeugung des Mannes vom Tod seines Sohnes war so stark, dass er überhaupt nicht zuhörte. Schließlich gab das Kind auf und ging davon.

Manchmal hängen wir so sehr an dem, was wir glauben, dass selbst wenn die Wahrheit kommt und an unsere Tür klopft, wir uns weigern, sie einzulassen. Diese Art blinden Glaubens an unsere eigenen Überzeugungen – Fanatismus – ist der Feind der Praxis. Niemals sollten wir von unserem Wissen absolut überzeugt sein. Wir müssen bereit sein, es augenblicklich für eine höhere Wahrheit aufzugeben. Das nennt man Nicht-Anhaften an Sichtweisen, und es ist eines der wichtigsten Elemente unserer Praxis. Jede Sichtweise, gleichgültig wie edel oder schön, ja selbst unser Glaube an den Buddhismus, kann zu einer Falle werden, wenn wir uns daran festklammern.

Der zwanzigste Vers spricht auch von den Geistesplagen *(klesha)*, mit denen Manas verbunden ist. Geistesplagen sind unheilsame geistige Gebilde. Die vier im Vers erwähnten Hauptplagen hängen alle mit der Idee eines Selbst zusammen. Es sind: Selbst-Ignoranz *(atma-moha)*, Selbst-Ansicht *(atma-drishti)*, Selbst-Stolz *(atma-mana)* und Selbst-Liebe *(atma-sneha)*.

Selbst-Ignoranz ist die falsche Vorstellung eines Selbst, etwa: »Mein Ich ist dieser Körper, dieses Gefühl, diese Wahrnehmung. Dinge, die nicht dieser Körper, dieses Gefühl, diese Wahrnehmung sind, sind nicht mein Ich. Dinge, die anderen passieren, gehen mich nichts an.« In Wirklichkeit ist alles, was wir »Ich« nennen, mit allem anderen im Universum verbunden. Wenn wir ein winziges Teilchen nehmen und eine Vorstellung seiner Wirklichkeit erschaffen, die wir Selbst nennen, dann handelt es sich nicht um ein reales Selbst, sondern um das Zeichen eines Selbst aus dem Bereich der Abbilder. Es gehört nicht zum Bereich der Dinge-an-sich, und deshalb ist es selbst-ignorant, das heißt »unwissend in Bezug auf das Selbst«.

Selbst-Ansicht ist die falsche Ansicht, dass das Selbst unabhängig und ewig sei und es getrennt von den anderen Faktoren des Seins existiert. Selbst-Stolz ist die Haltung, wir seien besser, intelligenter, schöner oder wichtiger als andere. Selbst-Liebe liegt dann vor, wenn wir übermäßig in uns selbst vernarrt sind, wenn alles, was wir sagen, denken oder tun, nur beweist, wie selbst-zentriert wir sind. Diese vier Hauptplagen sind immer in Manas präsent. Unsere Praxis besteht darin, das Licht unserer Achtsamkeit auf Manas zu richten, damit es seinen Glauben an das Selbst loslassen kann.

Die im Vers genannten Nebenplagen sind weniger schwerwiegend als die Hauptplagen der falschen Selbst-Wahrnehmung. Sie werden noch weiter unterteilt in die größeren, die mittleren und die geringeren Nebenplagen. Manas ist mit den acht größeren Nebenplagen verbunden, nämlich Zorn, Feindseligkeit, Verheimlichung oder Scheinheiligkeit, Bedrängnis oder Unruhe, Neid, Geiz oder Selbstsucht, Täuschung und Unaufrichtigkeit.

Diese Plagen, diese geistigen Gebilde, seien sie universell oder speziell, teilen dieselbe Natur. Sie alle sind unbestimmt und verdunkelt, genau wie Manas. Der Ozean ist salzig, also sind alle Wassertropfen im Ozean ebenfalls salzig. Geistige Gebilde nehmen die Merkmale des Bewusstseins an, mit dem sie verbunden sind. Und weil Manas von Unwissenheit verdunkelt und weil es unbestimmt ist, sind auch alle mit ihm verbundenen geistigen Gebilde von gleicher Natur: verdunkelt und unbestimmt. Und weil sie unbestimmt sind, können sie transformiert werden.

Einundzwanzig *Manas folgt stets dem Speicherbewusstsein*

Wie der Schatten der Form folgt,
folgt Manas stets dem Speicherbewusstsein.
Manas ist der fehlgeleitete Versuch, durch die Suche nach
Dauerhaftigkeit und blinder Befriedigung zu überleben.

Manas folgt dem Speicherbewusstsein, wie unser Schatten den Bewegungen unseres Körpers folgt. Auf diese Weise ist Manas blind, und blindlings folgt es allen Samen im Speicherbewusstsein, an die es sich hängt, seien sie heilsam oder unheilsam. Das Unheilsame jedoch – so sagt die Lehre des Interseins – enthält stets auch das Potenzial des Heilsamen in sich, so wie man im Abfall eine Blume sehen kann und in einer Blume den Abfall. Aus diesem Grund sind Transformation und Erwachen überhaupt möglich. Wenn Manas transformiert wurde, wenn es erwacht ist, hat es die wunderbare Funktion des Verstehens der Gleichheit erlangt; es vermag das eine in allem und alles im einen zu erkennen.

Wir haben bereits gesehen, dass Manas auch als unser »Überlebensreflex« funktioniert. Weil es an der Idee eines Selbst festhält, versucht es stets, das Selbst zu schützen. Wenn wir im Schlaf ein Geräusch hören und plötzlich erschreckt auffahren, geht diese Reaktion auf Manas zurück. Wenn uns jemand zu schlagen versucht und wir dem Schlag ausweichen, so steckt auch hinter dieser schnellen Selbstschutzreaktion Manas. Das Geistbewusstsein hat nicht genügend Zeit, die Situation abzuwägen und eine entsprechende Handlung in Gang zu setzen, Manas hingegen handelt automatisch, instinktiv. Diese Fähigkeit von Manas entspricht den stammesgeschichtlich ältesten Hirnschichten, die ausschließlich im Interesse des Überlebens, des Selbstbewahrens fungieren.

Wann immer wir uns in großer Gefahr befinden, arbeitet Manas fieberhaft daran, uns entweder zum Weglaufen zu bewegen oder in Kampfbereitschaft zu versetzen oder was immer sonst nötig sein sollte, um unser Leben zu retten. Aber weil Manas blind ist, weil es von Verblendung verschleiert ist, kann es uns oft in eine falsche Richtung führen. Um den potenziell selbstzerstörerischen Aspekt des »Überlebensreflexes« zu illustrieren, benutzt die moderne Psychologie manchmal das Bild einer Schlange, auf der sich eine Stechmücke niedergelassen hat. Um die Stechmücke loszuwerden, legt sich die Schlange auf die Straße, damit ein Auto die Mücke überfährt. Das Auto tötet allerdings nicht nur die Stechmücke, sondern ebenso die Schlange. Menschen handeln oft ähnlich. Wir möchten jemanden bestrafen, also zerstören wir uns selbst, damit der andere leidet. Die hinter dieser Art des Denkens stehende Kraft ist Manas.

Da Manas an einer Vorstellung von Selbst festhält, ist es stets abwehrend und beschützend. Das Geistbewusstsein kann durch tiefes Berühren und tiefes Betrachten in Kontakt mit der Wirklichkeit gelangen. Die Natur von Manas hingegen ist Verblendung, Unwissenheit und wertendes Unterscheiden. Es ist in seinen Täuschungen und seiner Sehnsucht nach Dauer und Befriedigung gefangen. Manas will jedes Begehren befriedigen, selbst wenn die entsprechende Aktivität ungesund sein mag. Es treibt uns in Richtung Vergnügen, aber oft stellt sich heraus, dass es sich um eine Art Vergnügen handelt, die nicht wirklich glücklich macht. Und weil Manas nicht sieht, wohin es sich wendet, sind die Früchte seiner Reise häufig eher schmerzvoll als glücksbringend, eher traurig als froh.

Zweiundzwanzig *Erlösung*

Ist die erste Stufe des Bodhisattva-Pfades erlangt,
sind die Hindernisse des Wissens und die Geistesplagen verwandelt.
Auf der zehnten Stufe transformiert der Yogi, die Yogini, den Glauben
an ein eigenständiges Selbst,
und das Speicherbewusstsein ist von Manas befreit.

Nach den Lehren des Mahayana-Buddhismus gibt es zehn Stufen *(bhumi)*, die ein Bodhisattva durchläuft, bevor er oder sie volle Erleuchtung erlangt.[3] Die erste ist die Stufe der Freude *(pramudita-bhumi)*. Beginnen wir ernsthaft zu üben, erfahren wir große Freude, weil es uns gelungen ist, dem Lärm, den Anforderungen und dem Stress des Alltags ein Ende zu setzen. Wir empfinden Freude, da wir Dinge los und hinter uns lassen. Je mehr Sie loslassen können, desto froher werden Sie. Sie glauben, dass dies oder jenes für Ihr Glück unerlässlich sei, aber sobald Sie diese Vorstellungen loslassen, werden Sie entdecken, dass diese Dinge in Wirklichkeit Hindernisse für Ihr Glück gewesen sind. Auf der ersten Stufe sind wir in der Lage, viele Dinge loszulassen, die uns gefangen genommen haben, und empfinden große Erleichterung. Als Bodhisattva können wir hier jedoch nicht stehen bleiben. Wenn wir dieser Stufe der Freude anhaften und es uns nur noch gut gehen lassen möchten, werden wir auf dem Bodhisattva-Pfad nicht weit kommen.

Betritt ein Bodhisattva die erste Stufe, verwirklicht er die Transformation von Hindernissen. Es gibt zwei Arten von Hindernissen: Hindernisse des Wissens *(jneya-avarana)* und Hindernisse der Geistesplagen *(klesha-avarana)*. Nach buddhistischer Vorstellung kann das, was wir wissen, das, was wir lernen, zu einem Hindernis für unseren Fortschritt werden, wenn wir uns an das, was wir als absolute Wahrheit betrachten, festklammern. Dann hält uns dieses Wissen gefangen. Aus diesem Grund müssen wir sehr vorsichtig in Bezug auf unser Wissen sein. Es kann ein Hindernis für unsere Verwandlung, unser Glück sein. Der Erwerb von Wissen gleicht dem Erklimmen einer Leiter: Um eine Sprosse höher zu steigen, müssen wir die Sprosse verlassen, auf der wir gerade stehen. Glauben wir, dass die Sprosse, auf der wir stehen, schon die höchste sei, werden wir nicht mehr weitersteigen.

In der buddhistischen Tradition lernen wir, indem wir ständig den Griff lösen und alles, was wir bereits gelernt und erlangt haben, wieder loslassen. Glauben Sie niemals, dass das, was Sie wissen, die absolute Wahrheit sei. Diese Einsicht spiegelt sich auch in der Ersten Achtsamkeitsübung des Intersein-Ordens wider.[4] Wenn Sie sich von dem, was sie gegenwärtig wissen, gefangen nehmen lassen, ist das Ende Ihres Fortschritts erreicht. Hielten Wissenschaftler an dem fest, was sie bereits wissen, könnten sie niemals neue Wahrheiten entdecken. Sie müssen bereit sein, ihr gesamtes Wissen loszulassen, sobald sie etwas Neues erfahren, das diesem Wissen widerspricht oder darüber hinaus geht. In ähnlicher Weise müssen auch wir stets bereit sein, unser derzeitiges Wissen um einer höheren Ebene des Verstehens willen aufzugeben. Das ist von großer Wichtigkeit.

Auf der ersten Stufe haben wir schon damit begonnen, sowohl den Hindernissen der Geistesplagen als auch den Hindernissen des Wissens ein Ende zu setzen. Die Wissens-Hindernisse sind eher im Bereich des Intellekts, die Hindernisse der Geistesplagen eher im Bereich der Emotionen wirksam. Bei unseren Gefühlen von Zorn, Neid, Hass, Verzweiflung und Angst handelt es sich immer um Hindernisse der Geistesplagen. Wenn unsere Traurigkeit so groß ist, dass wir uns gelähmt fühlen, haben wir es mit einem Geistesplagen-Hindernis zu tun. Sind wir deprimiert, leiden oder begehren wir zu stark, dann sind alle diese Zustände Hindernisse für unsere Praxis.

Unsere Unwissenheit und Unfähigkeit, die Wahrheit zu erkennen, gehört in den Bereich der Wissens-Hindernisse. Das heißt, dass wir die Dinge anders sehen, als sie tatsächlich sind. Unsere Ansichten, unsere Wahrnehmungen und das, was wir gelernt haben, sind alles Objekte unseres Wissens; diese Objekte des Wissens hindern uns daran, weiterzukommen. »Ich weiß schon alles, was es über dieses und jenes zu wissen gibt. Ich muss nicht mehr weiterlernen.« Wir sind erst bei der vierten Sprosse der Leiter angelangt und glauben, schon ganz oben zu sein. Was immer das, was unser Intellekt und unsere Einsicht uns beschert haben, auch wert sein mag, wir müssen es aufgeben, denn obwohl unsere Erkenntnisse von gewissem Belang sind, ist unser Wissen zu einem Hindernis geworden. Wenn wir in unserem Wissen gefangen sind, wenn wir unsere Erkenntnisse für die absolute Wahrheit halten, leiden wir unter dem Wissens-Hindernis. Diejenigen, die über Wissen verfügen, aber verstehen, dass sie es aufgeben müssen, um weiterzukommen, brauchen das Wissens-Hindernis nicht zu fürchten.

Objekte des Wissens sind wie Wasser, das zu Eis gefroren ist und nun das Fließen des Flusses behindert. Wir brauchen Wissen, aber wir müssen klug mit ihm umgehen. Wenn wir glauben, unser gegenwärtiges Wissen sei das höchste, ist der vor uns liegende Weg blockiert. Unser Wissen ist zu einem Hindernis geworden. Diese Art, Wissen zu betrachten, ist eine speziell buddhistische Sichtweise. Der Buddha lehrte, dass wir uns an nichts festhalten sollten; selbst unsere Einsicht, unser Verstehen und unser Wissen müssen wir voll und ganz aufgeben.

Wissens-Hindernisse sind leichter zu überwinden als Hindernisse der Geistesplagen. Die Hindernisse der Geistesplagen erfordern zu ihrer Auflösung mehr Zeit und mehr Übung. Unser Zorn, unser Elend und unsere Verzweiflung sind wie Blöcke in unserem Speicherbewusstsein. Wir müssen sie mit der Energie der Achtsamkeit tief berühren, um ihre Wurzeln erkennen und sie verwandeln zu können. Innere Festigkeit ist für unser Wohlbefinden äußerst wichtig. Wenn Sie Gehmeditation üben, sollte jeder Schritt, den Sie in Achtsamkeit gehen, Ihnen helfen, ein klein wenig mehr Festigkeit und Freiheit zu entwickeln. Werden Gier, Hass oder Eifersucht als geistige Gebilde in Ihrem Geistbewusstsein manifest, ist es, als hätten Sie Fieber. Es brennt. Auf der ersten Stufe jedoch, der Stufe der Freude, beginnt der Bodhisattva damit, die Hindernisse des Wissens und der Geistesplagen zu beseitigen, und er empfindet das genaue Gegenteil: einen Zustand neuer Frische.

Wenn die Bodhisattva die zehnte Stufe erreicht hat, ist der Glaube an ein innewohnendes Selbst transformiert. Diese Stufe nennt man »die Wolke des Dharma« *(dharmamegha-bhumi).*

Auf dieser letzten Stufe des Bodhisattva-Pfades verschwindet der tief sitzende Glaube an ein eigenständiges Selbst und im selben Augenblick ist Manas klammerndes Greifen nach dem Speicherbewusstsein gelöst. Das ist der Augenblick der Befreiung vom Glauben an ein eigenständiges Selbst. Bis zu diesem Moment war unser Glaube an ein Selbst noch tief in Manas verwurzelt, selbst wenn wir schon ein gewisses intellektuelles Wissen von Nicht-Selbst gehabt haben mögen. Der Glaube an ein Selbst ist uns teilweise angeboren. Darum müssen wir ernsthaft üben, bis wir die zehnte Stufe des Bodhisattva-Weges erreichen, um diesen Glauben endlich zu entwurzeln. Dann aber ist das Speicherbewusstsein befreit und wird zur Großen Spiegelgleichen Weisheit.

Es gibt zwei Arten der Anhaftung an einem Selbst. Eine ist die Gewohnheit der Anhaftung, die wir in diesem Leben erwerben, die andere ist die Anhaftung, die wir bereits in uns trugen, als wir geboren wurden. Der vorliegende Vers bezieht sich auf die zweite Art. Diese Anhaftung an einem Selbst ist bereits seit sehr langer Zeit existent. Sie wurde als Samen im Speicherbewusstsein von Leben zu Leben getragen. Wenn die Bodhisattvas die zehnte und letzte Stufe, den Bereich der Dharmawolke, erreichen, verwandeln sie den angeborenen Glauben an ein eigenständiges Selbst, und Manas wird zur Weisheit der Gleichheit. Dank der Praxis des tiefen Betrachtens, das unser Geistbewusstsein in Gang gesetzt hat, wurden wertende Unterscheidung, Unwissenheit und Begehren im Zusammenhang mit dem Selbst endgültig verwandelt.

Geschieht dies, wird Manas verwandelt. Vor dieser Transformation war Manas die ständige Energie des Greifens und wertenden Unterscheidens. Nun wird es zu einer Weisheit, die die wahre Natur des Interseins wahrnimmt. Es gibt keinerlei Unterscheidung mehr zwischen Selbst und Nicht-Selbst – Sie sind ich, ich bin Sie. Wir bedingen und durchdringen einander. Es gibt keinerlei Grenze zwischen uns. Auf dieser Stufe erkennt die Bodhisattva ihre Intersein-

Natur sowie die Intersein-Natur aller Phänomene und hat damit die Weisheit der Gleichheit erlangt.

Geistige Gebilde produzieren und stärken Samen und sind auch Manifestationen von Samen. Den Samen in unserem Speicherbewusstsein entspringen aber nicht nur geistige Gebilde, sondern ebenso auch materielle und körperliche. Sämtliche Manifestationen in den sechs Bereichen der Sinnesorgane, den sechs Bereichen der Sinnesobjekte und den sechs Formen des Sinnesbewusstseins (insgesamt achtzehn Bereiche) erwachsen aus Samen in unserem Speicherbewusstsein. In der Meditation lernen wir, die wahre Natur dieser Manifestationen zu untersuchen und sie nicht als reale Einheiten, sondern als konventionelle Benennungen *(prajnapti* oder *samketa)* zu erkennen. Es sind Objekte unseres Erkennens, unserer Konzepte, unserer Vorstellungen, unserer Metaphern, unserer Bezeichnungen, unserer Sprache. Daher kann man das Säen und das Wachstum aller Samen, die in unserem Alltagsleben eine Rolle spielen, »Imprägnierung durch Sprache« nennen.

Neben der »Imprägnierung durch Sprache« gibt es auch noch eine »Imprägnierung durch Selbstheit«; damit ist die Kultivierung der Idee eines Selbst oder die Tendenz des Besitzergreifens gemeint. Das Speicherbewusstsein wird auch als »besitzergreifendes Bewusstsein« bezeichnet, denn es erhält nicht nur alle Sinnesorgane, Sinnesobjekte und Formen des Sinnesbewusstseins aufrecht, sondern dient darüber hinaus auch als Unterstützung für das Zustandekommen sämtlicher zukünftiger Existenzen und Manifestationen. Und weil in unserem täglichen Leben auch Samen für Wiedergeburten gesät und gegossen werden, findet noch eine dritte Art der Imprägnierung statt, nämlich die »Imprägnierung durch Samsara« – durch die Zwölf Glieder *(nidana)* des Abhängigen Entstehens *(pratitya-samutpada)*. Die Praxis der Achtsamkeit, der Konzentration und des tiefen Betrachtens hilft uns, diese Tendenz umzukehren. Die Fähigkeit, die Gebilde als bloße konventionelle Benennungen und als frei von einem eigenständigen Selbst zu erkennen, und die Fähigkeit, unser Anhaften und Begehren zu transformieren, wird uns in Richtung Befreiung und Heilung führen.

TEIL III
Geistbewusstsein

Die nächsten fünf Verse, dreiundzwanzig bis siebenundzwanzig, beschreiben die Natur und die Eigenschaften der sechsten Bewusstseinsform, des Geistbewusstseins *(manovijnana).* Wie wir bereits gesehen haben, ist Manas die Basis des Geistbewusstseins, und weil die Wahrnehmung von Manas stets falsch ist, ist vieles von dem, was wir in unserem Geistbewusstsein erfahren, ebenfalls falsch. Weil die Natur von Manas verschleiert ist, ist auch unser Geistbewusstsein häufig von Verblendung verdunkelt. Anders als Manas jedoch ist unser Geistbewusstsein auch zu Wahrnehmungen fähig, die nicht von vorneherein falsch sind – nämlich zu direkten und zu schlussfolgernden. Wenn unser Geistbewusstsein in der Lage ist, Dinge direkt wahrzunehmen, dann kann es den Bereich der Soheit berühren.

Unser Geistbewusstsein in korrekter Wahrnehmung zu üben geschieht durch Achtsamkeit. Sie ist der wichtigste Beitrag des Geistbewusstseins. Wenn wir achtsam sind, sind wir uns all unserer Handlungen von Körper, Sprache und Geist bewusst und können uns entscheiden, auf heilsame, statt auf schädliche Weise zu handeln, zu reden und zu denken. Mit der von unserem Geistbewusstsein erzeugten Energie der Achtsamkeit können wir es vermeiden, Samen des Zorns, des Begehrens und der Verblendung in unserem Speicherbewusstsein zu gießen und stattdessen Samen der Freude, des Friedens und der Weisheit pflegen. Aus diesem Grund ist es so wichtig, Achtsamkeit für uns zu einer Gewohnheit werden zu lassen.

Dreiundzwanzig *Sphäre des Erkennens*

Mit Manas als Basis
und den Phänomenen als Objekten
wird das Geistbewusstsein manifest.
Der Bereich seiner Wahrnehmung ist der umfassendste.

Bewusstsein entsteht, wenn eine Sinnesgrundlage in Kontakt mit einem entsprechenden Objekt kommt. Die ersten fünf, mit den Bereichen unserer Sinneswahrnehmungen verbundenen Bewusstseinsformen haben alle ein Sinnesorgan als Basis – Augen, Ohren, Nase, Zunge und Körper. Aber auch das Geistbewusstsein gilt als eine Form des Sinnesbewusstseins.

Manas denkt, erkennt, stellt sich etwas vor, nimmt wahr und empfindet – sämtliche mentalen und physischen Phänomene können Objekt seiner Wahrnehmung sein. Mit Manas als seiner Basis und sämtlichen Phänomenen als seinen Objekten wird das Geistbewusstsein manifest. Und weil seine Basis – Manas – eine so große Bandbreite aufweist, hat auch das Geistbewusstsein die Fähigkeit, in alle Richtungen zu greifen. Alles, was wir sehen, hören, riechen, schmecken, berühren oder denken können, kann Objekt unseres Geistbewusstseins sein. Seine Wahrnehmenssphäre ist der gesamte Kosmos.

Um etwas zur Manifestation zu bringen, bedarf es vieler Arten von Bedingungen. Aber zwei Bedingungen sind von grundlegender Art: Sinnesbasis und Sinnesobjekt. Beide müssen unbedingt vorhanden sein, damit ein Phänomen erscheinen kann. Obwohl Manas seine Basis ist, liegt der Samen der Ursachenbedingung für das Geistbewusstsein nicht in Manas, sondern im Speicherbewusstsein. Manas gleicht einer Stromleitung zwischen dem Speicherbewusstsein und dem Geistbewusstsein, aber weil seine Natur verdunkelt ist, stört es das elektrische Signal, die Information zwischen Speicherbewusstsein und Geistbewusstsein. Kann das Geistbewusstsein die Samen im Speicherbewusstsein direkt berühren, ohne die Störung durch Manas, ist es in der Lage, den Bereich der Soheit zu berühren.

Das Speicherbewusstsein ist der Garten, das Geistbewusstsein ist der Gärtner. Der Gärtner vertraut die Samen der Erde an. Das Speicherbewusstsein verfügt über die Kraft, zu bewahren, zu nähren und das, was wir zu erhalten wünschen, als Früchte hervorzubringen. In der Praxis der Meditation vertrauen wir unserem Speicherbewusstsein. Wir säen einen Samen in den Mutterboden unseres Speicherbewusstseins und gießen ihn sorgfältig. Wir vertrauen darauf, dass der Samen eines Tages auskeimen und eine Pflanze, Blüten und Früchte hervorbringen wird.

Vierundzwanzig *Wahrnehmung*

Das Geistbewusstsein verfügt über drei Arten der Wahrnehmung.
Es hat Zugang zu den drei Feldern der Wahrnehmung
und kann von dreifacher Natur sein.
Alle geistigen Gebilde – universelle, spezielle, heilsame,
unheilsame und neutrale –
werden im Geistbewusstsein manifest.

Im ersten Teil haben wir bereits die drei Modi und die drei Felder der Wahrnehmung besprochen. Die drei Modi der Wahrnehmung sind die direkte Wahrnehmung, die schlussfolgernde und die falsche Wahrnehmung, die sowohl direkt als auch schlussfolgernd sein kann.

Der erste Modus, die direkte Wahrnehmung, benötigt keinen Zwischenschritt, keine Ableitung oder Schlussfolgerung. Wenn Sie Ihren Finger in eine Flamme halten, verbrennen Sie sich. Sie fühlen die Hitze. Das ist direkte Wahrnehmung – und zwar korrekte direkte Wahrnehmung. Manchmal können Sie direkte Wahrnehmungen haben, die jedoch falsch sind. Sie sehen zum Beispiel eine Schlange. Kein Denken oder Vergleichen ist beteiligt – Sie sehen einfach eine Schlange, ganz direkt. Dann jedoch entdecken Sie, dass es sich nicht um eine Schlange, sondern nur um ein Stück Seil handelt. Dies ist ein Beispiel für ein direktes Erkennen oder Wahrnehmen, das nicht korrekt ist und daher zum dritten Modus gehört, dem der falschen Wahrnehmung.

Der zweite Modus ist die Schlussfolgerung. Diese Art der Wahrnehmung hat diskursiven, spekulativen und ableitenden Charakter. Auch dieser Modus der Wahrnehmung kann entweder korrekt oder inkorrekt sein. Nehmen Sie zum Beispiel an, Sie sind etwa hundert Meter von einem Holzstoß entfernt. Sie sehen Rauch von dem Holz aufsteigen und nehmen daher an, dass es dort ein Feuer gibt. Das ist schlussfolgernde Wahrnehmung, und sie könnte richtig sein – sie könnte aber auch falsch sein. Vielleicht kommt der Rauch aus dem Auspuff eines Autos, oder jemand in der Nähe des Holzstapels raucht eine Zigarette. In diesem Fall handelte es sich also um eine falsche Schlussfolgerung, eine falsche Wahrnehmung, die damit zum dritten Modus gehört.

Der dritte Modus der Wahrnehmung ist die falsche Wahrnehmung, die das Ergebnis entweder einer falschen direkten oder einer falschen schlussfolgernden Wahrnehmung sein kann. Direkte Wahrnehmung kann, wie wir gesehen haben, entweder korrekt oder inkorrekt sein, dasselbe gilt für die schlussfolgernde Wahrnehmung. Wenn diese Wahrnehmungen inkorrekt sind, werden sie als falsche Wahrnehmungen klassifiziert. Das Geistbewusstsein ist zu allen drei Wahrnehmungsmodi fähig. Es kann die Dinge direkt, schlussfolgernd oder falsch wahrnehmen, wobei die falsche Wahrnehmung von direkter oder schlussfolgernder Art sein kann. Im Falle von Manas jedoch, der Basis für das Geistbewusstsein, fällt die Wahrnehmung stets in den dritten Modus – den der falschen Wahrnehmung. Manas sieht ständig Dinge als Selbst, die in Wirklichkeit kein Selbst sind. Und da Manas seine Basis ist, kann sich auch unser Geistbewusstsein sehr leicht in falschen Wahrnehmungen verfangen.

Unsere Wahrnehmungen hängen von vielen sowohl essenziellen als auch zweitrangigen Ursachen und Bedingungen ab. Tatsächlich sind unsere Vorstellungen bezüglich der Dinge oft nicht mehr als Erinnerungen. Der Buddha war wahrscheinlich der Erste, der lehrte, dass unsere Ideen bloß eine Gewohnheit der Erinnerung sind. Im *Ekottara Agama*[1] heißt es, dass die meisten unserer Wahrnehmungen das Ergebnis von Erinnerungen an Vergangenes sind. Wenn wir etwas wahrnehmen, nehmen wir sehr oft lediglich einen alten Samen in unserem Speicherbewusstsein wahr. Und diese Wahrnehmung hat nichts mit dem wirklichen Objekt im Hier und Jetzt zu tun. Durch den Einfluss von Manas können wir die Wahrheit nicht berühren, selbst wenn sie frisch und neu ist. Meist berühren wir nur die Samen in unserem eigenen Bewusstsein.

Nur ganz selten haben wir eine korrekte direkte oder schlussfolgernde Wahrnehmung. Ein Asiate hat gewisse Vorstellungen von

Europäern. Diese Vorstellungen können aus Büchern kommen, die er gelesen hat, oder von Dingen, die andere erzählt haben. Nehmen wir an, dieser Asiate trifft nun jemanden, der ihm als Europäer vorgestellt wird. Weil er bereits eine Vorstellung hat, was einen Europäer ausmacht, kann er die Person, die da tatsächlich vor ihm steht, überhaupt nicht mehr vorurteilsfrei wahrnehmen. Seine Vorstellung hindert ihn daran, den Menschen so zu verstehen, wie er wirklich ist. Er hat nicht die wahre Persönlichkeit des Europäers berührt, sondern lediglich seine eigenen Vorstellungen von Menschen aus Europa.

Wir alle haben unsere Vorstellungen darüber, was einen Europäer ausmacht, was ein Asiate ist und wie ein Mensch aus Afrika beschaffen ist. Wir haben unsere Kategorien und wir stecken den Asiaten in die eine, den Europäer in eine andere und den Menschen aus Afrika in eine dritte. Wir alle sind Opfer dieser Art der Wahrnehmung. Wir haben Schubladen in unserem Speicherbewusstsein, und wenn wir etwas wahrnehmen, stecken wir es in eine dieser Schubladen. Aber unsere Art, Dinge in Schubladen zu stecken, ist verwirrt. Da gibt es eine Schublade für Süßholz, aber wir legen Zimt hinein. Wir sagen, dass es Süßholz sei, und glauben, dass es Süßholz ist, also tun wir es in die Süßholzschublade – aber in Wirklichkeit ist es Zimt.

Der Modus der Schlussfolgerung erfordert Nachdenken. Wenn wir auf geschickte Art nachzudenken verstehen, können wir vielleicht irgendwann die Wahrheit erkennen. Oftmals sind unsere Schlussfolgerungen aber auch falsch. Stellen Sie sich einen Jungen vor, der zu seinem Geburtstag eine Armbanduhr geschenkt bekommen hat. Er legt die Uhr ab, um Schwimmen zu gehen, und als er wieder aus dem Wasser kommt, ist die Uhr weg. Er denkt: »Gestern, als ich die Uhr geschenkt bekommen habe, war mein bester Freund dabei. Er schien neidisch zu sein, und seine Augen verrieten, dass er die Uhr gerne selbst besitzen würde.« Aufgrund dieser Idee kommt der Junge zu dem vorschnellen Schluss, dass sein Freund die Uhr gestohlen haben müsse, und zieht keinerlei andere Möglichkeit für das Verschwinden der Uhr in Erwägung. Wäre seine Ableitung richtig, handelte es sich um den Modus einer korrekten Schlussfolgerung. Da sie nicht stimmt, handelt es sich um den Modus einer falschen Schlussfolgerung.

Unsere Wahrnehmungen und Schlussfolgerungen sind häufig falsch – besonders wenn wir nicht mit dem Blick der Liebe und des Verstehens wahrnehmen, sondern alles mit dem Blick der Verdächtigung, des Ärgers, der Traurigkeit oder des Begehrens sehen. Falsche Schlussfolgerungen begleiten uns Tag für Tag. Wenn wir aufgrund einer Wahrnehmung leiden, müssen wir uns fragen: »Ist dies eine richtige Schlussfolgerung oder nicht?« Andere können uns dabei helfen, hier Klarheit zu schaffen. Wir können sie fragen: »Ich leide, weil ich diese bestimmte Wahrnehmung gemacht habe, aber ich bin mir nicht sicher, ob sie richtig oder falsch ist. Dies und jenes habe ich gesehen. Dies und jenes habe ich gehört. Kannst du mir helfen, herauszufinden, ob das, was ich gesehen oder gehört habe, tatsächlich der Wahrheit entspricht?« Wenn wir wütend auf andere sind oder sie verdächtigen, leiden wir. Statt uns dann abzuschotten, sollten wir unsere Freundinnen und Freunde um Hilfe bitten. Davon profitieren alle. Unser Leiden und unser Glück ist nämlich direkt mit dem Leiden und dem Glück der anderen verbunden. Darum müssen wir uns gegenseitig helfen.

Die drei Modi der Wahrnehmung verschaffen dem Geistbewusstsein Zugang zu den drei Feldern der Wahrnehmung: dem Bereich der Dinge-an-sich, dem Bereich der Abbilder und dem Bereich der bloßen Vorstellungen. Das erste Feld der Wahrnehmung, der Bereich der Dinge-an-sich, entspricht der Wirklichkeit, wie sie ist, ohne Verzerrungen durch unsere Ideen und geistigen Konstrukte. Bevor Begreifen einsetzt, das Bewusstsein zu konstruieren beginnt, berührt der Geist die letztendliche Dimension, den Bereich der Soheit.

Das zweite Feld der Wahrnehmung, der Bereich der Abbilder, ist nicht mehr die Wirklichkeit-an-sich. Hier ist unsere Wahrnehmung durch unsere Denkmuster konstruiert und zusammengesetzt. Wir haben die Gewohnheit, im Sinne von Selbst und Dauerhaftigkeit zu denken, und wir glauben, dass die Dinge getrennt voneinander existieren. Wir sehen nicht die wechselseitige Verbundenheit, die Natur der Leerheit und des Interseins, die allem zu Eigen ist. Wir glauben tatsächlich an Gegensatzpaare wie Geburt und Tod, Sein und Nichtsein, und daher manifestieren sich die Objekte unseres Bewusstseins als Abbilder, voller Irrtümer. Diese Tatsache bringt uns eine Menge Leiden.

Das dritte Feld der Wahrnehmung ist der Bereich der bloßen Vorstellungen. Alle Bilder, die wir aus dem Bereich der Abbilder erhalten, sammeln wir in unserem Speicherbewusstsein. Das Bild einer Freundin, ihre Schönheit, ihr Zorn, all diese Dinge werden als Samen in unserem Bewusstsein gespeichert. Später holen wir diese Eindrücke dann aus dem Archiv, um sie zu benutzen. Dichter und Künstler arbeiten intensiv mit diesem Bereich, indem sie bereits existierende Bilder zu neuen Bildern kombinieren. Auch unsere Träume gehören zum Bereich der bloßen Vorstellungen.

Weil seine Natur von Verblendung verdunkelt ist, vermag Manas nicht mit dem Bereich der Dinge-an-sich in Kontakt zu kommen. Unser Geistbewusstsein ist jedoch in der Lage, Dinge direkt wahrzunehmen und kann daher auch den Bereich der Dinge-an-sich berühren. Die meiste Zeit jedoch berührt es nur die Bereiche der Abbilder und der bloßen Vorstellungen. Die ersten fünf Bewusstseinsformen können im Bereich der Dinge-an-sich operieren, aber nur wenn sie selbstständig und nicht in Kombination mit dem Geistbewusstsein unter dem Einfluss von Manas aktiv sind. Erfolgen Sehen, Hören, Riechen, Schmecken und Tasten unmittelbar, frei von wertendem Unterscheiden oder Vergleichen oder einem Hintergrund von Bezugspunkten, dann geschehen Sehen, Hören, Riechen, Schmecken und Tasten im Bereich der Dinge-an-sich. Mischt sich unter dem Einfluss von Manas, das wertende Unterscheiden, Abwägen und Begründen des Geistbewusstseins in die Aktivität der ersten fünf Bewusstseinsformen ein, dann können sie sich nur im Bereich der Abbilder vollziehen.

Der Bereich der Dinge-an-sich ist niemals von falschen Wahrnehmungen verzerrt. Die Bereiche der Abbilder und der bloßen Vorstellungen sind es sehr wohl. Das hängt mit der Funktion des wertenden Unterscheidens zusammen. Etwas ist nicht schön oder hässlich, nur weil wir es mögen oder nicht mögen. »Schön« und »hässlich« sind lediglich Bezeichnungen, die wir den Objekten zuschreiben, aufgrund der in unserem Geistbewusstsein entstehenden Bilder, die wiederum bestimmten Samen in unserem Speicherbewusstsein entspringen. Es gibt Parfüms mit den Namen »Samsara« oder »Poison« (Gift, d. Ü.). Doch Parfüm ist bloß Parfüm, es hat nichts von Samsara oder Gift. Aber die Tatsache, dass wir es mögen, es abstoßend oder wie auch immer finden, das ist ganz und gar unsere eigene Sache. Das Parfüm ist dafür nicht verantwortlich. In Frankreich gibt es ein Parfüm mit dem Namen »Je reviens« (»Ich komme wieder«). Wenn jemand dieses Parfüm benutzt, identifizieren wir den Geruch mit der Person. Auch dafür ist nicht das Parfüm verantwortlich. Es ist unsere eigene geistige Aktivität. Sind wir dann von dem Menschen getrennt, mit dem wir diesen Geruch identifizieren, wird er zu einem süßen geistigen Gebilde. Das Gedicht »Die Erzählung von Kieu«[2] enthält folgende Zeile: »Das Parfüm schafft den Duft der Erinnerung.« Aber die Verantwortung für die Erinnerung und das Begehren liegt nicht im Parfüm. Die Verantwortung liegt bei dem entsprechenden Samen in unserem Speicherbewusstsein und dem geistigen Gebilde, das er hervorbringt. Die Wirklichkeit-an-sich ist nicht an unsere geistigen Gebilde gebunden und entspricht ihnen nicht.

Aus diesem Grunde hat der Buddha oftmals betont, dass Phänomene – Formen, Klänge, Gerüche, Geschmäcker, Tastbares und Objekte für den Geist – weder inhärent heilsam noch unheilsam sind. Was Freude und Leid erzeugt, sind nicht die Dinge selbst; unsere Anhaftung an ihnen ist für unser Begehren und unser Leiden verantwortlich. Ob wir uns in den Dingen verfangen oder ob wir in der Lage sind, die Wirklichkeit der Dinge-an-sich zu berühren, entscheidet einzig unser Geist. Wenn wir Traurigkeit verspüren, ist unsere Umgebung traurig. Wenn wir uns froh fühlen, ist unsere Umgebung froh. Es ist aber nicht die Umgebung als solche, die uns attraktiv oder abstoßend erscheint. Dafür ist unsere eigene gestörte Wahrnehmung im Bereich der Abbilder verantwortlich.

In unseren Träumen können wir traurig, zornig, froh, hoffnungsvoll oder verzweifelt sein. Sämtliche Phänomene, denen wir in unseren Träumen begegnen – Menschen, Dinge, Flüsse und Berge – gehören zum Bereich der bloßen Vorstellungen. Visualisieren wir in der Meditation einen Berg, so gehört diese Visualisation ebenfalls dem Bereich der bloßen Vorstellungen an. Weil diese Vorstellung jedoch von Achtsamkeit getragen ist, vermag sie die Wahrheit über sich selbst zu enthüllen und auf den Bereich der Abbilder zu verweisen, aus dem sie gekommen ist. Tatsächlich kann unser achtsamer Kontakt mit dem visualisierten Berg klarer und präziser sein als die Wahrnehmung eines Menschen, der einen wirklichen Berg betrachtet. So kann der Bereich der bloßen Vorstellungen zu der Tür werden, die uns zur Wahrheit führt.

Leben wir zu lange in Achtlosigkeit, werden unsere Sinne und unsere Wahrnehmung dumpf und die Welt um uns her wird unklar. Solange wir in einer derartigen Welt leben, können wir niemals glücklich werden. Wir brauchen einen Schleifstein, der unsere Sinne und Wahrnehmungen so weit schärft, dass die Betrachtung einer Blume für uns zu einer wahren Begegnung mit der Blume wird. Dieser Schleifstein ist die Meditation, die Achtsamkeit. Es gibt geleitete Meditationsübungen, durch die wir unsere Sinne schärfen und in Kontakt mit den Wundern des Leben kommen können.[3]

Der Bereich der bloßen Vorstellungen braucht nur den Wahrnehmenden.
Der Bereich der Abbilder gehört dem Liebhaber und der Wurzel.
Der Bereich der Dinge-an-sich, die Samen und so weiter
existieren entsprechend der anderen Bereiche.

Dieser Vers aus »Die Natur des Wahrgenommenen-an-sich, wenn es nicht nach unserem Geist geht«, wurde von Xuanzang an seinen ältesten Schüler, Kwaigei, weitergegeben, der in den Lehren der Nur-Manifestation äußerst kundig war. Der Vers hilft uns, die Funktionen der drei Bereiche der Wahrnehmung zu vergegenwärtigen. Die erste Zeile sagt aus, dass der Bereich der bloßen Vorstellungen gänzlich dem wahrnehmenden Aspekt des Bewusstseins angehört. Dieser Bereich muss auch nicht im Bereich der Dinge-an-sich verwurzelt sein. Er befindet sich bereits in unserem Bewusstsein und bedarf keines Stimulus von außen. Unser Leiden, die Tatsache, dass wir in der Welt fortwährenden Wandels herumgeschubst und -gestoßen werden, verdanken wir nicht dem Bereich der Dinge-an-sich, sondern dem Bereich der bloßen Vorstellungen.

Erinnern wir uns daran, dass das Bewusstsein drei Aspekte hat: den Wahrnehmenden, das Wahrgenommene und die Basis. Der Wahrnehmende ist das Subjekt, das Wahrgenommene ist das Objekt. Allerdings sind sowohl Subjekt als auch Objekt Teil des Bewusstseins. »Wahrnehmen« bedeutet stets *etwas* wahrnehmen. Wahrnehmen umfasst stets sowohl das Subjekt als auch das Objekt der Wahrnehmung. Wenn wir eine Eiche betrachten, glauben wir, der Baum existiere unabhängig von unserem Geist. Wir denken, unser Bewusstsein käme aus unserem Schädel hervor, um die Eiche, die eine objektive Wirklichkeit darstellt, zu identifizieren. Die Eiche, die wir betrachten, ist jedoch in Wirklichkeit ein Objekt unseres Bewusstseins. Unsere Vorstellungen von Zeit und Raum sind ebenfalls Objekte unserer Wahrnehmung. Wenn wir glauben, die Eiche stehe in Zeit und Raum außerhalb von uns, müssen wir noch einmal genauer hinschauen.

Wahrnehmung findet statt, sobald Subjekt und Objekt als Manifestation zusammenkommen. Die Wahrnehmung mag weniger als eine Sekunde dauern, aber in dieser Zeit entstehen beide, Subjekt und Objekt; sie sind gleichzeitig zusammen geboren. Einen Augenblick, nachdem eine Wahrnehmung entstanden ist, kann schon die nächste erscheinen. Und jede hat ein Subjekt und ein Objekt. Das Subjekt der Wahrnehmung verändert sich dauernd, und ebenso unaufhörlich verwandelt sich das Objekt der Wahrnehmung.

Erkennen beinhaltet stets das Subjekt, das, was erkennt, sowie das Objekt, das, was erkannt wird. Bevor wir also überhaupt über Bewusstsein sprechen können, müssen wir fragen: »Bewusstsein von was?« Das ist grundlegend, aber nicht leicht zu verstehen. Bitte üben Sie ernsthaft, und eines Tages werden Sie erkennen – und zwar nicht bloß intellektuell, sondern als tatsächliche Lebenserfahrung –, dass Bewusstsein sowohl Subjekt als auch Objekt beinhaltet.

Der in der zweiten Zeile der Gatha erwähnte »Liebhaber« ist Manas; die Wurzel ist das Speicherbewusstsein. Der Bereich der Abbilder ist ein Produkt und eine Schöpfung von Manas, Ergebnis seines Kontaktes mit dem Speicherbewusstsein. Sobald Samen aus dem Speicherbewusstsein unter den Einfluss von Manas geraten, bleiben sie nicht länger im Bereich der Dinge-an-sich, sondern werden Teil des Bereichs der Abbilder. Ein Bild aus diesem Bereich trägt immer noch einen kleinen Teil des Bereichs der Dinge-an-sich mit sich, ein Bild aus dem Bereich der bloßen Vorstellungen tut dies hingegen nicht.

Die dritte und vierte Zeile der Gatha beschreiben, wie der Bereich der Dinge-an-sich und die Samen sich aufeinander beziehen. Aufgrund anderer Umstände treten sie zusammen auf. Daher sind die Natur des Heilsamen, die Natur des Unheilsamen und die Natur des Unbestimmten – die so genannten »Drei Naturen« – und die Samen, die der Bereich der Dinge-an-sich hervorbringt, mit den drei Bereichen der Wahrnehmung verknüpft.

Der erste Modus der Wahrnehmung ist direkt, der zweite ist schlussfolgernd und der dritte falsch. Wenn Ihre Wahrnehmung direkt ist, frei von diskursiven Denkprozessen, erreichen Sie den Bereich der Dinge-an-sich. Wir alle haben schon derartige Erfahrungen gemacht. Wenn Sie beispielsweise in tiefe Kontemplation eines schönen, schneebedeckten Berges versunken sind, dann fühlen Sie sich nicht vom Berg getrennt. In Ihrer Freude an ihm, sind sie eins mit ihm. Sie *sind* der Berg, der Berg ist Sie. Da gibt es weder Subjekt noch Objekt. Manchmal, wenn wir in dieser Weise aufs Meer schauen, fühlen wir uns grenzenlos. Berühren wir die Wirklichkeit mit unserem nicht-denkenden, nicht-urteilenden Wahrnehmungsmodus, gibt es in unserem Geistbewusstsein keinen Unterschied zwischen uns selbst, dem Wahrnehmenden, und dem Wahrgenommenen als »äußerem« Objekt unserer Wahrnehmung. Wenn wir auf diese Weise sehen, befinden wir uns im Bereich der Dinge-an-sich, der Soheit. Es gibt in unserem Leben solche Momente, in denen wir die letztendliche Dimension berühren können, aber sie sind selten, weil unsere gewöhnlichen Denkmuster es meist nicht dazu kommen lassen. Unser Geist neigt dazu, die Wirklichkeit in kleine Stücke zu zerhacken, und dann sieht er jedes der Stücke als von allen anderen Stücken unabhängig existent an. Das ist wertender Geist. Sie sehen eine andere Person und denken: »Sie ist nicht ich. Warum sollte ich mich um sie kümmern? Ich habe andere Dinge zu tun.« In unserem Alltagsleben treffen wir solche wertenden Unterscheidungen sehr oft. Die Barriere wird durch unsere Denkweise errichtet. In der buddhistischen Meditation lernen wir, unsere Intelligenz so zu nutzen, dass wir diese Art der Unterscheidung, diese Art der Wertung abzulegen vermögen.

So kann selbst die intellektuelle, die wertende Funktion unseres Geistes uns helfen, der letztendlichen Dimension näher zu kommen, vorausgesetzt wir setzen sie ein, um Achtsamkeit zu entwickeln. Wenn wir unseren Geist jedoch nicht darin üben, tief zu schauen, dann gehört – gleichgültig, wie viel wir denken, rationalisieren oder spekulieren – unsere Wahrnehmung immer noch der dritten Kategorie an, dem Modus der falschen Wahrnehmung. In den Lehren gibt es den Begriff *parikalpita-svabhava*, was Natur des wertenden Unterscheidens bedeutet. Wenn diese Tendenz zu wertendem Unterscheiden in die Funktion unseres Geistbewusstseins eingreift, fallen wir unweigerlich in den Modus der falschen Wahrnehmung, weil unser diskursiver Geist alle möglichen Irrtümer hervorbringt. Üben wir uns hingegen in der buddhistischen Methode des tiefen Schauens, indem wir über Unbeständigkeit, Nicht-Selbst und Intersein oder Leerheit meditieren, kommen wir allmählich von der alten Denkweise los und haben die Möglichkeit, Soheit zu berühren. Diese Fähigkeit wird *nirvikalpa-jnana* genannt, Weisheit des Nicht-Unterscheidens.

Das Geistbewusstsein hat Zugang zu allen drei Modi der Wahrnehmung, zu den drei Bereichen der Wahrnehmung und kann darüber hinaus von dreifacher Natur sein, heilsam, unheilsam und unbestimmt oder neutral. Sind wir achtsam, hat unser Geistbewusstsein die Fähigkeit, heilsam zu sein. In Augenblicken der Achtlosigkeit hat es die Fähigkeit, unheilsam zu sein. Und zusätzlich kann es auch noch unbestimmt oder neutral sein, weder heilsam noch unheilsam.

Alle geistigen Gebilde können im Geistbewusstsein manifest werden. Es gibt einundfünfzig Kategorien geistiger Gebilde: fünf universelle, fünf spezielle, elf heilsame, sechsundzwanzig unheilsame und vier unbestimmte. In Kapitel Zehn haben wir diese Kategorien geistiger Gebilde erstmals erwähnt, und zwar im Zusammenhang mit dem Speicherbewusstsein, dann in Kapitel Zwanzig noch einmal, diesmal im Zusammenhang mit Manas. Die fünf geistigen Gebilde, die man die universellen geistigen Gebilde nennt, arbeiten mit allen acht Formen des Bewusstseins. Die dann folgenden fünf speziellen sind geistige Gebilde, die nicht in allen Bewusstseinsformen wirksam werden. Die Kategorie der heilsamen geistigen Gebilde beinhaltet Mitgefühl, liebevolle Güte, Vertrauen und so weiter. Die Kategorie der unheilsamen geistigen Gebilde enthält die schlimmsten (oder primären) Geistesplagen wie etwa Gier, Zorn und Verblendung sowie weniger schwerwiegende (oder zweitrangige) geistige Zustände wie Übelwollen, Selbstsucht, Neid und so weiter. Die Kategorie der unbestimmten oder neutralen geistigen Gebilde enthält vier, die weder inhärent heilsam noch unheilsam sind.[4]

Die Verse dreiundzwanzig und vierundzwanzig beschreiben die Merkmale des Geistbewusstseins, die es zu verstehen gilt, um seine Funktionsweise in den nächsten Versen noch tiefer erforschen zu können. Zusammengefasst kann man sagen, dass das Geistbewusstsein über die größte Bandbreite an Kontakten mit den Objekten der Wahrnehmung *(dharmas)* verfügt. Die drei Modi und die drei Bereiche der Wahrnehmung sind charakteristisch für das Geistbewusstsein. Geistbewusstsein kann von dreifacher Natur sein: heilsam, unheilsam oder unbestimmt, und es ist in der Lage, sämtliche geistigen Gebilde manifest werden zu lassen. Eine Wahrnehmung ist ein Akt der Erkenntnis. Wenn diese Erkenntnis falsch ist, kann sie für die betreffende Person und die Menschen um sie herum eine Menge Missverständnisse und Leiden schaffen. Ein solcher Akt trägt das Zeichen oder die Natur des Unheilsamen. Ist das Geistbewusstsein hingegen in der Lage, die Wahrheit zu berühren, so wird der entsprechende Erkenntnisakt heilsam genannt, weil er uns zu befreien und die Unwissenheit in uns selbst und unseren Mitmenschen zu zerstören vermag. Manchmal ist der Erkenntnisakt aber auch neutral – er ist nicht schädlich, hat aber auch die Stufe des tiefen Schauens noch nicht erreicht und vermag daher nicht, die tiefste Ebene der Wirklichkeit zu berühren. Nur durch tiefes Schauen, durch Achtsamkeit können Sie die wahre Natur der Wirklichkeit enthüllen und Einsicht gewinnen. Diese Einsicht führt zu Transformation.

Fünfundzwanzig *Der Gärtner*

Das Geistbewusstsein ist die Wurzel aller Handlungen von
Körper und Sprache.
Es ist seine Natur, geistige Gebilde manifest werden zu lassen,
seine Existenz ist jedoch nicht kontinuierlich.
Das Geistbewusstsein lässt Handlungen entstehen,
die zur Reifung führen.
Es spielt die Rolle des Gärtners, der alle Samen aussät.

Es gibt drei Arten von Handlungen *(karma)* – Handlungen von Körper, Sprache und Geist. Die Basis für alle drei Arten ist das Geistbewusstsein. Geistbewusstsein führt den Körper zum Handeln. Alles, was wir sagen, entsteht aus dem Geistbewusstsein. Und genauso ist es die Quelle allen Denkens, Abschätzens, Erkennens und Urteilens.

Wie Manas so ist auch das Geistbewusstsein ein sich entwickelndes Bewusstsein. Während Manas jedoch kontinuierlich in Funktion ist, gilt dies für das Geistbewusstsein nicht. Manchmal stellt das Geistbewusstsein seine Funktion ein. Wenn wir zum Beispiel traumlos schlafen, schaltet unser Geistbewusstsein vollständig ab. Wenn wir in Ohnmacht fallen, kann unser Geistbewusstsein ebenfalls seine Funktion einstellen. Und in dem »Nicht-Geist« genannten Meditationszustand kommt das Geistbewusstsein ebenfalls vollständig zur Ruhe. Das Geistbewusstsein ist also nicht kontinuierlich, und dasselbe gilt für die anderen fünf Bewusstseinsformen der Sinne – das Seh-, Hör-, Riech-, Schmeck- und Tastbewusstsein. Auf diese Weise unterscheiden sich das Geistbewusstsein und die Bewusstseinsformen der fünf Sinne vom Speicherbewusstsein und von Manas, die beide kontinuierlich sind.

Das Geistbewusstsein bringt zwei Arten von Handlungen hervor. Eine ist die »führende Handlung«, die uns in die eine oder die andere Richtung zieht. Viel zu häufig baut leider »Mara (Verblendung) die Straße und die Hungergeister weisen die Richtung«.[5] Baut jedoch der Buddha die Straße und weist die Sangha uns den Weg, steht es gut für uns. Die zweite Art wird »reifende Handlung« genannt. Unsere Handlungen führen zum Ausreifen entweder heilsamer oder unheilvoller Samen in unserem Speicherbewusstsein. Das Geistbewusstsein macht beide Arten des Handelns möglich – Handeln, das uns in eine bestimmte Richtung steuert, sei sie nun gut oder schlecht, und Handeln, das die Samen, die bereits in uns sind, ausreifen und Früchte tragen lässt.

Da das Geistbewusstsein Handlungen initiieren kann, die zur Ausreifung bestimmter Samen in unserem Speicherbewusstsein führen, ist es überaus wichtig, dass wir unser Geistbewusstsein kennen lernen, es trainieren und schließlich transformieren. Wir handeln und sprechen auf Grundlage unseres Denkens, unserer Erkenntnis. Abhängig davon, welche auf das Geistbewusstsein gegründete Handlungen von Körper, Sprache und Geist wir ausführen, gießen wir entweder positive oder negative Samen in unserem Speicherbewusstsein.

Wenn wir negative Samen gießen, wird das Ergebnis Leiden sein. Verstehen wir es hingegen, positive Samen zu gießen, werden Verständnis, Liebe und Glück in uns wachsen. Vermag das Geistbewusstsein, die Dinge im Geist von Unbeständigkeit, Nicht-Selbst und Intersein zu sehen, wird der Samen der Erleuchtung in uns zum Wachsen angeregt und schließlich erblühen wie eine Blume.

Das Speicherbewusstsein wird häufig mit der Erde verglichen – der Gartenerde, in welche die Blumen und Früchte bringenden Samen ausgesät werden. Das Geistbewusstsein ist dann der Gärtner, derjenige, der sät, gießt und für guten Boden sorgt. Aus diesem Grunde heißt es im Vers auch: »Das Geistbewusstsein lässt Handlungen entstehen, die zur Reifung führen« – zur Reifung unserer Samen. Unser Geistbewusstsein kann uns in der Hölle versinken lassen oder zur Befreiung führen, weil nämlich beide, Hölle wie Befreiung, Ergebnis der Reifung der jeweils entsprechenden Samen sind. Das Geistbewusstsein verrichtet die Arbeit des Initiierens und die des Ausreifens. Wenn es Weizensamen sät, werden wir Weizen ernten.

Der Gärtner – das Geistbewusstsein – muss der Erde vertrauen, weil es ja die Erde ist, die die Frucht des Verstehens und Mitfühlens hervorbringt. Darüber hinaus muss der Gärtner die positiven Samen im Speicherbewusstsein erkennen und identifizieren und dann muss er diese Samen gießen und ihnen helfen zu wachsen. Der Garten – das Speicherbewusstsein – sorgt für die Nahrung und bringt das Ergebnis hervor. Die Blumen des Erwachens, des Verstehens und der Liebe sind ein Geschenk des Gartens. Der Gärtner muss sich nur gut um den Garten kümmern, damit die Blumen eine Chance haben, zu wachsen.

Weil der Geist die Basis aller Handlungen ist, ist es so außerordentlich wichtig, achtsam zu sein. Achtsamkeit ist der beste Seinszustand für den Geist. Mit Achtsamkeit wenden sich unser Denken, unsere körperlichen und sprachlichen Handlungen in Richtung Heilung und Transformation. Dabei ist die Sangha von großer Hilfe. Umgeben von anderen, die sich ebenfalls in achtsamem Sprechen, achtsamem Zuhören und achtsamem Handeln üben, verstärkt sich unsere Motivation, es ebenfalls zu tun. Irgendwann wird Achtsamkeit dann zu einer heilsamen Gewohnheit und dann sind auch Transformation und Heilung möglich.

Sechsundzwanzig *Nicht-Wahrnehmen*

Das Geistbewusstsein ist fortwährend in Funktion,
außer in Zuständen des Nicht-Wahrnehmens,
den zwei Verwirklichungen,
dem Tiefschlaf, der Ohnmacht oder dem Koma.

Wir haben bereits gesehen, dass Manas und das Speicherbewusstsein kontinuierlich sind, ständig in Funktion. Das Geistbewusstsein und die anderen fünf Formen des Sinnesbewusstseins sind hingegen nicht kontinuierlich. Es gibt fünf Bedingungen oder Umstände unter denen das Geistbewusstsein seine Funktion einstellt und im vorliegenden Vers werden sie aufgezählt. Der Zustand des Nicht-Wahrnehmens bezeichnet einen Zustand meditativer Versenkung. Die zwei Verwirklichungen sind meditative Zustände ohne Denken und ohne Wahrnehmung. Dann folgen noch der Tiefschlaf und das Koma beziehungsweise die Bewusstlosigkeit.

Die erste Bedingung bezieht sich auf den Bereich des Nicht-Wahrnehmens, auf eine Welt, in der kein Wahrnehmen stattfindet. Als Menschen können wir in Zustände wahrnehmungsloser Meditation eintreten, in denen unser Geistbewusstsein seine Funktion einstellt. Der Bereich des Nicht-Wahrnehmens ist jedoch nicht nur ein durch die Übung der Meditation hervorgerufener Konzentrationszustand. Wenn Ursachen und Bedingungen förderlich sind, kommt es zur Geburt im Bereich des Nicht-Wahrnehmens. Die Welt des Nicht-Wahrnehmens wird als ein höherer Bereich betrachtet, in dem die Leiden weniger sind – weil ja Leiden häufig aus dem entsteht, was wir sehen und hören, sowie aus den geistigen Gebilden, die aufgrund unserer Wahrnehmungen zustande kommen.

Auf unserem Planeten gibt es Lebewesen, die aktiv sind, ohne wahrzunehmen. Vielleicht sind sie glücklicher als wir, weil ohne

Wahrnehmung auch ihr Geistbewusstsein nicht arbeitet. Der Dichter Nguyen Cong Tru schrieb:

In meinem nächsten Leben werde ich vielleicht nicht wieder ein Mensch,
aber vielleicht eine Kiefer, die zwischen Himmel und Erde singt.

Die Kiefer gehört zur Welt des Nicht-Wahrnehmens. Diese Welt ist viel frischer als der von den Menschen bewohnte Bereich der Wahrnehmung. Auch wenn es sich etwas seltsam anhört: Um lebendig zu sein, müssen Sie nicht wahrnehmen.

Menschen verstehen Wahrnehmung immer nur im Sinne menschlicher Erfahrung. Wenn wir uns instabil, aufgeregt, furchtsam oder elend fühlen, betrachten wir den blauen Himmel, die massiven Felsen und die schönen Bäume und beneiden sie. Wie gerne wären wir dann selbst ein schöner Baum am Abhang eines Berges und würden mit dem Wind singen.

Was ist besser, Wahrnehmungen zu haben oder nicht wahrzunehmen? Vieles von dem, was wir tagtäglich sehen und hören, bricht uns das Herz.

Wenn wir in der Welt des Nicht-Wahrnehmens geboren oder wiedergeboren werden, leben wir, ohne eines Geistbewusstseins zu bedürfen. Manas und das Speicherbewusstsein arbeiten in diesem Bereich noch weiter. Es gibt also noch die Idee eines Selbst und die Energie, die nach dem Selbst greift. Aber unser Seh- und unser Hörbewusstsein berühren die Welt der Soheit, ohne sie zu verdrehen. Unser Geistbewusstsein neigt dazu, die Dinge zu verdrehen. Vielleicht würde es sich als Segen herausstellen, in die Welt des Nicht-Wahrnehmens hinein geboren zu werden.

Der zweite und dritte Umstand, unter dem das Geistbewusstsein seine Funktion einstellt, sind die »zwei Verwirklichungen«. Das Sanskritwort für Verwirklichung im hier gemeinten Sinn ist *samapatti* und bezieht sich auf Arten meditativer Versenkung, in denen ein Zustand von Nicht-Geist *(acitta)* erreicht wird. Auch während dieser beiden Konzentrationszustände funktionieren Manas und

Speicherbewusstsein weiter, aber sie empfangen keine Eindrücke und Abbilder mehr.

Die erste der beiden Verwirklichungen wird die Verwirklichung des Nicht-Wahrnehmens *(asamjnika-samapatti)* genannt. In diesem Zustand gibt es keine Wahrnehmung und kein Bedürfnis nach Wahrnehmung. Der oder die Meditierende ist präsent, nimmt aber keine Objekte wahr. Das Geistbewusstsein stellt seine Funktion vollständig ein. Einst meditierte der Buddha in den Wäldern nördlich von Vaishali. Er hatte den Zustand des Nicht-Wahrnehmens erreicht, und sein Geistbewusstsein hatte aufgehört zu arbeiten. Auf einer nahen Straße kamen viele schwer mit Handelsgütern beladene Lastkarren vorbei. Kurz darauf folgte ein sehr lautes Gewitter. Der Buddha jedoch nahm nichts davon wahr. Als einer seiner Schüler dem Buddha später von den Lastkarren und dem Gewitter erzählte, war er überrascht. Er hatte sich im Zustand der Verwirklichung des Nicht-Geistes *(acitta-samapatti)* befunden.

Die zweite der beiden Nicht-Geist-Versenkungen wird die Verwirklichung des Aufhörens *(nirodha-samapatti)* genannt. Das ist der Zustand, den Arhats verwirklichen.[6] Dabei stellt nicht nur das Geistbewusstsein, sondern das Bewusstsein überhaupt seine Funktion ein. Aufgrund der Einsicht, dass das Objekt, nach dem Manas greift, kein Selbst ist und dass Subjekt und Objekt nicht getrennt sind, sondern eins, beginnt sich das Greifen von Manas zu verwandeln. Wir sehen uns selbst in unserem Universum, in anderen Menschen und in anderen Spezies, und wir sehen das Universum und die anderen in uns selbst. Dies wird die Weisheit der Gleichheit *(samanta-jnana)* genannt. Es ist eine Wahrnehmung, aber sie ist nicht verwirrt oder unwissend. Wenn Manas aufhört, in Unwissenheit zu operieren, wird das Speicherbewusstsein von Unwissenheit befreit.

Der vierte Umstand, unter dem das Geistbewusstsein seine Funktion einstellt, ist der Zustand des Tiefschlafs ohne Träume. So wie manche Lebensformen keine Wahrnehmung haben und trotzdem existieren, so nimmt auch ein Schlafender keine Dinge wahr und ist trotzdem lebendig. Im Zustand des Tiefschlafs gibt es keine Träume. Wenn wir träumen, dann bedeutet das, dass unser Geistbewusstsein aktiv ist. Im Tiefschlaf aber können wir ganz natürlich in den Zustand des Nicht-Geistbewusstseins eintreten. Traumloser Schlaf ist äußerst erfrischend und belebend, weil unser Geistbewusstsein, das gewöhnlich so aktiv ist, sich ausruhen kann.

Der fünfte Umstand, unter dem das Geistbewusstsein abwesend ist, ist die Ohnmacht oder das Koma. Manchmal, wenn wir in Ohnmacht fallen, hört auch unser Geistbewusstsein auf zu arbeiten. Ein Koma ist ein Zustand der Nicht-Bewusstheit, und auch hier ist das Geistbewusstsein nicht aktiv.

Siebenundzwanzig *Geisteszustände*

Das Geistbewusstsein funktioniert auf fünf verschiedene Arten:
in Zusammenarbeit mit den fünf Formen des Sinnesbewusstseins,
unabhängig von ihnen,
zerstreut, konzentriert oder instabil.

Das Geistbewusstsein kennt fünf Formen der Aktivität. Zuerst einmal funktioniert es in Zusammenarbeit mit den fünf Formen des Sinnesbewusstseins von Auge, Ohr, Nase, Zunge und Körper. Erblicken wir eine Blume, haben wir das Gefühl, dass unsere Wahrnehmung nur vom Sehbewusstsein herrührt. Manchmal ist das richtig. Aber wenn wir uns *bewusst* werden, dass wir eine Blume betrachten, funktioniert unser Geistbewusstsein ebenfalls. Der Samen der Achtsamkeit ist manifest geworden. Achtsamkeit ist da, und die Blume wird viel klarer. Wenn wir eine Blume betrachten und wir uns dessen bewusst sind, dann arbeitet das Geistbewusstsein mit einer der fünf Formen des Sinnesbewusstseins zusammen.

Betrachten wir aber eine Blume, während unser Geist mit etwas anderem beschäftigt ist, dann funktioniert unser Geistbewusstsein unabhängig von unserem Sinnesbewusstsein. Das geschieht in unserem Alltagsleben häufig. Wir fahren zum Beispiel am Morgen zur Arbeit, aber im Geiste bereiten wir uns auf eine Sitzung vor, die wir später am Tag haben werden. Dann arbeitet unser Geistbewusstsein für sich allein, nicht in Verbindung mit unseren anderen fünf Sinnen. Wir haben aber immer noch genügend geistige Präsenz, um Auto zu fahren, obwohl unser Geistbewusstsein und unser Sehbewusstsein unabhängig voneinander operieren. Wenn plötzlich ein Lastwagen vor uns in die Straße einbiegt, können wir meist ohne weiteres einen Zusammenstoß verhindern. Später können wir unseren Wagen ohne Probleme in eine Parklücke manövrieren. Weil aber unser Geistbewusstsein vollkommen beschäftigt ist, muss unser Sehbewusstsein auf sich allein gestellt arbeiten. Das Sehbewusstsein arbeitet also manchmal allein und manchmal mit dem Geistbewusstsein zusammen. Manchmal arbeitet auch das Geistbewusstsein allein, und manchmal arbeitet es mit einem oder allen fünf Sinnen zusammen.

Wenn das Geistbewusstsein unabhängig agiert, zum Beispiel wenn wir träumen, gibt es keine Koordination mit den übrigen fünf Formen des Sinnesbewusstseins. Wir fahren fort, zu sehen, zu hören, zu riechen, zu schmecken und zu tasten – aber unser Sehen, Hören, Riechen, Schmecken und Tasten findet ausschließlich im Bereich der bloßen Vorstellungen statt. Dafür brauchen wir unsere wirklichen Augen, Ohren, unsere Nase, Zunge oder unseren Körper nicht. Reine Vorstellungen kann unser Geistbewusstsein direkt aus den Samen in unserem Speicherbewusstsein ziehen.

Ebenso wenig brauchen wir unsere Augen, Ohren und so weiter, um zu denken. Die geistigen Aktivitäten des Geistbewusstseins können ganz allein vonstatten gehen. Angenommen ein Gefühl des Zorns entsteht in uns, das in keinerlei Verbindung zu einer tatsächlichen Erfahrung einer der fünf Sinne steht – wir haben uns zum Beispiel nicht den Zeh angestoßen oder jemanden etwas tun sehen, das wir missbilligen, trotzdem fühlen wir uns zornig. Auch in diesem Fall arbeitet das Geistbewusstsein unabhängig. Wenn wir achtsam sind und wissen, dass wir zornig sind, arbeitet unser Geistbewusstsein auch auf sich allein gestellt. Achtsamkeit kann also sowohl entstehen, wenn das Geistbewusstsein mit den übrigen fünf Sinnen kooperiert, als auch, wenn es auf sich allein gestellt arbeitet.

Wir sollten uns darin üben zu merken, wann unser Geistbewusstsein zusammen mit oder unabhängig von den anderen fünf Formen des Sinnesbewusstseins arbeitet. In der Sitzmeditation sind wir darum bemüht, unsere fünf Sinnestore *(ayatana)* zu verschließen, um unser Geistbewusstsein zu konzentrieren, um ein unabhängig arbeitendes Geistbewusstsein zu erzeugen. Wenn Bilder und Klänge uns zu überschwemmen suchen, ist es am besten, nicht an ihnen zu haften.

Zerstreutheit ist die dritte Art, wie unser Geistbewusstsein arbeitet. Tatsächlich ist das unser häufigster Geisteszustand. Die meiste Zeit leben wir in Zerstreutheit und Achtlosigkeit. Unser Geistbewusstsein hat die Tendenz, zerstreut zu sein, nicht mit Denken aufhören zu können, und, von Vergangenheit und Zukunft besessen, in alle Richtungen zu greifen. Ist unser Geistbewusstsein im Zustand der Zerstreutheit, so ist keine Achtsamkeit vorhanden. Wir sind nicht wirklich lebendig. Wenn wir einen Gedanken nach dem anderen denken, wenn wir ängstlich und traurig sind, alles und jeden verdächtigen und uns Dinge einfach nur einbilden und es keinerlei Kooperation mit dem Seh-, Hör-, Riech-, Schmeck- oder Tastbewusstsein gibt, sprechen wir von einem »zerstreuten Geistbewusstsein«.

Der Buddha verglich diese Art des Geistbewusstseins mit einem Affen, der mal nach diesem Ast und mal nach jenem greift – immer sich verändernd, frei assoziierend und von Gedanken zu Gedanken springend. Jeder von uns muss diesen Affen in sich erkennen und mit Achtsamkeit umarmen. Durch achtsames Gehen, achtsames Atmen und so weiter können wir den Affen besänftigen und zur Ruhe kommen lassen. Das Geistbewusstsein lässt sich auch mit einem Bienenschwarm vergleichen, der überall wild herumsurrt und sich auf keinen speziellen Ort konzentriert. Nur wenn die Königin anwesend ist, versammeln sich alle Bienen.

In der buddhistischen Meditation üben wir Konzentration, indem wir alles auf einen scharfen, klaren Brennpunkt ausrichten. Diese Übung wird Einsgerichtetheit oder Einspitzigkeit des Geistes (*ekagrata*) genannt. Das Objekt unserer Konzentration, die Bienenkönigin, um die unsere schwärmenden Gedanken sich sammeln, kann unsere Atmung sein, ein Blatt, ein Kiesel, eine Blume oder jedes andere Objekt unserer meditativen Konzentration. Wir richten unseren Geist gezielt auf das Objekt unserer Konzentration. Bündeln wir durch eine Linse das Sonnenlicht, ist seine Energie so wirksam konzentriert, dass wir ein Loch in ein Tuch brennen können. Auf die gleiche Weise konzentrieren wir unser Geistbewusstsein auf einen Punkt, um einen Durchbruch zu erzielen.

Achtsamkeit führt uns zur vierten Wirkungsweise des Geistbewusstseins: Konzentration. Um ein komplexes Problem zu lösen, müssen wir unseren Geist konzentrieren, und wir können es uns nicht leisten, zerstreut zu sein. Durch die Praxis des achtsamen Atmens beenden wir die Zerstreutheit und erzeugen einen konzentrierten Geisteszustand. Wenn wir unseren Atem nutzen, um alle Energie des Geistbewusstseins auf einen Punkt auszurichten, hört unsere Verwirrung auf, und wir sind in der Lage, die Energie unseres Geistbewusstseins auf einem Objekt zu halten. Und wenn wir dann weiter praktizieren, wird uns die Energie der Konzentration helfen, tief in das Herz unseres Konzentrationsobjekts vorzudringen, und wir werden Einsicht und Verstehen gewinnen. Dann ist das Geistbewusstsein in einem »Zustand der Konzentration«. Je stärker und klarer unsere Achtsamkeit ist, desto stabiler ist auch unsere Konzentration. Achtsamkeit bringt stets Konzentration hervor. Ein solcher Zustand der Konzentration wird »allein wirksam in Konzentration« genannt.

Die fünfte Wirkungsweise unseres Geistbewusstseins ist Instabilität. Wir sind in neurotischen oder psychotischen Geisteszuständen gefangen. In diesem Fall wird unser Geistbewusstsein gestört von Dingen, die in der Vergangenheit geschehen sind, oder von Dingen, die nur in unserer Vorstellung geschehen sind oder noch geschehen werden. Es liegen Konflikte vor zwischen den Samen in unserem Speicherbewusstsein, Konflikte zwischen unseren Gefühlen und unseren Wahrnehmungen. Wenn wir Schwierigkeiten haben, klar wahrzunehmen und zu denken, gelten wir gewöhnlich als seelisch krank. Um gesund zu werden, müssen wir so viel Achtsamkeit erzeugen, wie wir nur können, um die Dinge allmählich klarer zu erkennen und so zu sehen, wie sie wirklich sind. Vielleicht brauchen wir, um mit den Konflikten zwischen unseren Gefühlen und unseren Wahrnehmungen in Kontakt zu kommen, die helfende Unterstützung einer Therapeutin, unserer Freunde oder unserer Familie. Wenn wir auf diese Weise, mit Hilfe anderer, praktizieren, kann unser Geistbewusstsein eines Tages von seiner Instabilität befreit werden.

TEIL IV

Formen des Sinnesbewusstseins

Die Verse achtundzwanzig, neunundzwanzig und dreißig beschreiben die Natur und die Merkmale der fünf Formen des Sinnesbewusstseins von Auge, Ohr, Nase, Zunge und Körper. So wie das Speicherbewusstsein die Basis für Manas und Manas wiederum die Basis für das Geistbewusstsein ist, so sind die fünf Formen des Sinnesbewusstseins auf die sechste, das Geistbewusstsein, gegründet. Alle acht Bewusstseinsformen sind auf diese Weise verbunden – wechselseitig voneinander abhängig.

Die Sinne, aus denen diese fünf Formen des Sinnesbewusstseins entstehen, werden auch »Tore« oder »Eingänge« *(ayatanas)* genannt, weil sämtliche Objekte unserer Wahrnehmung – alle Dharmas – durch den Kontakt mit ihnen in unser Bewusstsein gelangen. Aus diesem Grund ist es wichtig zu lernen, wie wir diese Zugangstore zu unserem Bewusstsein schützen und weise auswählen können, was wir hineinlassen und zum Samen werden lassen wollen. Wir tun dies mittels unserer Achtsamkeit.

Achtundzwanzig *Wellen auf dem Wasser*

Gegründet auf das Geistbewusstsein,
manifestieren sich die fünf Formen des Sinnesbewusstseins
getrennt von oder zusammen mit dem Geistbewusstsein
wie Wellen auf dem Wasser.

Die ersten fünf Formen des Sinnesbewusstseins entspringen dem Kontakt eines Sinnesorgans mit einem Sinnesobjekt. Auge, Ohr, Nase, Zunge und Körper sind die fünf Sinnesorgane; Formen, Klänge, Gerüche, Geschmäcker und Tastobjekte sind die fünf Sinnesobjekte. Wenn unser Auge eine Form erblickt, entsteht das Sehbewusstsein, wenn unser Ohr einen Klang vernimmt, ist das Hörbewusstsein das Ergebnis, und so weiter. Diese fünf Bewusstseinsformen gründen sich auf das sechste, das Geistbewusstsein. Sie werden entweder einzeln oder alle zusammen mit dem Geistbewusstsein manifest, wie Wellen, die sich auf dem Ozean erheben. Das Geistbewusstsein gleicht dem Wasser, und die fünf Formen des Sinnesbewusstseins gleichen den Wellen auf dem Wasser.

Manchmal entsteht ein Sinnesbewusstsein unabhängig von den anderen und arbeitet nur in Verbindung mit dem Geistbewusstsein. Angenommen wir sind in einem Museum und betrachten ein Bild. Unsere Aufmerksamkeit ist ganz und gar auf das Bild gerichtet. Ohne es überhaupt bemerkt zu haben, haben wir die anderen vier Formen des Sinnesbewusstseins ausgeschlossen. Vielleicht sagt ein Freund irgendetwas zu uns, aber wir hören ihn überhaupt nicht. Unser Hörbewusstsein ist in diesem Moment nicht aktiv. Selbst wenn der Freund seine Hand auf unsere Schulter legt, fühlen wir es nicht – denn auch unser Tastbewusstsein ist momentan außer Funktion. Unser ganzes Gewahrsein ist auf das Betrachten des Bildes konzentriert. In diesem Fall ist unser Sehbewusstsein separat manifest geworden, unabhängig von den anderen Formen des Sinnesbewusstseins.

Wenn wir fernsehen, benutzen wir sowohl unsere Augen als auch unsere Ohren. Dabei werden zwei Formen des Sinnesbewusstseins gemeinsam manifest. Wenn alle fünf Formen des Sinnesbewusstseins gleichzeitig aktiv sind, ist unsere Konzentration auf jede von ihnen weniger stark. Schließen wir viele Glühbirnen an ein und dieselbe Batterie an, gibt jede Glühbirne weniger Licht. Nehmen wir dann alle Glühbirnen außer einer einzigen vom Strom, strahlt diese eine viel heller. Die Energie der Batterie, unser Geistbewusstsein, ist begrenzt. Wenn wir also unseren Geist konzentrieren und ihn in nur einem Sinnesbewusstsein bündeln, ist die Energie, die er für die gegenwärtige Aufgabe zur Verfügung stellen kann, stärker. Um etwas ganz klar sehen, hören oder riechen zu können, muss unsere Sinneswahrnehmung das Objekt sehr tief und kontinuierlich berühren. Damit das gelingen kann, erlauben wir nur einem Sinnesbewusstsein zu funktionieren und verschließen die Tore der anderen vier Sinnesgrundlagen. Das Gleiche gilt für das Geistbewusstsein: Wenn wir gründlich nachdenken möchten, müssen wir die Tore unserer fünf Sinnesgrundlagen verschließen, um unseren Geist zu konzentrieren.

Funktionieren die fünf Formen des Sinnesbewusstseins allein, ohne Intervention durch das Geistbewusstsein, können sie die Welt der Soheit berühren, die letztendliche Dimension. Tatsächlich haben die fünf Sinne, wenn sie auf sich allein gestellt arbeiten, ohne Einfluss seitens des Geistbewusstseins, eine viel bessere Möglichkeit, die Dinge-an-sich zu berühren, als wenn sie mit dem Geistbewusstsein zusammen arbeiten. Das liegt daran, dass das Geistbewusstsein unter dem Einfluss von Manas gewöhnlich völlig in Erkennen und wertendes Unterscheiden verwickelt ist.

Arbeitet das Sehbewusstsein mit dem Geistbewusstsein zusammen und es findet kein wertendes Unterscheiden statt, können wir ebenfalls den Bereich der Dinge-an-sich erreichen. Aber das Geistbewusstsein unterscheidet so gut wie immer. Selbst wenn es uns gelingt, die Welt der Soheit ein paar Sekunden lang zu berühren, verlieren wir doch ganz schnell wieder den Kontakt. Sobald sich das

Geistbewusstsein unter dem Einfluss von Manas einmischt, setzt sofort ein Verarbeitungsprozess ein, und es kommt zur Störung. *Vikalpa*, die Neigung wertend zwischen Dingen zu unterscheiden, Dinge als dieses oder jenes zu sehen, als getrennt und unabhängig voneinander, hält uns davon ab, mit der Welt der Soheit in ständigem Kontakt zu sein. Alle Sinnesobjekte, die wir wahrnehmen, werden – bedingt durch die Samen der Täuschung in unserem Speicherbewusstsein – in Abbilder verwandelt.

Aus diesem Grund müssen wir unser Geistbewusstsein trainieren, tief zu schauen und direkt wahrzunehmen. Wir lernen die Erscheinungsseite der Wirklichkeit kennen – die Objekte der Wahrnehmung, die wir durch unseren wertenden, unterscheidenden Geist in bloße Abbilder verwandeln. In Kapitel zwei haben wir die Zeichen *(lakshana)*, die Merkmale oder Erscheinungen eines Phänomens kennen gelernt. Wenn die ersten fünf Formen des Sinnesbewusstseins Objekte kontaktieren ohne Intervention durch das Geistbewusstsein, kann die Welt der Soheit, die letztendliche Dimension, sich selbst enthüllen. Das in diesem Falle erscheinende Objekt wird *svalakshana*, Selbst-Merkmal oder Eigennatur des Dings-an-sich, genannt. Wenn sich aber das Geistbewusstsein einmischt, generalisiert es alles, und das Selbst-Merkmal eines Objekts wird wieder in das universelle Merkmal oder Zeichen *(samjna-lakshana)* verwandelt. Die Dinge-an-sich verwandeln sich wieder in Abbilder. Unser Geistbewusstsein neigt dazu, stets diese universellen Zeichen der Dinge wahrzunehmen. Durch unsere Praxis kann die Gewohnheitsenergie des Geistbewusstseins, die Dinge immer nur im universellen Sinne zu betrachten, schwächer werden, und es kann lernen, wie die anderen fünf Formen des Sinnesbewusstseins, die Welt der Dinge-an-sich direkt zu berühren.

Neunundzwanzig *Direkte Wahrnehmung*

Das Feld ihrer Wahrnehmung ist das der Dinge-an-sich.
Der Modus ihrer Wahrnehmung ist direkt.
Ihre Natur kann heilsam, unheilsam oder neutral sein.
Sie arbeiten aufgrund der Sinnesorgane und des Empfindungszentrums des Gehirns.

Der Wahrnehmungsmodus der fünf Formen des Sinnesbewusstseins ist der direkte *(pratyaksha-pramana)*. Sie müssen nicht über das Medium Gedanken operieren und deshalb können sie von Zeit zu Zeit die Welt der Dinge-an-sich erreichen. Auf diese Weise gleichen die fünf Sinne dem achten Bewusstsein, dem Speicherbewusstsein, das ebenfalls im Modus der direkten Wahrnehmung operiert und dessen Bereich der Wahrnehmung ebenfalls die Welt der Dinge-an-sich ist. Manas, das siebte Bewusstsein, und Geistbewusstsein, das sechste, unterscheiden sich davon. Die Wahrnehmung von Manas erfolgt immer im Modus der falschen Wahrnehmung. Selbst wenn Manas eine direkte Wahrnehmung macht, ist sie, wegen seiner Verblendung, falsch. Das Geistbewusstsein ist zu allen drei Modi der Wahrnehmung fähig: direkt, schlussfolgernd und falsch. Aber weil es auf Manas gründet und von ihm beeinflusst wird, ist seine Wahrnehmung gewöhnlich ebenfalls falsch.

Die Bewusstseinsformen der Sinne können in Verbindung mit dem Geistbewusstsein den Bereich der Dinge-an-sich erreichen, solange ihre Verbindung mit den Objekten ihrer Wahrnehmung direkt ist. Wenn ein Baby ein Spielzeug betrachtet, hat sein Geist nicht allzu viel Anteil an der Sache – es findet kein Erinnern, Vergleichen oder Urteilen statt. Es hat noch nicht gelernt zu denken: »Dies Spielzeug ist nicht so bunt wie jenes. Ich mag jenes Spielzeug lieber.« Es genießt einfach die Form des Spielzeugs (Sinnesobjekt), mit dem seine Augen (Sinnesgrundlage) Kontakt herstellen. Diese

Art des Sehens gehört zum Modus der direkten Wahrnehmung, und durch sie lässt sich die Welt der Dinge-an-sich erreichen.

Sobald jedoch das Geistbewusstsein – Denken und wertendes Unterscheiden – dazu kommt, wird es für ein Sinnesbewusstsein schwieriger, die Dinge-an-sich wahrzunehmen. Das Geistbewusstsein neigt dazu, zwischen den Dingen zu unterscheiden, sie zu benennen oder zu vergleichen, und wenn das geschieht, ist die Welt der Dinge-an-sich nicht mehr verfügbar. Dann operieren auch die Bewusstseinsformen der Sinne im Bereich der Abbilder, weil sie aus dem Geistbewusstsein erstehen wie Wellen aus Wasser. Vor der Aktivität des Geistbewusstseins mit seinem Vergleichen, Benennen und Erinnern, bevor also Samen aus unserem Speicherbewusstsein hervorkommen und als geistige Gebilde in unserem Geistbewusstsein manifest werden, können die fünf Formen des Sinnesbewusstseins im direkten Modus wahrnehmen. Sobald sich jedoch das Geistbewusstsein einmischt und die Samen der Erinnerungen und Erfahrungen von Freude, Traurigkeit und Vergleichen ins Spiel bringt, ist der Modus der direkten Wahrnehmung nicht mehr möglich.

In Kapitel vierundzwanzig haben wir erfahren, dass der Buddha unsere Wahrnehmungen als hauptsächlich auf Erinnerungen beruhend charakterisiert hat und nicht auf die Wirklichkeit der Dinge im gegenwärtigen Augenblick. Wenn wir etwas »wahrnehmen«, dann erinnern wir uns eigentlich an etwas, vergleichen es mit einer vergangenen Erfahrung oder einem Gefühl, das in Form eines Samens bereits in unserem Speicherbewusstsein vorhanden ist. Unsere Wahrnehmungen haben sehr viel mit den Samen vergangener Erfahrungen zu tun, die in unserem Speicherbewusstsein ruhen. Wenn diese Samen des Denkens, Vergleichens und Urteilens als geistige Gebilde in unserem Geistbewusstsein manifest werden, entspricht das resultierende Bild nicht der wahren Natur des wahrgenommenen Objekts. Weil unsere Wahrnehmung durch unsere Emotionen, Erinnerungen, Ansichten und unser Wissen »verschmutzt« ist, können wir die wahre Natur dessen, was wir wahrnehmen, nicht berühren.

Wenn wir eine Blume unmittelbar betrachten, ohne Denken oder Erinnerungen, ohne sie mit einer anderen Blume zu vergleichen –

gleichgültig ob positiv oder negativ –, die wir vorige Woche oder letztes Jahr gesehen haben, erreichen wir die Welt der Blume-an-sich. Das ist Wahrnehmung »ohne Geist«. Sie ist eine Funktion unseres Sinnesbewusstseins, das, unabhängig von unserem Geistbewusstsein, direkten Kontakt mit seinem Objekt hält. Weil sie direkt ist, kann sie den Bereich der Dinge-an-sich erreichen. Sie ist so unschuldig und frisch wie die Wahrnehmung eines neugeborenen Babys.

Das Geistbewusstsein fungiert nicht nur aus seinen Erfahrungen, Sorgen und Urteilen heraus, und es schmückt auch die Wirklichkeit nicht ständig mit ihnen aus. Wenn es das nicht tut, kann es ebenfalls den Bereich der Dinge-an-sich erreichen. Gewöhnlich jedoch erreicht das Geistbewusstsein immer nur den Bereich der Abbilder. Die Welt, in der wir leben, ist stark vom Bereich der Abbilder gefärbt. Sobald wir anfangen zu unterscheiden und zu vergleichen *(vikalpa)*, sind wir nicht mehr in direktem Kontakt mit dem Objekt unserer Wahrnehmung.

Vikalpa könnte man auch mit »konstruierte Abbilder« übersetzen. Plum Village ist eine Realität, und wenn wir dorthin kommen, möchten wir die Wirklichkeit von Plum Village erleben. Aber wegen unserer Vorstellungen über Plum Village, die sich aus dem gebildet haben, was wir gehört und was wir selbst in der Vergangenheit erlebt haben, konstruieren wir uns zu guter Letzt ein imaginäres »Plum Village« im Bereich der Abbilder und können das Plum Village-an-sich nicht mehr erreichen. Spüren wir Traurigkeit, ist es nicht einfach für uns, froh zu sein, selbst wenn wir über eine wunderschöne Landschaft blicken. Die Landschaft ist von unserer Traurigkeit »verschmutzt« worden. Bei der Begegnung mit einem Menschen liegt es hauptsächlich an unserem eigenen Geist, ob wir uns gut oder schlecht fühlen. Sie mögen den Menschen sehen und glücklich sein, aber wenn ich ihn sehe, fühle ich mich unglücklich, und zwar wegen des Unglücklichseins meines Geistes.

Sind wir im Bereich der Abbilder eingesperrt, ist es schwierig die Tür zur Welt der Dinge-an-sich zu finden. Dennoch haben wir die Fähigkeit, die letztendliche Dimension, den Bereich der Dinge-an-sich, durch die direkte Wahrnehmung unserer Sinne zu erreichen. Wenn die fünf Formen des Sinnesbewusstseins nicht durch Erinnerungen, Traurigkeit und Freude sowie Vorlieben und Abneigungen des Geistbewusstseins verdreht werden, können sie die Welt der Dinge-an-sich erreichen. Indem wir das Element der Achtsamkeit in unser Geistbewusstsein einbringen, können wir den Prozess, in dem das Geistbewusstsein jedes Sinnesbewusstsein »übernimmt«, zum Stillstand bringen. Wenn wir etwas sehen oder hören und der Anblick oder Klang erzeugt in uns Freude oder Traurigkeit, fragt die Achtsamkeit: »Was geschieht hier? Gehört diese Wahrnehmung zum Bereich der Dinge-an-sich oder zum Bereich der Abbilder? Ist dies eine Wirklichkeit außerhalb meiner geistigen Erfahrung oder nur ein Konstrukt meines Geistes?« Nur wenn wir ganz leidenschaftslos hinschauen, können wir anfangen, wirklich zu sehen.

Operieren die fünf Formen des Sinnesbewusstseins auf sich allein gestellt, haben sie die Möglichkeit, den Bereich der Wirklichkeit zu berühren. Ihr Objekt befindet sich in der Welt der Dinge-an-sich. Aber mit der Intervention durch das Geistbewusstsein und seiner Tendenz zu unterscheiden, verringert sich die Fähigkeit der Sinne zu direktem Kontakt. Aus diesem Grund verschwindet die Welt der Dinge-an-sich und wird durch den Bereich der Abbilder ersetzt. Wir gehen nicht mehr mit *svalakshana*, der spezifischen Eigennatur, um. Jetzt befassen wir uns mit *samjna-lakshana*, dem Allgemeinen Merkmal. Wir neigen dazu, die Dinge zu verallgemeinern, und darum verlieren wir den Kontakt zum Speziellen, zum Eigentlichen.

Die fünf Formen des Sinnesbewusstseins können wie das Geistbewusstsein von dreifacher Natur sein: heilsam, unheilsam und unbestimmt oder neutral. Im Falle einer direkten Wahrnehmung, die die Welt der Wirklichkeit-an-sich berührt, ist die Natur des entsprechenden Sinnesbewusstseins heilsam. Ist das Sinnesorgan in irgendeiner Weise defekt, kann die Wahrnehmung falsch sein. In diesem Fall ist die Natur des Sinnesbewusstseins entweder unheilsam oder neutral.

In der buddhistischen Terminologie gibt es zwei Arten von Sinnesgrundlagen: grobe und subtile. Die groben Sinnesgrundlagen sind die tatsächlichen Organe oder körperlichen Teile – die Augen, Ohren, die Nase, Zunge und der Körper. Die subtilen Sinnesgrundlagen sind die mit den groben Sinnesgrundlagen verbundenen Teile des Nervensystems wie etwa der Sehnerv, der die Augen mit dem entsprechenden Sinneszentrum im Hirn, dem Zentrum des Nervensystems, verbindet. Wir betrachten die Augen als das Organ unseres Sehbewusstseins, aber wenn wir tiefer schauen, können wir auch das Netzwerk der Nerven hinter unseren Augen mit einbeziehen. Dies sind die subtilen Sinnesorgane – die Sehnerven, die Hörnerven, das Sinneszentrum im Gehirn und so weiter –, und sie sind Teil der organischen Voraussetzung für die Manifestation der verschiedenen Formen des Sinnesbewusstseins.

Dreißig *Die geistigen Gebilde*

Sie treten mit den
universellen, den speziellen und den heilsamen,
den grundlegend und zweitrangig unheilsamen sowie den
unbestimmten geistigen Gebilden in Erscheinung.

Dieser Vers beschreibt die geistigen Gebilde, die mit dem Sinnesbewusstsein verbunden sind. Wir haben bereits die geistigen Gebilde im Zusammenhang mit dem Speicherbewusstsein (Kapitel Zehn), mit Manas (Kapitel Zwanzig) und mit dem Geistbewusstsein (Kapitel Vierundzwanzig) kennen gelernt. Hier geht es jetzt um die Verbindung der einundfünfzig geistigen Gebilde mit den Sinnen. Die mit den Formen des Sinnesbewusstseins verbundenen geistigen Gebilde sind die fünf universellen, die fünf speziellen, alle elf heilsamen geistigen Gebilde, ein Großteil der unheilsamen geistigen Gebilde sowie die vier unbestimmten geistigen Gebilde.

Die fünf universellen geistigen Gebilde sind Kontakt, Aufmerksamkeit, Gefühl, Wahrnehmung und Willensregung. Alle acht Bewusstseinsformen sind mit diesen fünf Universellen verbunden. Die fünf Speziellen sind Eifer, Entschlossenheit, Achtsamkeit, Konzentration und Weisheit, Verstehen. Zusammen mit den Bewusstseinsformen der Sinne sind auch Manas und das Geistbewusstsein mit den fünf speziellen geistigen Gebilden verbunden.

Die elf heilsamen geistigen Gebilde sind: (1) Vertrauen, (2) Energie, (3) Scham oder Bedauern, das hier als positives geistiges Gebilde und nicht als negatives gesehen werden sollte. (Dies ist die Art der Energie, die uns hilft, uns zu verbessern. Es ist das Gefühl der Scham, das sich einstellt, wenn man sieht, dass ein Freund etwas Gutes getan hat, zu dem man selbst auch in der Lage gewesen wäre, hätte man sich nur etwas Mühe gegeben.) (4) Bescheidenheit, (5) die Abwesenheit von Gier; was bedeutet, dass Sie sich gut fühlen, so wie Sie sind. (Häufig bedeutet in der buddhistischen Sprache die Abwesenheit von etwas Negativem automatisch die Anwesenheit von etwas Positivem. Die Abwesenheit von Gier bedeutet die Anwesenheit von Zufriedenheit und Großzügigkeit.) (6) die Abwesenheit von Hass und Zorn, und dies bedeutet die Anwesenheit von liebevoller Güte und Mitgefühl (einem Zustand der Glückseligkeit), (7) die Abwesenheit von Unwissenheit, Verblendung und Missverstehen, (8) ein Gefühl der Leichtigkeit und des Friedens, (9) Sorgfalt, Achtsamkeit und Eifer – das Gegenteil von Faulheit, (10) Gewaltlosigkeit, (11) Gleichmut, Nicht-Unterscheiden; was bedeutet, dass Sie in einem Konflikt nicht Partei ergreifen. Sie sind frei und in der Lage, Mitgefühl für alle zu empfinden.

Die vierte Kategorie der einundfünfzig geistigen Gebilde sind die unheilsamen. Die sechs Grundlegenden sind: (1) Gier oder Begehren, dauernder Durst nach Konsum, nach Haben, nach Besitzen, (2) Hass und Zorn, (3) Unwissenheit und Verblendung, (4) Stolz und Arroganz, (5) Zweifelsucht, (6) falsche Sichtweisen. Die ersten drei dieser Liste sind die schwerwiegendsten unter den unheilsamen geistigen Gebilden. Sie sind als die »Drei Gifte« bekannt. Die fünf Formen des Sinnesbewusstseins sind mit diesen Drei verbunden.

Dann gibt es zwanzig sekundäre unheilsame geistige Gebilde: (1) Irritation, eine milde Form von Zorn, (2) Feindseligkeit, (3) Heuchelei, (4) Übelwollen, (5) Selbstsucht, (6) Neid, (7) Unehrlichkeit, (8) Täuschung, (9) der Wille zu verletzen, das Gegenteil von Gewaltlosigkeit, (10) Arroganz oder Unverschämtheit, (11) Unbescheidenheit, (12) Dreistigkeit, (13) Trägheit, (14) Ruhelosigkeit, (15) Mangel an gläubigem Vertrauen, (16) Faulheit oder Untätigkeit, (17) Nachlässigkeit, (18) Achtlosigkeit, das Gegenteil von Achtsamkeit, (19) Verwirrung oder Ablenkung und (20) falsches Urteil, falsches Verständnis oder falsche Wahrnehmung.

Darauf folgen die vier unbestimmten geistigen Gebilde. Das erste ist Reue. Reue kann sowohl heilsam als auch unheilsam sein, abhängig davon, was Sie daraus machen. Wenn Ihr Gefühl des Bedauerns Ihnen hilft, Ihr falsches Handeln wieder gutzumachen, ist die Reue heilsam. Wenn Sie aber nur an Ihrem Schuldgefühl festhalten und sich schlecht fühlen, ohne den Versuch zu machen, die Dinge richtig zu stellen, ist Reue unheilsam. Das zweite unbestimmte geistige Gebilde ist Schläfrigkeit. Manchmal ist es gut, viel zu schlafen, manchmal aber ist es nichts als Schwelgerei. Das dritte ist das erste Einsetzen des Denkens *(vitarka)*. Manchmal ist es gut, wenn man zu denken beginnt, manchmal nicht. Das vierte ist angewandtes Denken *(vicara)*, das manchmal heilsam sein kann, wenn es richtig angewendet wird, etwa zur Lösung eines Problems. Manchmal jedoch ist es unheilsam, sich in seinem Denken zu verlieren, wenn es etwa bedeutet, dass Sie die Wirklichkeit nicht direkt berühren.

Dies sind die einundfünfzig Geistesfaktoren: die fünf universellen, die fünf speziellen, die elf heilsamen, die sechs grundlegend unheilsamen, die zwanzig sekundären unheilsamen und die vier unbestimmten oder neutralen geistigen Gebilde. Wenn die fünf Formen des Sinnesbewusstseins durch direkte Wahrnehmung die Welt der Dinge-an-sich erreichen, sind die einzigen begleitenden geistigen Gebilde die fünf universellen. Das Geistbewusstsein jedoch vermag sämtliche geistigen Gebilde manifest werden zu lassen. Wenn die fünf Formen des Sinnesbewusstseins zusammen mit dem Geistbewusstsein operieren, schwimmen sie entweder mit dem Geistbewusstsein oder sie gehen mit ihm unter. Auf diese Weise können auch die Sinne mit vielen der einundfünfzig geistigen Gebilde in Verbindung stehen.

TEIL V
Die Natur der Wirklichkeit

Die Verse einunddreißig bis achtunddreißig behandeln viele der Konzepte, die wir bei unserer Untersuchung der acht Bewusstseinsformen bereits kennen gelernt haben. Sie erforschen die Natur der Wirklichkeit. Unsere Ideen von Selbst und anderen, von individuell und kollektiv, von Wahrnehmendem und Wahrgenommenem, von Geburt und Tod und von Ursachen und Bedingungen sind alles Konzepte, durch die wir die Welt, in der wir leben, zu verstehen suchen. Es ist wichtig, sich von diesen Konzepten nicht gefangen nehmen zu lassen und sie stattdessen nur als Mittel zu tieferem Verstehen zu benutzen. Sobald wir die letztendliche Dimension erreicht haben, sind sie von keinerlei Nutzen mehr für uns.

Die letzten beiden Verse in diesem Teil, die Verse neununddreißig und vierzig, führen uns in die Lehre der drei Selbst- oder Eigennaturen *(svabhava)* ein, die Art und Weisen, wie unser Bewusstsein die Wirklichkeit erfasst. Die erste Eigennatur, *parikalpita-svabhava*, ist die Natur konstruierter Abbilder und Unterscheidungen. Weil der Geist an Verblendung, Begehren und Zorn gebunden ist, erzeugt er – auf falsches Wahrnehmen und Unterscheiden gegründete – irrige Bilder der Wirklichkeit.

Um das Tor zur Wirklichkeit aufzuschließen, müssen wir beobachten, tief schauen und das Prinzip der zweiten Eigennatur, *paratantra-svabhava*, entdecken und in die Tat umsetzen. *Paratantra* ist die Natur wechselseitiger Abhängigkeit. Etwas kann nur unter Mitwirkung von allem anderen manifest werden. Eine Blume kann entstehen, wenn die erforderlichen Bedingungen – Regen, Sonnenschein, Erdboden sowie weitere Faktoren – ihre Manifestation ermöglichen.

Vermögen wir die Dinge im Licht der wechselseitigen Abhängigkeit zu sehen, wird sich uns eines Tages die wahre Natur der Wirklichkeit enthüllen. Und das ist die dritte Eigennatur, *nishpanna-svabhava*, erfüllte Natur oder Natur der letztendlichen Wirklichkeit. Der Schlüssel, der das Tor zur Wirklichkeit aufschließt, ist Paratantra, tiefes Schauen mit den Augen des Interseins.

Einunddreißig *Subjekt und Objekt*

Bewusstsein beinhaltet stets
Subjekt und Objekt.
Selbst und andere, innen und außen
sind sämtlich Kreationen des konzeptuellen Geistes.

Die ersten beiden Zeilen dieses Verses beinhalten die grundlegende Lehre; sie müssen wir zuallererst verstehen, bevor wir in unserem Verständnis der Nur-Manifestation-Lehren und in unserer Praxis weiter voranschreiten können. »Bewusstsein« steht hier für Wahrnehmen und Erkennen. Beim Wahrnehmen und Erkennen handelt es sich stets um das Wahrnehmen und Erkennen von etwas. Es kann keine Wahrnehmung geben, die nicht eine Wahrnehmung von etwas wäre.

Wir neigen zu dem Glauben, dass es ein wissendes Prinzip oder eine Art Bewusstsein gebe, das eigenständig existiert. Wenn wir es brauchen, können wir es hervorholen und benutzen. Bringen wir unser Bewusstsein in Kontakt mit einem Berg, erkennt unser Bewusstsein den Berg. Lassen wir es einer Wolke begegnen, erkennt es die Wolke. Und nachdem wir unser Bewusstsein diese Dinge für uns haben erkennen lassen, packen wir es wieder ein, bis wir es wieder einmal brauchen. Das ist unser grundlegender Glaube, aber es ist ein irriger.

Zu glauben, dass Bewusstsein unabhängig existent ist, dass es schon vorhanden ist und wir es einfach aufnehmen können wie ein Gartenwerkzeug und benutzen, um ein Objekt zu erkennen, ist naiv. Dem Buddha zufolge hat das Bewusstsein drei Aspekte oder Teile: den Wahrnehmenden (Subjekt), das Wahrgenommene (Objekt) und die Ganzheit. Subjekt und Objekt arbeiten gleichzeitig zusammen, um Bewusstsein zu manifestieren. Es kann kein Bewusstsein ohne

Objekt geben. Bewusstsein ist stets Bewusstsein von etwas. Denken ist immer Denken an etwas. Zorn ist immer Zorn auf jemanden oder etwas. Ein Subjekt ohne Objekt und ein Objekt ohne Subjekt kann es nicht geben. Subjekt und Objekt bedingen und durchdringen einander, und sie sind auf Ganzheit gegründet.

Außerhalb dessen, was gesehen wird, gibt es nichts, was man »Sehen« nennen könnte. Wenn unsere Augen Formen und Farben begegnen, wird ein Augenblick des Sehbewusstseins erzeugt. Aber dieser eine Augenblick des Sehbewusstseins dauert nicht an. Wenn unsere Augen jedoch weiterhin mit Formen und Farben in Kontakt bleiben, wird dieser Blitz von Bewusstsein von Augenblick zu Augenblick wiederholt. Zusammengenommen ergeben diese Blitze einen Fluss von Sehbewusstsein, in dem Subjekt und Objekt sich andauernd gegenseitig unterstützen. Dieser Prozess hält aber nur so lange an, wie es einen Kontakt eines unserer Sinnesorgane, in diesem Fall unsere Augen, mit einem entsprechenden Objekt – Form und Farbe – gibt.

Die Begegnung von Auge und Form ist nicht mehr als eine Bedingung für die Entwicklung von Bewusstsein. Die Begegnung allein reicht nicht, Sehen oder Sehbewusstsein hervorzubringen. Zusätzlich muss es einen verursachenden Samen, eine Ursachenbedingung *(hetu-prataya)*, geben, und dieser Samen findet sich in unserem Speicherbewusstsein. Unser Sehen und unser Sehbewusstsein werden von Samen in unserem Speicherbewusstsein hervorgebracht. Vergegenwärtigen Sie sich, dass die ersten sieben Bewusstseinsformen – die Bewusstseinsformen der sechs Sinne und Manas – sich alle aus dem achten, dem Speicherbewusstsein manifestieren.

Wenn wir nicht achtsam sind, ist Achtsamkeit lediglich ein Samen, keine Manifestation. Die Fähigkeit, achtsam sein zu können, ist vorhanden, aber nicht in Funktion. Damit die Achtsamkeit sich manifestieren kann, braucht sie ein Objekt, auf das sie sich richten kann – wir sind achtsam auf unseren Atem, auf die Person, die vor uns sitzt, auf eine Blume. Genau wie Bewusstsein stets Bewusstsein von etwas ist, ist auch Achtsamkeit immer Achtsamkeit auf etwas. Sehen, Hören, Denken, Erkennen, Verstehen und Vorstellen sind alle Formen des Bewusstseins, und Bewusstsein enthält stets beides: Subjekt *und* Objekt.

In den Lehren der Nur-Manifestation bedeutet »Bewusstsein« die Kapazität, zu erkennen, wahrzunehmen und zu unterscheiden. Nach diesen Lehren hat das Bewusstsein viele unterschiedliche Funktionen. Es wäre also nicht korrekt, von nur einem Bewusstsein zu sprechen. Es gibt so viele Bewusstseinsformen, wie es Funktionen des Bewusstseins gibt.

Wenn wir über Bewusstseinsinhalte sprechen, benutzen wir den Begriff geistige Gebilde *(citta-samskara)*, um diese Phänomene zu benennen. Wir haben bereits die einundfünfzig geistigen Gebilde näher betrachtet, von denen jedes sowohl Subjekt als auch Objekt beinhaltet. So wie ein Fluss sich aus Wassertropfen zusammensetzt und die Tropfen der Inhalt des Flusses sind, so sind auch die geistigen Gebilde sowohl der Inhalt des Bewusstseins als auch Bewusstsein selbst.

Die Präsenz eines geistigen Gebildes dauert nur einen kurzen Augenblick *(kshana)*. Wenn Ursachen und Bedingungen jedoch ausreichen, kann ein geistiges Gebilde wieder erzeugt werden, so dass sich aufeinander folgende geistige Gebilde ergeben, denn geistige Gebilde können die Bedingung für Kontinuität, unmittelbare Fortdauer *(samanantara-pratyaya)*, erfüllen. Wenn wir einen Film auf eine Leinwand projizieren, und ein Bild des Films wurde herausgeschnitten, läuft der Projektor – wegen der fehlenden Bedingung der Kontinuität – genau an diesem Punkt leer. Ein einzelnes geistiges Gebilde existiert nur für den allerkürzesten Augenblick, aber unter günstigen Bedingungen kann es durch das Aufeinanderfolgen gleicher geistiger Gebilde verlängert oder durch das Aufeinanderfolgen anderer geistiger Gebilde verändert werden.

Kontinuität hängt von Erneuerung ab, das heißt von Ursachen und Bedingungen. Wenn es keine Erneuerung der Ursachen und Bedingungen von etwas Manifestiertem gibt, dann hört das Manifestierte auf, manifest zu sein. Mit dem Bewusstsein verhält es sich ebenso. Wenn Sinnesgrundlage und Sinnesobjekt zusammenkommen, entsteht Bewusstsein. Dieses Bewusstsein dauert nur einen kurzen Augenblick, aber wegen der Kontinuität seiner Ursachen und Bedingungen, entsteht das gleiche Bewusstsein im nächsten Augenblick wieder und ebenso im nächsten, im übernächsten, im überübernächsten. Auf diese Weise können wir von Kontinuität des Bewusstseins sprechen.

Solange Sie diesen Prozess nicht eingehend betrachtet haben, glauben Sie vielleicht, dass ein Phänomen eine solide, dauerhafte Einheit sei. Aber nachdem Sie untersucht haben, wie Ursachen und Bedingungen kontinuierlich Phänomene manifest werden lassen, werden Sie die Dinge anders sehen. Eine im Dunkeln schnell bewegte glühende Spitze eines Räucherstäbchens erscheint dem Auge als ein durchgängiger Lichtkreis. Es gibt eine Kontinuität zwischen dem vorhergehenden und dem nachfolgenden Moment der Beleuchtung, obwohl sie weder identisch noch verschieden sind. Der Lichtkreis, den wir erzeugen, indem wir das Räucherstäbchen herumwirbeln, ist in Wirklichkeit eine schnelle Abfolge vieler Lichtpunkte. Daher gehört er in den Bereich der Abbilder. Wenn wir diesen Prozess verstehen, erkennen wir, dass der Lichtkreis lediglich eine Abfolge von nicht verbundenen Lichtpunkten ist, die wir in unserem Geist zu einem Kreis zusammenfügen. Verstehen wir diese Tatsache jedoch nicht, glauben wir, dass die Dinge dauerhaft seien und eine eigenständige Existenz besäßen. Verstehen wir sie, erkennen wir, dass nichts dauerhaft ist und nichts als eigenständiges Selbst existiert. So wie der Lichtkreis eine optische Illusion ist, so sind auch unsere Ideen von Dauerhaftigkeit und eigenständigem Selbst nichts als Illusionen unserer Wahrnehmung und unseres Erkennens. Wenn wir nur tief genug schauen, können wir erkennen, dass alle materiellen und psychischen Phänomene sich in jedem Augenblick entwickeln und verändern. Dann sehen wir die Natur der Wirklichkeit, und unsere Einsicht in Unbeständigkeit und Nicht-Selbst wird uns davor bewahren, uns in Illusionen zu verfangen.

Der griechische Philosoph Heraklit (5. Jh. v. u. Z.), kam zu einer ähnlichen Schlussfolgerung, als er erkannte, dass das Wasser des Flusses, in dem er vor fünf Minuten geschwommen war, nicht mehr dasselbe Wasser war, in dem er jetzt stand. »Wir können nicht zweimal in denselben Fluss steigen«, sagte er. Obwohl Heraklit nicht die Begriffe Unbeständigkeit und Nicht-Selbst verwendete, so drückt sich in seiner Beobachtung doch eine Einsicht in Unbeständigkeit und Nicht-Selbst aus.

Alle Phänomene – materielle, körperliche und geistige – manifestieren und transformieren sich auf diese Art und Weise. Wenn Ursachen und Wirkungen ausreichen, entsteht für einen Augenblick ein Phänomen; wenn die Ursachen und Bedingungen sich wiederholen, entsteht das Phänomen immer wieder aufs Neue. Dieser kontinuierliche Strom der Produktion erzeugt die Illusion von Dauerhaftigkeit, aber in Wirklichkeit ist jedes Phänomen, das in dieser Kette erzeugt wird, ganz und gar neu. Das Phänomen des einen Augenblicks stirbt, und im nächsten Augenblick wird bereits ein ganz neues Phänomen geboren.

Selbst und andere, innen und außen sind Konzepte, die von unserem Geistbewusstsein erzeugt werden. Mit dem Schwert der Konzepte schneiden wir die Wirklichkeit in Stücke und ziehen Grenzen um die Dinge. Von der Warte der gewöhnlichen Wahrnehmung existieren die Dinge unabhängig voneinander. Wir sehen die Existenz der Wolke außerhalb der Existenz der Rose. Wenn wir aber die Schlüssel von Unbeständigkeit und Nicht-Selbst verwenden, können wir das Tor zur Wirklichkeit öffnen und erkennen, dass die Wolke nicht außerhalb der Rose ist und auch die Rose nicht außerhalb der Wolke. Wenn es keine Wolke gibt, gibt es auch keinen Regen; wenn es keinen Regen gibt, gibt es kein Wasser und damit auch keine Rose. Wenn die Rose welkt, verdunstet das Wasser in ihr und kehrt zur Wolke zurück. Schauen wir auf diese Weise, verschwinden unsere begrenzenden Konzepte, und wir können die Wolke in der Rose sehen und die Rose in der Wolke.

Die Lehre dieses Verses hat den Geschmack des *Avatamsaka-Sutra*, in dem es heißt: »Das eine ist in allem, und alles ist in dem einen.« Ein Phänomen enthält alle anderen. In allen Phänomenen ist das eine. Atomphysiker, die einen tiefen Einblick in die Welt der atomaren Teilchen gewonnen haben, mussten alle Konzepte von innen und außen, Selbst und anderen aufgeben. Sie erkannten, dass ein Atom aus allen anderen Atomen entsteht. Ein Elektron entsteht aus allen anderen Elektronen. In einem Molekül oder Atom können wir alle anderen Moleküle oder Atome erblicken. Ein Atom enthält das ganze Universum. In einem Menschen ist das gesamte Universum präsent.

Ich bin in Ihnen und Sie sind in mir. Dieses ist, weil jenes ist. Dieses ist nicht, weil jenes nicht ist. Wenn die Lehre vom Abhängigen Entstehen *(pratitya-samutpada)*[1] zu ihrer höchsten Form entwickelt wird, wird sie zur Lehre von unendlichen Schichten von Ursachen und Wirkungen. Eins ist alles, und alles ist eins.

Ich weiß, dass du noch da bist,
denn ich bin ja noch hier.
Die Arme der Wahrnehmung umfassen alles,
sie verbinden Leben und Tod, Subjekt und Objekt,
alles mit allem anderen.

Als ich in den sechziger Jahren die Nur-Manifestation-Lehren an der buddhistischen Van-Hanh-Universität in Vietnam lehrte, rezitierte ich dieses Gedicht oft am Ende der Vorlesung. Es half den Studenten, diese Lehren zu verstehen. Aber ohne ein Basisverständnis der grundlegenden Nur-Manifestation-Lehren ist das Gedicht unmöglich zu verstehen.

Ein vietnamesischer Zen-Meister der Ly-Dynastie (11. Jh.) sagte: »Wenn auch nur das winzigste Sandkorn existiert, existiert alles. Wenn auch nur das winzigste Sandkorn nicht existiert, existiert auch alles andere nicht.« Nur *ein* Sandkorn muss existieren, damit alles andere existiert. Ein anderer Meister aus der gleichen Zeit sagte: »Die ganze Erde hat auf einer Haarspitze Platz. Sonne und Mond passen in ein Senfkorn.«[2]

Unser konzeptuelles Schwert, unser unterscheidender Geist trennt die Dinge in Selbst und andere, innen und außen. Wir glauben, das Bewusstsein sei innen und das Objekt des Bewusstseins sei außen. Aber die Idee eines Außen existiert nur, weil wir die Idee eines Innen haben. Innen von was? Zu sagen, unser Geistbewusstsein existiere in unserem Körper, ist nicht richtig. Zu sagen, es existiere außerhalb unseres Körpers ist ebenfalls nicht richtig.

Im *Shurangama-Sutra*[3] demonstriert der Buddha, dass das Bewusstsein weder innen noch außen, noch in der Mitte zu finden ist. Die Drei Shastras untersuchen die Konzepte von Geburt und Tod, einem und vielen, Kommen und Gehen sowie Dauerhaftigkeit und Unbeständigkeit, um diese Konzepte zu überschreiten. Das *Diamant-Sutra*[4] zeigt die Konzepte Selbst, Mensch, Lebewesen und Lebensspanne auf eine Weise, dass wir sie überschreiten können. Alle diese Lehren helfen uns, unsere Konzepte aufzulösen, und sie sind Teil unseres Studiums der Nur-Manifestation-Lehren.

Wenn wir über all diese Konzepte hinausgehen, fangen wir an, diese Lehren wirklich zu verstehen. Glauben wir allerdings, es gebe *nur* Bewusstsein und außerhalb des Bewusstseins existiere nichts, sind wir immer noch in den Konzepten von innen und außen gefangen und unsere Praxis widerspricht den Lehren. Die Lehren können uns helfen, über sämtliche Konzepte hinauszugehen – einschließlich der Konzepte von »Bewusstsein« und »Nur-Manifestation«.

Die Idee des Selbst stützt sich auf die Idee des Nicht-Selbst. Beide sind Produkte unseres konzeptuellen Geistes. Die Wirklichkeit ist frei von Vorstellungen. Im Buddhismus ist die Lehre vom Nicht-Selbst überaus wichtig. Sie soll uns helfen, die Wirklichkeit zu erforschen und uns zu befreien. Sie ist ein Gegengift für das »Selbst«. Wir brauchen diese Lehre, weil wir uns an unser Selbst klammern und Opfer der Vorstellung eines Selbst sind. Aber sie ist nichts, was man anbeten sollte. Das Selbst ist ein Produkt des Geistes. Nicht-Selbst ist ebenfalls ein Produkt des Geistes. Wenn wir fähig sind, die Wirklichkeit zu berühren, werden beide Vorstellungen beseitigt. Sind wir krank, brauchen wir Medizin, um die Krankheit zu heilen. Wieder gesund, brauchen wir die Medizin nicht länger.

Beim Lesen dieses Buch gelangen Sie vielleicht zu einer Einsicht bezüglich der Nur-Manifestation. Erkennen Sie die Wichtigkeit, über Konzepte wie Geburt und Tod, Selbst und andere, innen und außen hinauszugehen, befreit Sie das auch von dem Wunsch, Ihr Verständnis mit logischen Begründungen beweisen zu müssen.

Befragt Sie jemand über »Nur-Manifestation« oder »Bewusstsein«, müssen Sie nichts erklären. Sie können einfach lächeln. Wenn jemand Sie fragt: »Ist das Bewusstsein eins oder viele?«, können Sie antworten, dass Bewusstsein weder eins noch viele ist. Aber nur, wenn Sie über ein erwachtes Verständnis verfügen, werden Ihre Worte Gewicht haben.

Bewusstsein beinhaltet immer ein Subjekt und ein Objekt des Bewusstseins. Selbst und andere, innen und außen sind Schöpfungen unseres konzeptuellen Geistes. Dies wurde von vielen Generationen auf uns übertragen, es wird »zweifaches« oder »doppeltes Greifen« genannt. Zuerst kommt das Greifen nach dem Subjekt der Wahrnehmung als Selbst und dann das Greifen nach dem Objekt der Wahrnehmung als äußere, objektive Wirklichkeit. Tatsächlich gehören sowohl Subjekt als auch Objekt der Wahrnehmung an. Wir müssen unseren Geist schulen, beide Formen des Greifens zu lösen.

Konzepte wie Selbst und andere, innen und außen sind Ergebnis des doppelten Greifens. In der buddhistischen Praxis gilt nicht nur geringes Selbstwertgefühl als Krankheit, sondern auch hohes Selbstwertgefühl sowie der Glaube, jemand anderem gleichgestellt zu sein. Warum? Weil alle drei Ideen auf der Vorstellung beruhen, man sei von anderen getrennt. Das Verständnis des Interseins kann diese Krankheiten kurieren und vollkommene Harmonie zwischen dem so genannten Selbst und dem so genannten anderen herstellen.

Häufig wird eine Aussage zitiert, die auf Fritz Perls, den Begründer der Gestalt-Therapie, zurückgeht: »Ich mache mein Ding, du machst dein Ding. Ich bin nicht in der Welt, um deinen Erwartungen gerecht zu werden ... Du bist du, und ich bin ich, und wenn wir das Glück haben, uns zu finden, ist es wunderbar. Wenn nicht, kann man auch nichts machen.« Diese Aussage basiert nicht auf einem Verständnis des Interseins, sondern auf der Vorstellung von Selbst und anderen als getrennten Einheiten. Ich bin nicht sehr glücklich mit dieser Aussage. Zum Mindesten hoffe ich, dass Sie gut für sich selbst sorgen, denn wenn Sie gut für sich sorgen, muss ich weniger leiden. Meine Schülerinnen und Schüler haben das Recht, von mir zu erwarten, dass ich ein guter Lehrer bin. Das bedeutet, dass ich leben muss, was ich lehre – das ist nur fair. Und ich habe das Recht von meinen Schülerinnen und Schülern zu erwarten, dass sie das, was sie von mir gelernt haben, in die Praxis umsetzen. Auch das ist nur fair.

Die folgende Gatha möchte ich Fritz Perls gerne als Antwort anbieten:

Du bist ich und ich bin du.
Stimmt es nicht, dass wir uns gegenseitig bedingen und
durchdringen?
Du hegst die Blume in dir, damit ich schön sein kann,
und ich verwandle den Abfall in mir, damit du nicht leiden musst.

Das ist die Art von Einsicht, die auf Intersein gründet. Wenn wir unser Leben nach diesem Prinzip leben, werden wir nicht so viel leiden müssen.

Zweiunddreißig *Wahrnehmender, Wahrgenommenes und Ganzheit*

Bewusstsein hat drei Teile –
Wahrnehmender, Wahrgenommenes und Ganzheit.
Alle Samen und geistigen Gebilde
sind gleich.

Dieser Vers ist eine Schlange. Wenn Sie nicht vorsichtig sind, wird die Schlange Sie beißen. Lesen Sie den Vers, glauben Sie vielleicht, er lehre, dass Bewusstsein drei Teile habe. Aber dies ist nur ein geschicktes Mittel, um uns etwas zu zeigen. Verfangen Sie sich nicht in der Vorstellung, das Bewusstsein sei etwas, das man in drei eigenständige Teile teilen könne. Die Unterteilungen sind nur ein Rahmen, der uns helfen soll, die Wirklichkeit des Bewusstseins zu verstehen. Haben wir dann verstanden, können wir aufhören zu unterteilen. Angenommen ich zeichne einen Kreis und teile ihn mit einer vertikalen Linie in zwei Teile. Der Kreis entspricht der Basis – Bewusstsein –, und aus dieser Basis werden Subjekt und Objekt des Bewusstseins manifest. Die beiden Hälften verlassen jedoch niemals das Ganze des Kreises, so wie Wellen niemals das Wasser verlassen. Wenn Sie glauben, dass einer der Teile unabhängig von den anderen Teilen existiert, dann hat die Schlange Sie schon gebissen.

Als junger Mönch studierte ich erstmals die Nur-Manifestation-Lehren und mein Lehrer illustrierte den hier angesprochenen Sachverhalt, indem er eine Schnecke zeichnete, die über ein Blatt gleitet. Die beiden Fühler der Schnecke bezeichnete er als den Wahrnehmenden und das Wahrgenommene, der Körper der Schnecke war die Basis oder Ganzheit, das Ding-an-sich. Der eine Fühler repräsentierte das Subjekt der Wahrnehmung, der andere das Objekt der Wahrnehmung, und der ganze Körper der Schnecke stand für die Basis beider und die Natur des Wahrnehmungsprozesses. Berührt man die Fühler einer Schnecke, zieht sie sie ein. Ähnlich verhält es sich mit dem wahrnehmenden und dem wahrgenommenen Aspekt des Bewusstseins, sie treten nicht immer in Erscheinung. Dann kehrt die Wahrnehmung zu ihrer Basis zurück, und ihre beiden Aspekte – Subjekt und Objekt – sind nicht länger sichtbar.

Das Bewusstsein hat drei Teile: Wahrnehmender, Wahrgenommenes und Ganzheit. Das Subjekt *(darshana-bhaga)* ist der erste Aspekt der Wahrnehmung. Das Objekt *(nimitta-bhaga)* ist der zweite Aspekt. Der dritte Aspekt, die Basis für sowohl Subjekt als auch Objekt, ist die Ganzheit, das Ding-an-sich *(svabhava-bhaga)*. Subjekt und Objekt werden gleichzeitig geboren. Wenn die Schnecke ihre Fühler ausstreckt, dann streckt sie beide zugleich aus. Das Bewusstsein kann manifest sein oder nicht, abhängig davon, ob sowohl der Aspekt des Wahrnehmenden als auch der des Wahrgenommenen manifest werden. Wenn das Bewusstsein manifest wird, sagen wir, es existiere. Wenn es nicht manifest wird, sagen wir, es existiere nicht. Aber diese Vorstellung von Existenz und Nicht-Existenz verursacht uns viel Leiden. Das Subjekt der Wahrnehmung wird genau im gleichen Augenblick manifest wie das Objekt der Wahrnehmung, und keines ist möglich ohne die Basis, die Ganzheit. Sie ist alles.

Das gilt für alle acht Bewusstseinsformen und ebenso für *alle* Samen und geistigen Gebilde. Alle Samen und geistigen Gebilde besitzen ebenfalls die drei Aspekte – Subjekt, Objekt und Basis oder Ganzheit –, weil sie sämtlich zum Bereich des Bewusstseins gehören. Jedes geistige Gebilde, jedes Objekt der Wahrnehmung, jeder Samen in unserem Bewusstsein besitzt diese drei Aspekte, die sich nicht voneinander trennen lassen. Sie können nur zusammen existieren. Fehlt einer der Aspekte, können auch die anderen beiden nicht sein.

Die Lehren des *Avatamsaka-Sutra* besagen, dass das unendlich Kleine das unendlich Große enthält und das unendlich Große das unendlich Kleine. Das bedeutet, das unendlich Kleine ist von derselben Natur wie das unendlich Große. Einem Atom, einem Blatt oder einer Dunstspur wohnen alle Informationen inne, die man braucht, um das Universum zu verstehen. Entdecken wir die Wahrheit eines Atoms, entdecken wir die Wahrheit des gesamten Kosmos. Verstehen wir einen einzigen Tropfen Wasser im Ozean, begreifen wir den gesamten Ozean. Betrachten wir einen Kiesel nur tief genug, können wir das ganze Universum erblicken.

Wenn wir ein Blatt betrachten, sehen wir die Sonne und die Wolken. Wenn wir in unseren Körper schauen, sehen wir das gesamte Universum und alles, was in ihm existiert. Betrachten wir nur ein Phänomen wirklich tief, verstehen wir alle Dinge. Das Numinose und die Welt der Erscheinungen, die letztendliche und die historische Dimension, gehen Hand in Hand. Sie sind nicht zwei voneinander getrennte Dinge. Jede Zelle unseres Körpers enthält alle unsere Ahnen und sämtliche zukünftigen Generationen. Jeder Samen, jedes geistige Gebilde und das Bewusstsein enthalten den ganzen Kosmos, alle Zeit und den gesamten Raum. Sie müssen keine lange Reise machen, um diese Tatsache zu entdecken. Sie müssen nicht über viele Themen meditieren, um diese Einsicht zu gewinnen. Wenn Sie die wahre Natur irgendeines geistigen Gebildes – sei es heilsam oder unheilsam – wirklich tief erkennen, können Sie Erleuchtung erlangen. Betrachten Sie ein Ding, und Sie können alles verstehen, was existiert.

Im einen können Sie alles identifizieren. Der Samen des Zorns in Ihnen besitzt, noch bevor er als geistiges Gebilde manifest wird, alle drei Aspekte. Der Samen des Zorns berührt auch alle anderen Samen – einschließlich der Samen der Liebe und Versöhnung. Wie kann es sein, dass im Zorn Liebe enthalten ist und Zorn in der Liebe? So wie sich eine Blume aus lauter Nicht-Blume-Elementen zusammensetzt, besteht auch der Zorn nur aus Nicht-Zorn-Elementen. Das eine enthält alles. Aber weil wir im Sinne wertenden Unterscheidens denken, glauben wir, dass unsere Samen des Zorns und der Liebe voneinander getrennt seien.

Jede Lehre des Buddha enthält sämtliche seiner anderen Lehren. Wenn wir die erste Edle Wahrheit – die Wahrheit von der Existenz des Leidens – eingehend betrachten, erkennen wir die anderen drei Edlen Wahrheiten: von der Ursache des Leidens, von der Möglichkeit der Beendigung des Leidens und von dem Weg, uns vom Leiden zu befreien. Indem wir das Leiden tief betrachten, finden wir den

Ausweg aus dem Leiden. Intersein – das eine enthält alles – ist ein sehr wesentlicher Aspekt der Lehren Buddhas, vielleicht ist es sogar die wichtigste Lehre, um uns vom Leiden zu befreien. Wir müssen nicht alles lernen. Wenn wir nur *eine* Lehre tiefgründig verstehen, können wir alle verstehen. Jede einzelne unserer Geistesplagen, unserer unheilsamen geistigen Gebilde, enthält Buddhanatur und Befreiung. Wenn unser Zorn nicht Befreiung beinhalten würde, wie könnten wir ihn je in Nicht-Zorn verwandeln? In unserem Kompost sind viele duftende Blumen. Ein geschickter Gärtner wirft den Küchenabfall nicht weg, sondern verwandelt ihn in Kompost. Im Laufe der Zeit verwandelt sich der Kompost dann wieder in frisches, grünes Gemüse. Wenn wir unsere Geistesplagen von Gier, Hass, Unwissenheit, Stolz, Zweifel, Aufgewühltheit, Trägheit und Achtlosigkeit gut zu kompostieren verstehen, können wir sie in Frieden, Freude, Befreiung und Glück verwandeln.

Es gibt keinen Grund, etwas aus der Existenz zu stoßen. Tatsächlich gibt es auch überhaupt nichts, was wir aus der Existenz stoßen könnten. Könnten wir ein Ding ausstoßen, müssten wir alles ausstoßen, weil ja das eine alles enthält. Wenn wir an einem Wintertag in die Küche kommen, fühlen wir uns warm und wohlig. Unser Gefühl von Wärme und Wohligkeit rührt nicht von der Wärme des Ofens in der Küche her, es kommt von der Kälte draußen. Wenn das Wetter draußen nicht kalt und ungemütlich wäre, würden wir uns nicht wohlig fühlen, wenn wir in die warme Küche kommen. Angenehme Gefühle sind aus unangenehmen Gefühlen gemacht. Unangenehme Gefühle bestehen aus angenehmen Gefühlen. Jeder Samen enthält alle anderen Samen. Der Samen des Zorns trägt den Samen der Liebe in sich. Der Samen der Verblendung trägt den Samen der Erleuchtung in sich. Das ist die Lehre des Buddha. Wenn wir diese Einsicht vergessen, treiben wir hilflos in der Welt von Geburt und Tod. Wenn wir aber unsere Achtlosigkeit in Achtsamkeit verwandeln, sehen wir, dass es nichts zurückzuweisen oder zu verwerfen gibt.

Dreiunddreißig *Geburt und Tod*

Geburt und Tod sind von Bedingungen abhängig.
Bewusstsein ist von Natur aus eine unterscheidende Manifestation.
Wahrnehmender und Wahrgenommenes hängen voneinander ab
als Subjekt und Objekt der Wahrnehmung.

Nach den Lehren der Nur-Manifestation ist »Geburt« einfach Manifestation, das Erscheinen eines Phänomens. »Tod« ist demnach die Abwesenheit der Manifestation oder Erscheinung. Geburt und Tod kommen aufgrund von Bedingungen zustande. Je nachdem, ob die Bedingungen für den entsprechenden Zustand förderlich sind, gibt es Geburt (Manifestation) oder es gibt Tod (die Abwesenheit der Manifestation).

Wenn wir tief schauen und die Ursachen und Bedingungen erkennen, die Geburt und Tod bewirken, erkennen wir, dass Geburt und Tod nur Vorstellungen sind. Die Manifestation von etwas ist nicht der Anfang seiner Existenz, und wenn etwas nicht manifest ist, bedeutet das nicht, dass es nicht existiert. Bevor ein Phänomen manifest wird, ist es bereits vorhanden. Geburt besteht aus Tod, und Tod besteht aus Geburt. Geburt und Tod geschehen jeden Augenblick gleichzeitig. Bevor Sie geboren wurden, waren Sie bereits da. Wenn Sie sterben, werden Sie nicht zu nichts. Sie kehren zur Ganzheit, zur Basis, zurück, um wieder manifest zu werden.

Alles, was manifest wird, hängt von Bedingungen ab. Wenn die Bedingungen ausreichen, wird eine Manifestation wahrgenommen. Wenn die Bedingungen nicht ausreichen, nehmen wir die Manifestation nicht mehr wahr. Daraus kann man jedoch nicht schlussfolgern, nicht-manifest sei dasselbe wie nicht-existent. Wenn die Schnecke ihre Fühler eingezogen hat, wäre es nicht korrekt zu sagen, dass die Fühler nicht existieren. Fährt die Schnecke ihre Fühler wieder aus, wäre es nicht korrekt zu sagen, dass sie erst in diesem Augenblick existent geworden sind.

So verhält es sich auch mit dem Bewusstsein. Wenn es manifest wird, wird es nicht – im selben Augenblick – geboren. Ist die Manifestation beendet, stirbt es nicht im selben Augenblick. Wenn das Bewusstsein manifest wird, kommt es zu Unterscheidung und Wertung *(vikalpa)*. Die Unterscheidung sagt: »Dies ist das Selbst, jenes ist nicht das Selbst.« Konzeptuelle Unterscheidung ist das Schwert, das die Wirklichkeit zerschneidet und in das trennt, was das Selbst ist und was nicht das Selbst ist. Aber Unterscheidung ist nicht Wahrheit. Es ist eine imaginäre Konstruktion, ein Erzeugnis des Geistes. Das chinesische Ideogramm für den Begriff *vikalpa* bedeutet »universelles Vergleichen«. Zu vergleichen bedeutet zu sagen: »Dies ist innen, aber jenes ist außen. Dies existiert weiter, jenes aber hört zu existieren auf.«

Der Wahrnehmende und das Wahrgenommene – zwei der drei Aspekte des Bewusstseins – hängen in ihrer Manifestation voneinander ab. Keines kann unabhängig existieren. Sind Sie zornig, gibt es immer ein Objekt für Ihren Zorn – Sie sind zornig auf jemanden oder über etwas. Verlieben Sie sich, verlieben Sie sich in jemanden. Sind Sie eifersüchtig, so hat Ihre Eifersucht ein Objekt. Manchmal sagen wir von einem eifersüchtigen Menschen: »Er ist sogar eifersüchtig auf den Schatten«, oder »sie ist auf den Wind eifersüchtig.« Aber selbst wenn die Objekte der Eifersucht keine materielle Realität besitzen und so substanzlos sind wie ein Schatten oder der Wind, so sind »Schatten« und »Wind« nichtsdestoweniger ihre Objekte.

Sobald eine Frau erfährt, dass sie schwanger ist, beginnt sie meist schon, ihr Baby zu lieben. Sie stellt sich vor, wie es in ihrem Bauch wächst, wie es wohl aussehen wird, wie es lächeln wird, und bei alldem ist sie sicher, dass dieses Bild ihres Babys zum Bereich der Dinge-an-sich gehört. Aber das Objekt ihrer Liebe gehört noch in den Bereich der bloßen Vorstellungen; es ist ein Konstrukt der Vorstellungskraft. Der Geist unterscheidet und vergleicht, um dieses Bild zu entwickeln. Das ist der Grund, warum es im Vers heißt, dass Bewusstsein von Natur aus eine unterscheidende Manifestation ist.

Es ist die Natur des Bewusstseins, Wahrnehmungen zu manifestieren, in denen sich Subjekt und Objekt gegenseitig unterstützen, um den Wahrnehmenden und das Wahrgenommene möglich zu machen. Bewusstsein manifestiert sich als Flüsse, Berge, Sterne und Himmel. Und wenn wir Flüsse, Berge, Sterne und Himmel betrachten, können wir das Denken in den tiefen blauen Wassern erblicken und die Wahrnehmung in den Sternen. Das ist so, weil alle Phänomene Manifestationen des Bewusstseins sind, Objekte der Wahrnehmung, sowohl der kollektiven als auch der individuellen. Was wir für die objektive Wirklichkeit halten, ist zuerst einmal Objekt unserer Wahrnehmung.

Wir müssen zwischen den Begriffen »Bewusstsein« und »Manifestation« unterscheiden. Wir benutzen das Sanskritwort *vijnana*, um »Bewusstsein« zu bezeichnen. Das Wort aber, das Vasubandhu, der Autor der *Dreißig Verse*, benutzte, war *vijnapti*, was »manifestieren«, »informieren«, »Informationen geben« bedeutet. Die Vorsilbe *vi* im Sanskrit bedeutet »unterscheiden«, »analysieren«, »verstehen« oder »erkennen«. Wenn etwas noch nicht manifest geworden ist, sprechen wir von *avijnapti*.

Wenn ich Ihnen meine Hand zeige, können Sie meine Fähigkeit zur Kalligraphie nicht darin erkennen, was aber nicht heißt, dass es diese Fähigkeit nicht gibt. Sie ist lediglich *avijnapti*, nicht manifest. Würde ich nun aber ein Blatt Papier und einen Pinsel nehmen und einige Bewegungen mit meiner Hand machen, könnten Sie ihre Fähigkeit zur Kalligraphie erkennen. Dann wäre sie *vijnapti*, manifest. Von einer Manifestation kann man nur sprechen, wenn ein Subjekt und ein Objekt der Wahrnehmung zur gleichen Zeit manifest geworden sind.

Vijnana-matra bedeutet »Nur-Bewusstsein«. Wird es allein benutzt, bedeutet das Wort *matra* »nur«. Es gibt nur die Manifestation der Wahrnehmung und sonst nichts. Die »Nur-Bewusstsein-Lehre« sagt, dass es nur Bewusstsein gibt und dass dieses sich als Subjekt und Objekt von Wahrnehmung und Erkennen manifestiert. Die *Fünfzig Verse* bedienen sich dieser Terminologie allerdings nicht allzu oft, weil sie den Leser, die Leserin dazu verleiten könnte, zu glauben, es handele sich hier um eine Lehre des philosophischen Idealismus. Der Begriff *vijnapti-matra* – »Nur-Manifestation« – ist wesentlich besser. Er bedeutet, dass es nur zur Manifestation von Wahrnehmen und Erkennen kommt, wenn das Subjekt und das Objekt der Wahrnehmung sich gegenseitig stützen, um Subjekt, Objekt und Manifestation von Bewusstsein selbst zu ermöglichen – so wie die gleichnishaften drei Schilfrohre sich aneinander gelehnt gegenseitig stützen.

Geburt und Tod hängen von Bedingungen ab. Entstehung und Auflösung hängen von Bedingungen ab. Bewusstsein wird nicht allein als Subjekt der Wahrnehmung – als der Wahrnehmende – manifest. Wenn eine Manifestation des Bewusstseins stattfindet, dann handelt es sich immer um beide Aspekte, den Wahrnehmenden und das Wahrgenommene, gleichzeitig.

Vierunddreißig *Andauernde Manifestation*

In individueller und kollektiver Manifestation
sind Selbst und Nicht-Selbst nicht zwei.
Der Zyklus von Geburt und Tod vollendet sich in jedem Augenblick.
Bewusstsein entwickelt sich im Ozean von Geburt und Tod.

Wenn wir irgendein Phänomen betrachten – sei es materiell, körperlich oder geistig – können wir erkennen, wie viel Individuelles und wie viel Kollektives es enthält. Vielleicht halten wir Plum Village für eine ganz und gar objektive Realität. Der obere Weiler (Upper Hamlet) ist knapp vier Kilometer vom unteren Weiler (Lower Hamlet) entfernt, und Entfernung ist zweifellos ein objektives Phänomen. Aber jeder von uns hat seine ganz eigene Erfahrung mit der Entfernung zwischen beiden Weilern. Für manche ist der Fußmarsch vom Oberen zum Unteren Weiler sehr kurz, anderen erscheint er ziemlich lang. Jeder Bewohner von Plum Village hat sein ganz eigenes Bild von dem Ort. In jedem Fall übertrifft die Menge an individueller Manifestation jede kollektive Manifestation. Aber trotzdem ist auch in den persönlichen Bildern von Plum Village ein kollektives Element vorhanden, denn sie stimmen in bestimmten Dingen überein. Durch unser eingehendes Betrachten können wir feststellen, wie viel Individuelles und wie viel Kollektives in den Objekten unserer Wahrnehmung ist.

Wir müssen uns auch die Frage stellen: »Wenn es eine kollektive Manifestation gibt, um wessen Manifestation handelt es sich dann?« Ein Tisch besteht aus Holz. Er ist stabil, und ich kann eine Teetasse auf ihm abstellen. Das Bild eines Tisches als Möbelstück ist ein kollektives, das von anderen Menschen geteilt wird. Ein Holzwurm hingegen teilt diese kollektive Manifestation nicht. Er sieht den Tisch als großes Festmahl, das für Monate reichen wird. Das Bild eines

Objekts der Wahrnehmung hängt von den Samen ab, die aus dem Speicherbewusstsein des Wahrnehmenden kommen. Keine Manifestation ist ausschließlich kollektiver oder individueller Natur.

Die Samen des Zorns in uns sind eine individuelle Manifestation, weil sie Ursachen für unser Leiden sind. Das heißt aber nicht, dass sie mit anderen nichts zu tun hätten. Wenn wir zornig sind, ist es für unsere Mitmenschen schwierig, glücklich zu sein. Auf diese Weise ist unser Zorn auch eine kollektive Manifestation. Sämtliche Manifestationen sind gleichzeitig individuell und kollektiv. So wie ein Loch in der Ozonschicht mit dem Überleben aller Lebensformen auf Erden zu tun hat, so ist auch das Glück und Leiden eines Menschen, der in Kambodscha lebt, vom Glück und Leiden eines in Europa oder Nordamerika lebenden Menschen abhängig. Wenn wir die Essenz kollektiver und individueller Manifestation erkennen, hören Vorstellungen von Selbst und anderen oder Selbst und Nicht-Selbst auf.

Am Anfang unterscheiden wir noch zwischen Selbst und Nicht-Selbst – ich und du –, und wir kümmern uns nur um das, was uns selbst angeht. Nach einer Weile jedoch finden wir heraus, dass wir uns auch um die Dinge kümmern müssen, die nicht wir selbst sind, oder wir werden schlimme Folgen zu tragen haben. Wenn wir nicht gut für unseren Partner sorgen, erfahren wir die Folgen unserer mangelnden Fürsorge. Wenn wir unsere Sorge wegen des Ozonlochs nicht deutlich machen, werden wir die Folgen unserer Achtlosigkeit zu tragen haben.

Seit Jahrhunderten schon verhalten sich die so genannten entwickelten Länder selbstsüchtig und haben stets nur ihr eigenes »nationales Interesse« im Sinn. Sie kümmern sich nur um ihre eigene Wirtschaft, ihre eigene Kultur und die Bildung ihres eigenen Volkes. Sie sagen, es sei nicht ihre Sache, sich um andere Länder zu kümmern. Seit kurzem jedoch beginnt die »entwickelte Welt« zu begreifen, dass sie, wenn sie sich nicht um die so genannte Dritte Welt kümmert, mit ihr untergehen wird.

Nach den Lehren des Abhängigen Entstehens hängt das Leben der entwickelten Länder vom Leben der unterentwickelten Länder ab. Sobald bestimmte Technologien entsprechend ausgereift sind, werden viele Dinge produziert, die das Leben bequemer machen, und dann braucht man einen Markt, um diese Dinge zu verkaufen. In der Suche nach Märkten und Bodenschätzen zum Wohle der eigenen Wirtschaft unternahmen die weiterentwickelten Länder anfänglich kriegsähnliche Expeditionen, um sich neue Territorien einzuverleiben. Inzwischen mussten jedoch alle Kolonisatoren ihre Kolonien wieder freigeben. Heutzutage bedienen sich die Industrienationen der Diplomatie, und sie bieten technologische und wirtschaftliche Hilfe an. Ihre Motivation jedoch ist nicht wirklich altruistisch. Ihr Interesse an anderen Ländern ist immer noch selbstsüchtig: Wenn sie einem Land helfen, sich zu entwickeln, so hoffen sie, erschließen sie sich einen neuen Markt für ihre Produkte. Dritte-Welt-Länder müssen oft auf den internationalen Finanzmärkten Geld leihen, um ihre Wirtschaft anzukurbeln, aber häufig geht die Entwicklung nicht schnell genug, und sie können ihre Kredite nicht mehr zurückzahlen. Sollten aber eines Tages die internationalen Finanzmärkte zusammenbrechen, werden auch die entwickelten Länder die Folgen zu spüren bekommen und ebenfalls leiden. Auch Nationen müssen die Lektion des Interseins begreifen.

Zuerst schaffen wir das Selbst und sondern aus, was nicht das Selbst ist. Allmählich jedoch kommen wir dahinter, dass dieses von uns geschaffene Selbst nicht eigenständig existiert, weil es vollständig von dem abhängig ist, was nicht das Selbst ist. Daraufhin entwickeln wir die Vorstellung des Nicht-Selbst. Mit der Idee des Nicht-Selbst können wir über die Idee des Selbst hinausgehen. Aber die Idee des Nicht-Selbst ist ebenfalls gefährlich. Wenn wir das Selbst überschreiten, nur um dann an der Idee des Nicht-Selbst festzukleben, sind wir um keinen Deut besser dran. Das Nicht-Selbst als Idee ist ebenfalls ein Gefängnis. Im *Dharmasiegel-Sutra* heißt es, dass Nirwana über *sämtliche* Ideen hinausgeht, also nicht nur über die Ideen der Dauerhaftigkeit und des Selbst, sondern auch über die Vorstellungen der Unbeständigkeit und des Nicht-Selbst. Die Lehre des Nicht-Selbst will uns von der Idee des Selbst befreien. Wenn wir jedoch am Nicht-Selbst als einer Idee, einem Konzept, haften, bei ihm Zuflucht nehmen, sind wir noch genauso gefangen wie vorher von der Idee des Selbst. Wir müssen über alle Konzepte hinausgehen.

Viele Buddhisten (und Nicht-Buddhisten) haben eine Auffassung von Nicht-Selbst, die zeigt, dass sie noch in Vorstellungen und Konzepten gefangen sind. Ihr Gerede über Nicht-Selbst schmälert ihre Vorstellung von einem Selbst nicht im Geringsten. Und obwohl sie schier endlos über die Lehren des Nicht-Selbst diskutieren, haben sie ihnen bis jetzt nicht geholfen. Sie sind immer noch in Ideen gefangen, und in ihrem Alltag leiden sie weiter. Um sich zu befreien, müssen sie der Vorstellung von einem Nicht-Selbst ebenso ein Ende setzen wie der Vorstellung von einem Selbst und erkennen, dass Selbst und Nicht-Selbst sich wechselseitig bedingen und durchdringen. Die Lehre des Nicht-Selbst ist nur möglich, weil es die Idee des Selbst gibt. Selbst und Nicht-Selbst sind nicht zweierlei.

Wenn wir die kollektiven und die individuellen Manifestationen eingehend betrachten, erkennen wir, dass Selbst und Nicht-Selbst nicht voneinander zu trennen sind. Ebenso erkennen wir, dass der Zyklus der Wiedergeburt in jedem Augenblick stattfindet. Wir müssen nicht warten, bis wir sterben, um wiedergeboren zu werden. Wir werden in jedem Augenblick wiedergeboren. Vergegenwärtigen Sie sich noch einmal den Lichtkreis, den ein bewegtes Räucherstäbchen scheinbar erzeugt: Das Licht wird in jedem Augenblick wiedergeboren. Das Licht dieses Augenblicks ist die Wiedergeburt des Lichts des vorangegangenen Augenblicks. Auch wir haben nicht noch zehn, zwanzig oder fünfzig weitere Jahre, bis wir sterben. Tatsächlich sterben wir in jedem Augenblick. Wir sterben genau jetzt, und unser Tod kann etwas sehr Schönes und äußerst Kostbares hervorbringen, so wie der Tod des Lichts in diesem Augenblick die Wiedergeburt des Lichts im nächsten Augenblick ermöglicht.

Gewöhnlich denken wir, dass es achtzig oder hundert Jahre dauert, um einen Zyklus von Geburt und Tod zu vollenden. Aber wir können Geburt und Tod in jedem Augenblick erfahren – in unserem Körper und in unserem Geist. Jeden Augenblick sterben Zellen unseres Körpers, um anderen Zellen Platz zu machen. Hielten wir jedes Mal, wenn eine Zelle stirbt, ein Begräbnis ab, verbrächten wir unsere ganze Zeit mit Trauern und hätten für nichts anderes mehr Zeit. Wenn wir erkennen, dass es für unseren Körper – unsere Zellen – nötig ist, zu sterben, damit neue Zellen geboren werden können, werden wir unseren Verlust nicht mehr beweinen. Es wäre eine Schande, diesen Prozess als etwas Trauriges zu betrachten. Der Zyklus der Wiedergeburt verläuft in den Pfaden von Körper, Sprache und Geist. Wir sollten jeden Augenblick Leichtigkeit, Befreiung, Frieden und Freude verbreiten, damit das Leben, der Zyklus von Geburt und Tod, für uns und alle anderen an Schönheit gewinnen kann.

Wiedergeburt ist weder eine gerade noch eine gewundene Straße. Wir mögen der Meinung sein, dass Wiedergeburt eine gerade, bereits vorherbestimmte Straße sei – das Du dieses Augenblicks wird zum Du des nächsten Augenblicks und so weiter. Aber so einfach ist es nicht. Viele gewundene Pfade machen den Zyklus der Wiedergeburt aus. In jedem Augenblick empfangen wir etwas vom Universum, von der Gesellschaft, von unserer Nahrung, unserer Schulbildung, unseren Vorlieben und unseren Abneigungen. Gleichzeitig geben wir etwas: Wir atmen Kohlendioxyd aus und machen andere Menschen glücklich oder traurig. Zu behaupten, wir beschritten einen geraden Pfad, der in eine bestimmte Richtung führt, wäre unrichtig. In jedem Augenblick gehen wir in alle Richtungen zugleich.

Vor fünfzig Jahren schrieb ich ein Buch über die grundlegenden Lehren des Buddha. Können wir die Spur dieses Buches nachvollziehen? Viele Menschen, die das Buch gelesen haben, sind bereits gestorben, aber ihre Kinder, Enkel und Urenkel haben Anregungen daraus bezogen. Wir können dem Pfad dieses Buches nicht nur in einer Richtung folgen. Ebenso wenig können wir alle Richtungen sehen, in die der Autor gegangen ist. Jedes Mal, wenn wir etwas sagen oder tun, ob wir nun eine Gedichtzeile schreiben, eine Idee verbreiten oder einen Brief schreiben, gehen wir damit in viele unterschiedliche Richtungen. Haben wir uns erst einmal in diese Richtungen aufgemacht, gibt es keine Möglichkeit mehr, uns wieder an unseren Ausgangspunkt zurückzuziehen.

Wir glauben, dass wir, an einem bestimmten Punkt angelangt, sterben werden. Aber so ist es nicht. Wir sind bereits in allen Winkeln und Ecken des Universums gegenwärtig. Was stirbt eigentlich? Der tote Körper ist nur ein unbedeutendes Überbleibsel. Wir sind in unseren Kindern, Schülerinnen und Schülern, Freundinnen und Freunden gegenwärtig, in allen Menschen, die wir glücklich gemacht haben, und in allen, die wir haben leiden lassen. Jeden Augenblick befinden wir uns im Kreislauf der Wiedergeburten. Anzunehmen, dass wir erst sterben und in den Kreislauf der Wiedergeburt eintreten, nachdem wir einen bestimmten Punkt erreicht haben, ist zu simpel. Alles besitzt die Natur des Interseins. Der Zyklus von Geburt und Tod findet jeden Augenblick statt. Selbst und Nicht-Selbst sind nicht verschieden. Haben wir erst die Natur des Interseins tief berührt, werden wir Selbst und Nicht-Selbst nicht länger trennen.

Alle acht Bewusstseinsformen, alle Samen, alle geistigen Gebilde und alle ihre Objekte, einschließlich unseres Körpers, entwickeln sich im Ozean von Geburt und Tod. Alles entwickelt sich ständig, alles fließt, kollektiv oder individuell; das Speicherbewusstsein gleicht einem Fluss. Unsere Sinne sind wie Flüsse. In jedem dieser Flüsse geschehen Geburt und Tod, und die Flüsse durchströmen den Kreislauf von Geburt und Tod in jedem Augenblick. Wenn wir das verstehen und sich unser Verständnis auch in unserem Leben ausdrückt, erreichen wir den Zustand der Furchtlosigkeit. Solange wir dies alles nur als Theorie sehen, kann es uns nicht den Zustand der Furchtlosigkeit bringen. Der Zustand der Furchtlosigkeit ist der Zustand des Nicht-geboren-Werdens und Nicht-Sterbens, des Nicht-Viele und Nicht-Eins. Ohne lebendige Einsicht in diese Wahrheit, leben wir weiterhin in Angst.

Geburt bedeutet Manifestation, und Tod bedeutet Nicht-Manifestation. Eine Nicht-Manifestation und eine neue Manifestation können gleichzeitig stattfinden. Das Ende einer Wolke kann man als den Anfang des Regens betrachten. Tatsächlich endet nichts und nichts beginnt. Es gibt nur den Fluss der Manifestation. Manifestation und Aufhören der Manifestation finden jeden Augenblick statt. Wenn Sie die Einzelbilder eines Films betrachten, sehen Sie nur statische Bilder. Sobald Sie den Film aber durch einen Projektor laufen lassen, sehen Sie den dynamischen Fluss des Lebens und haben den Eindruck, dass es keinen Anfang und kein Ende, keine Geburt und keinen Tod gibt. Tatsächlich geschehen Geburt und Tod in jedem Augenblick. Genau jetzt treiben wir auf dem Ozean von Geburt und Tod. Wenn wir diesen Kreislauf mit unserer Einsicht und Weisheit klar sehen können, müssen wir keine Angst mehr vor ihm haben. Wir können das Treiben auf dem Ozean von Geburt und Tod genießen.

Wir sollten das Nachdenken oder Meditieren über den Tod nicht vor uns her schieben. Wir müssen lernen, in jedem Augenblick zu sterben, damit wir unsere Wiedergeburt immer wieder aufs Neue genießen können. Wir müssen uns darin üben, Geburt und Tod nur als Manifestationen zu sehen. Geburt ist eine Fortdauer, und auch der Tod ist eine Fortdauer in anderer Form. Der Tod der Wolke ist gleichzeitig die Geburt des Regens. Die Natur der Wolke und die des Regens sind in Wirklichkeit die Natur des Nicht-geboren-Werdens und Nicht-Sterbens, die Natur der Fortdauer, die Natur andauernder Manifestation.

Fünfunddreißig *Reifung*

Raum, Zeit und die vier großen Elemente
sind sämtlich Manifestationen des Bewusstseins.
Im Prozess des Interseins und der wechselseitigen Durchdringung
gelangt unser Speicherbewusstsein in jedem Augenblick
zur Reife.

Jedes Dharma, jedes Phänomen, ist bedingt. Bedingte Dharmas sind Kombinationen anderer Elemente. Eine Blume zum Beispiel besteht unter anderem aus Wolken, Sonnenschein, Samen, Mineralien und so weiter. Einige buddhistische Meister der Vergangenheit haben gelehrt, dass es auch Dharmas gebe, die nicht bedingt seien. Sie hielten zum Beispiel den Raum für nicht von irgendetwas anderem bedingt und sprachen daher von einem »nicht-bedingten Dharma«. Wir aber wissen, dass genauso, wie eine Blume aus Nicht-Blume-Elementen gemacht ist, auch der Raum aus Nicht-Raum-Elementen besteht, also ist auch er ein bedingtes Dharma. Das einzige Dharma, das man mit Fug und Recht nicht-bedingt nennen kann, ist der Grund unseres Seins. Es ist das, was die einen Gott nennen und andere Nirwana. Der Grund unseres Seins ist die Basis aller anderen Gebilde, so wie Wasser die Basis aller Wellen ist.

Die vier großen Elemente *(mahabhuta)* Erde, Wasser, Feuer und Luft sind die vier elementaren Energien des materiellen Universums. Erde ist die Energie der Festigkeit. Wasser ist flüssig und durchdringend. Feuer ist Hitze und Wärme. Luft ist die bewegende Kraft. Diese vier Energien lassen sich in andere Energien verwandeln. Ein Wasserfall kann zu Elektrizität werden und damit zu Licht. Wir sollten uns also auch die vier Elemente nicht als eigenständig oder unabhängig vorstellen. Sie hängen voneinander ab. Manchmal werden auch Raum und Bewusstsein zu den vier elementaren Energien hinzugefügt, so dass wir auf sechs Elemente kommen. Zählt man auch noch

Zeit und Raum dazu, ergibt sich eine Liste von acht. Alle Elemente, einschließlich Raum und Zeit, sind Manifestationen des Bewusstseins.

Wir stellen uns den Raum gewöhnlich als etwas Leeres vor. Aber Physiker haben gezeigt, dass Materie, wenn sie bis in ihre konstituierenden Elemente aufgelöst wird, zu Raum wird. Die Relativitätstheorie beweist, das Raum und Materie ein und derselben Realität angehören. Gibt es keinen Raum, gibt es auch keine Materie. Gibt es keine Materie, gibt es auch keinen Raum. Raum – ein scheinbar leeres Phänomen – kann Materie – ein scheinbar kompaktes Phänomen – verändern. Wenn wir eine Galaxie betrachten, scheint sie gebogen zu sein. Wenn Sie einen Zweig in eine Glasvase mit Wasser stellen, sieht der Zweig gebogen oder gebrochen aus.

Wir mögen eine manifest gewordene Wirklichkeit zuerst als Raum wahrnehmen, später erscheint sie uns dann vielleicht als Zeit. Zeit ist ebenfalls Energie. Zeit schafft Raum, und Raum schafft Zeit. Es kann keinen Raum außerhalb der Zeit geben, und ebenso kann es keine Zeit außerhalb des Raumes geben. Einstein hat deutlich gemacht, dass Raum und Zeit zwei Aspekte derselben Wirklichkeit sind.

Lasst uns zusammen diesen namenlosen Berg besteigen,
lasst uns auf diesem alterslosen blaugrünen Stein sitzen
und still zusehen, wie die Zeit den Seidenfaden spinnt,
der die Dimension des Alls erzeugt.[5]

Raum ist ein Aspekt einer Manifestation der Wirklichkeit. Ein weiterer Aspekt ist die Zeit. Wir glauben, dass ein Phänomen wie Winter der Zeit angehört. In Europa ist um den Monat Januar herum Winter. Aber wenn wir im Januar nach Australien reisen, ist dort Sommer. Zeit wird in der Ausdehnung des Kosmos manifest – dem so genannten Urknall, aus dem unser Universum sich entwickelt haben soll. Der Urknall, die Ausdehnung des Kosmos können nur im Sinne von Raum und Zeit wahrgenommen werden. Von Zeit können wir nur sprechen, weil wir die Ausdehnung des Kosmos berühren können. Von einer Ausdehnung des Kosmos können wir nur sprechen, weil wir die Zeit berühren können. Zeit und Raum sind Aspekte ein und derselben Wirklichkeit, einer Wirklichkeit, die sich manchmal als Zeit und manchmal als Raum manifestiert. Zeit und Raum bedingen und durchdringen einander. Wir können das eine nicht vom anderen trennen. Und beide sind Manifestationen des Bewusstseins.

Bewusstsein wird in den verschiedensten Formen manifest. Bewusstsein ist eine Energie, die dazu beiträgt, Erde, Wasser, Feuer und Luft zu bilden. Jedes der Elemente enthält alle anderen. Wir können die Wirklichkeit nicht in Stücke teilen und sagen, dass dies Stück nicht jenes sei. Wir wissen, dass dies Stück alle anderen enthält. Eine Energie enthält die andere, wie bei dem Wasserfall, der die Energie gibt zur Produktion von Elektrizität. Unser Körper ist eine Energie und ebenso auch unser Geist. Jede Energie beeinflusst alle anderen. Das ist Intersein.

In der abendländischen Logik gibt es das »Prinzip der Identität«. Es besagt, dass A nur A und nicht B ist. Eine Blume kann nur eine Blume sein. Sie kann nicht Wolke sein. Aber dieses Prinzip gründet auf der Annahme, dass die Dinge dauerhaft seien und über ein eigenständiges Selbst verfügten. Der Buddhismus begründet die Idee des Nicht-Selbst, um uns zu helfen, tief in die Natur der Dinge zu schauen. Nicht-Selbst ist ein Aspekt der Unbeständigkeit. Obwohl Unbeständigkeit gewöhnlich im Sinne von Zeit und Nicht-Selbst im Sinne von Raum verstanden wird, ist es doch tatsächlich so, dass Raum und Zeit eins sind, und damit sind auch Unbeständigkeit und Nicht-Selbst eins. Nicht-Selbst lässt sich nur im Licht des Interseins betrachten. Intersein erkennt, das A auch B *ist*, dass dies auch jenes ist.

Vergegenwärtigen Sie sich noch einmal die Begriffe des Physikers David Bohm von der »expliziten« und der »impliziten« Ordnung. In der expliziten Ordnung sehen wir die Dinge außerhalb und abgetrennt von allen anderen Dingen existieren. In der impliziten Ordnung sehen wir, dass alle Dinge innerhalb anderer Dinge liegen. In der Welt der atomaren Teilchen besteht ein Partikel aus allen anderen Partikeln. Die modernen Physiker beginnen die Wirklichkeit weitgehend im Sinne des *Avatamsaka-Sutra* zu verstehen.

Intersein und gegenseitige Durchdringung reifen in jedem Augenblick. Reifung *(vipaka)* bedeutet die Kombination vieler Elemente zu einem Resultat. Um Suppe zu kochen, geben wir viele Zutaten in einen Topf, wenden Hitze an und warten. Nach einer Weile ist die Kombination von Elementen zu etwas Köstlichem geworden, das wir essen können. Reifung findet nicht nur einmal in hundert Jahren statt. Reifung geschieht jeden Augenblick. Jeden Tag werden wir neu geboren.

Das Speicherbewusstsein reift auf zwei Arten – als unsere Person (die Welt der fühlenden Wesen) und als unsere Umgebung (die instrumentale Welt). In diesem Augenblick können wir die gereifte Frucht berühren, nämlich uns selbst, unsere Freundinnen und Freunde und unsere Welt. Morgen wird die gereifte Frucht sich verändert haben – schlechter oder besser geworden sein, abhängig von unseren individuellen wie kollektiven Handlungen. Unsere Handlungen von Körper, Sprache und Geist schaffen – wenn man sie alle zusammen nimmt – die Qualitäten unseres Glücks und unseres Leidens. Wir sind die Schöpfer unserer Bestimmung. Die Qualität unseres Seins hängt von der Qualität unserer früheren Handlungen ab. Das nennt man Reifung.

Einige Samen brauchen länger als andere, um auszureifen. Einige behalten dieselbe grundlegende Natur vor und nach der Reifung. Einige unterscheiden sich vollkommen vor und nach der Reifung. In uns könnte ein Samen der Musikalität sein. Bevor der reif geworden ist, singen wir nicht sehr gut, und die Melodien, die wir komponieren, sind alles andere als schön. Aber je mehr wir üben, desto weiter reift der Samen, und es kommt zu einer Veränderung: Die Musik, die wir machen, wird immer melodischer. Reifung geschieht jeden Augenblick. Unser Körper, unser Bewusstsein und die Welt sind die gereiften Früchte dieses Prozesses.

Im Herzen von allem ist Bewusstsein. Raum, Zeit und die vier großen Elemente sind alle Erscheinungen des Bewusstseins. Allen sechs wohnt die Natur des Interseins inne. Wenn wir eines eingehend betrachten, finden wir die übrigen fünf. Wir haben schöpferische Kräfte und können zu neuer Reife gelangen, wenn wir die Samen in unserem Speicherbewusstsein zu transformieren verstehen. Wir mögen glauben, dass eine neue Reifung erst stattfindet, nachdem wir diesen Körper, diese gegenwärtige Manifestation unserer acht Bewusstseinsformen, losgelassen haben. Aber wenn wir tief genug schauen, sehen wir, dass Reifung jeden Augenblick geschieht. Wir haben die Fähigkeit, uns jeden Augenblick zu erneuern.

Sechsunddreißig *Kein Kommen, kein Gehen*

Wesen werden manifest, wenn die Bedingungen ausreichen.
Reichen die Bedingungen nicht mehr aus, erscheinen
sie nicht länger.
In Wahrheit gibt es kein Kommen, kein Gehen,
kein Sein und kein Nichtsein.

»Bedingungen« bezieht sich hier auf Ursachen und Bedingungen. In Kapitel Achtzehn haben wir uns erstmals mit Ursachen und Bedingungen beschäftigt. In diesem und den beiden nächsten Versen wird das Thema erneut aufgegriffen. Die Nur-Manifestation-Schule des Buddhismus listet vier Arten von Bedingungen auf, die bei der Manifestation der Dinge eine Rolle spielen. Die Grundursache wird Samenursache oder Ursachenbedingung *(hetu-pratyaya)* genannt. Dann gibt es noch die Entwicklungsbedingung *(adhipati-pratyaya)*, die Objektbedingung *(alambana-pratyaya)* und die Bedingung der unmittelbaren Fortdauer *(samanantara-pratyaya)*.

In Wahrheit gibt es keinen Anfang der Dinge. Die Geburt eines Menschen ist nicht der Anfang seiner Existenz. Er ist die ganze Zeit bereits da gewesen; aber erst jetzt wird er in dieser speziellen Form manifest. Bevor ein Blatt Papier manifest wird, existiert es bereits in den Wolken und Bäumen. Und auch wenn wir es verbrennen, hört es nicht auf zu existieren. Es kehrt lediglich in einen Zustand der Latenz zurück. Der Rauch zieht zu den Wolken hoch, und die Wärme strahlt in die Atmosphäre. Dinge kommen nicht an und gehen auch nicht weg. Sie sind entweder manifest oder latent.

Die Dinge werden aufgrund von Ursachen und Bedingungen manifest, und wenn die Ursachen und Bedingungen nicht mehr ausreichen, hören sie einfach auf, manifest zu sein. Manchmal sind Dinge manifest, aber wir sind nicht mit ihnen in Kontakt. Manchmal sind die Dinge latent und trotzdem können wir mit ihnen in Kontakt sein. Als sich der Buddha vor zweitausendsechshundert Jahren in Kapalivastu und Shravasti aufhielt, waren Tausende von Menschen, die zur gleichen Zeit dort lebten, nicht in Kontakt mit ihm. Ist es uns ein Anliegen, können wir eben jetzt mit dem Buddha in Kontakt sein.

Wenn die Bedingungen ausreichen, wird ein Phänomen manifest. Wenn Ursachen und Bedingungen nicht ausreichen, manifestiert sich das Phänomen nicht, sondern wird als Samen in unserem Speicherbewusstsein bewahrt. Werden wir zornig, heißt das nicht, dass der Zorn erst in diesem Augenblick zu existieren beginnt. Er ist bereits da gewesen, und zwar als Samen in unserem Speicherbewusstsein. Handelt dann jemand so, dass es uns missfällt, beginnt der Samen zu reifen, unser Gesicht rötet sich, unsere Stimme wird laut und schrill, und andere äußere Zeichen des Zorns werden sichtbar. Aber es wäre nicht korrekt zu sagen, dass unser Zorn erst in diesem Augenblick zu existieren beginnt, der Zorn war bereits da – als Potenzial in unserem Bewusstsein.

Das Gleiche gilt für unseren Körper und unseren Geist. Der Körper wird manifest, sobald die Bedingungen ausreichen. Und wenn die Bedingungen nicht mehr ausreichen, hört der Körper einfach auf, manifest zu sein. Er ist nicht von irgendwoher gekommen und geht auch nirgendwohin. Das ist die Lehre des Nicht-Kommens und Nicht-Gehens. Woher bin ich gekommen? Wohin werde ich nach meinem Tod gehen? Diese Fragen führen uns in die Irre. Wenn die Bedingungen ausreichen, wird der Körper manifest, reichen sie nicht mehr aus, kehrt der Körper in den Zustand der Latenz zurück.

Wir müssen die Vorstellungen von Sein und Nichtsein, Kommen und Gehen, gleich und verschieden, Geburt und Tod überschreiten, denn in der Wirklichkeit gibt es kein Sein und Nichtsein, kein Kommen und Gehen. Der Buddha wird als jemand beschrieben, der aus der Soheit kommt und in die Soheit geht. Soheit ist die Wirklichkeit so, wie sie ist. Soheit lässt sich mit Vorstellungen wie hier und dort, Kommen und Gehen nicht beschreiben. Aus der Soheit zu kommen bedeutet, von nirgendwo her zu kommen. In die Soheit zu gehen bedeutet, nirgendwo hin zu gehen. Es gibt kein Kommen, kein

Gehen, kein Sein und kein Nichtsein. Dies sind lediglich mentale Konzepte, die wir benutzen, um die Wirklichkeit greifbar zu machen. Die Wirklichkeit ist frei von diesen Vorstellungen. Die wahre Natur der Wirklichkeit ist Nirwana – Freiheit von Vorstellungen. Alles geht über diese Dualitäten hinaus – der Buddha, Sie, das Blatt, die Mango. Auf die Wirklichkeit sind alle diese Vorstellungen nicht anwendbar.

Durch die Lehre vom Abhängigen Entstehen können wir über die Vorstellungen von Existenz und Nichtexistenz hinausgehen. Wenn auch nur eine Ursache oder Bedingung fehlt, bleibt das, was manifest werden soll, latent. Wenn Sie im Juli nach Plum Village kommen, gibt es viele Sonnenblumenfelder, und Sie würden sagen, dass Sonnenblumen hier existieren. Kommen Sie hingegen im April, gibt es keine Sonnenblumen zu sehen, und Sie würden sagen, dass es hier keine gibt. Aber die Bauern um Plum Village wissen sehr wohl, dass die Sonnenblumen schon da sind. Die Samen sind ausgesät, die Erde ist gedüngt und bewässert, und alle anderen Bedingungen für das Erscheinen von Sonnenblumen sind ebenfalls erfüllt, mit Ausnahme von einer: der Wärme der Monate Juni und Juli. Und wenn dann auch noch diese letzte Bedingung erfüllt ist, werden die Sonnenblumen manifest.

Wenn Ursachen und Bedingungen ausreichen, werden wir manifest. Reichen sie nicht aus, bleiben wir im Zustand der Latenz. Das gilt für alle: unseren Vater, unsere Mutter, unsere Schwester, unseren Bruder, uns selbst, den Menschen, den wir lieben, und den Menschen, den wir hassen. Stirbt jemand, den wir sehr lieben, können wir unseren Schmerz am wirkungsvollsten lindern, indem wir tief schauen und erkennen, dass nichts ist und dass nichts nicht ist. Der Mensch, den wir gestern so geliebt haben, scheint heute nicht mehr da zu sein. Aber anzunehmen, dass er nicht existiert, ist nichts als ein Konstrukt unseres unterscheidenden Bewusstseins. Wenn wir tief zu schauen verstehen, sind wir in der Lage, die Präsenz dieses Menschen tatsächlich zu spüren.

Bevor Sie sich manifestieren, können wir Sie nicht als nichtexistent bezeichnen. Nachdem Sie sich manifestiert haben, können wir

Sie aber ebenso wenig als existent bezeichnen. Es gibt lediglich Manifestation und Nicht-Manifestation. Die Vorstellungen von Sein und Nichtsein lassen sich weder auf Sie noch auf irgendeine andere Wirklichkeit anwenden. Sein oder Nichtsein, das ist *nicht* die Frage. Der Augenblick des Todes ist in Wirklichkeit kein Moment des Aufhörens, sondern ein Moment der Fortdauer. Wenn ein sterbender Mensch diese Art der Einsicht besitzt, wird er keine Angst haben.

Siebenunddreißig *Ursachen*

Wenn ein Samen ein geistiges Gebilde entstehen lässt,
handelt es sich um die Primärursache.
Das Subjekt der Wahrnehmung hängt vom Objekt der Wahrnehmung ab.
Dies nennt sich Objekt als Ursache.

Sämtliche Phänomene sind das Ergebnis entsprechender Samen im Speicherbewusstsein. Das ist die Samenursache oder Ursachenbedingung. Wenn Sie ein Maiskorn in die Erde pflanzen, wird daraus eine Maispflanze. Der Samen, das Korn, ist die Primärursache oder Ursachenbedingung *(hetu-pratyaya).* Wenn ein Sonnenblumenkern auf die Erde fällt, wird er zur Primärursache für eine Sonnenblume. Die Primärursache reicht für sich allein aber noch nicht aus, um die Pflanze hervorzubringen. Erde, Luft, Sonnenschein, Mineralien und Wasser sind ebenso nötig, damit Maispflanze oder Sonnenblume wirklich manifest werden können. Diese anderen Bedingungen, die notwendig sind, damit etwas manifest werden kann, nennt man unterstützende Ursachen oder Entwicklungsbedingungen *(adhipati-pratyaya).* Diese unterstützende Ursache, die Ursache als Entwicklungsbedingung, wird im nächsten Vers besprochen.

Wir haben gesehen, dass Subjekt und Objekt voneinander abhängen. Das Subjekt hängt vom Objekt ab, und das ist eine weitere Bedingung, die Objektbedingung oder das Objekt als Ursache *(alambana-pratyaya).* Die Objektbedingung ist absolut notwendig, um Erkennen zu ermöglichen. Es kann nämlich kein Bewusstsein ohne ein Objekt des Bewusstseins geben, und das gilt für alle Formen des Bewusstseins: das Speicherbewusstsein, Manas und so weiter. Bewusstsein ist nur dann möglich, wenn Subjekt und Objekt gleichzeitig manifest werden. Ohne ein wahrnehmbares Objekt kann es keinen Wahrnehmenden geben. Gibt es kein Objekt der Wahrnehmung, so gibt es auch keine Wahrnehmung. Gibt es kein Subjekt der Wahrnehmung, so gibt es ebenfalls keine Wahrnehmung.

Die Bedingungen müssen darüber hinaus auch kontinuierlich sein, damit der Sonnenblumensamen sich zu einer starken Pflanze entwickeln und eine Sonnenblume hervorbringen kann. Gibt es im Laufe des Prozesses eine Unterbrechung, wird die Sonnenblume keine manifestierte Wirklichkeit. Dies nennen wir die Bedingung der unmittelbaren Fortdauer *(samanantara-pratyaya)*, und auch diese Bedingung wird im nächsten Vers behandelt.

Achtunddreißig *Bedingungen*

Günstige oder nicht hinderliche Bedingungen
sind unterstützende Ursachen.
Die vierte Art der Bedingung
ist die Unmittelbarkeit der Fortdauer.

Die zweite Ursache wird unterstützende Ursache genannt. Haben Sie einen Samen in die Erde gepflanzt, so braucht er die Wärme und das Licht des Sonnenscheins, die Mineralien der Erde und Regen, um auszukeimen und zu wachsen. Viele Arten von Ursachen und Bedingungen sind nötig, damit Phänomene manifest werden können. Unter den Bedingungen gibt es solche, die förderlich, und solche, die hinderlich zu sein scheinen. Förderliche Entwicklungsbedingungen sind zum Beispiel Sonnenschein, Regen, Mineralien der Erde sowie die Fürsorge des Bauern, die helfen, dass das Maiskorn zu einer Maispflanze wird. Hinderliche Entwicklungsbedingungen scheinen ein Problem darzustellen, aber sie führen nicht notwendigerweise zu einem unheilsamen Ergebnis. Angenommen jemand will ein Haus ausrauben, aber es gibt einen Wirbelsturm, der ihn daran hindert, seine Absicht auszuführen. Wegen dieser hinderlichen Bedingung können sich die Samen der Gier in ihm nicht weiter entwickeln und in der Ausführung des Diebstahls manifestieren.

Ein Hindernis kann also die Rolle einer förderlichen Ursache spielen. Manchmal, wenn eine Bedingung ungünstig zu sein scheint, halten wir sie vielleicht für ein Hindernis, aber genau diese hinderliche Bedingung kann uns die Weisheit und Kraft bringen, die uns später zum Erfolg verhelfen. Wenn ein Mensch nicht mit Schwierigkeiten konfrontiert wird, kann er nicht zu einem reifen Mann oder einer reifen Frau werden. Aus diesem Grund können hinderliche Bedingungen manchmal für unser Wachstum förderlich sein.

Als der Buddha noch lebte, machte ihm sein Vetter Devadatta jede Menge Schwierigkeiten. Dennoch sah der Buddha in Devadatta immer eine förderliche Ursache für seinen Erfolg als Lehrer. Haben Sie nicht mit Schwierigkeiten zu tun, können Sie keine Größe erlangen. Selbst wenn das Leiden und die Schwierigkeiten Ihnen zunächst wie Hindernisse erscheinen, können sie doch zu unterstützenden Ursachen werden. Abfall verwandelt sich in Kompost, und Kompost ist wesentlich für das Wachstum von Blumen. Sowohl förderliche als auch hinderliche Bedingungen lassen sich also für weiteres Wachstum nutzen.

Die vierte Art der Bedingung ist die Bedingung der unmittelbaren Fortdauer. Wenn ein Phänomen im vorangegangenen Augenblick nicht existiert hat, so kann es auch im folgenden Moment nicht existieren. Der vorangegangene Moment ist die Bedingung für den gegenwärtigen Augenblick. Es gibt keine Unterbrechung in diesem Fluss. Es gibt kein Abschneiden. Wenn Sie eine Reispflanze ausreißen, nachdem sie zu wachsen begonnen hat, kann sie nicht mehr weiter wachsen. Obwohl alle unterstützenden Bedingungen nach wie vor vorhanden sind – der Regen, der Sonnenschein, die Erde – wurde die Bedingung der Fortdauer unterbrochen und das Wachstum damit gestoppt. Fällt während Ihrer Arbeit am Computer der Strom aus und haben Sie Ihre Arbeit nicht gespeichert, so geht alles verloren. Jeder Augenblick muss unmittelbar und ohne Unterbrechung dem vorausgegangenen Moment folgen, damit das Ergebnis – die Manifestation – stattfinden kann. Das gilt für alles, was manifest wird. Das Speicherbewusstsein und die anderen sieben Bewusstseinsformen bedürfen dieser Art der Kontinuität ebenfalls, um weiter manifest bleiben zu können.

Jedes Gebilde, jede Manifestation eines Phänomens, braucht zumindest diese vier Bedingungen zu seiner Existenz – die Primärbedingung, die Entwicklungsbedingung, die Objektbedingung, und die Bedingung der unmittelbaren Fortdauer.

Neununddreißig *Wahrer Geist*

Wechselseitig abhängige Manifestation hat zwei Aspekte –
verblendeten Geist und wahren Geist.
Verblendeter Geist ist die Konstruktion von Abbildern.
Wahrer Geist ist erfüllte Natur.

Wechselseitig abhängige Manifestation – also die Manifestation sämtlicher Phänomene – muss als Ergebnis sowohl des verblendeten als auch des wahren Geistes gesehen werden. Von verblendetem Geist sprechen wir, wenn unser Bewusstsein voller Unwissenheit, Verblendung, Zorn und Angst ist. Wahrer Geist ist verwandeltes Bewusstsein, das nun die Fähigkeit besitzt, die letztendliche Wirklichkeit zu sehen und zu erlangen. Wenn eine Manifestation auf verblendetem Geist beruht, kommt es zu großem Leid und tiefer Verwirrung. Begegnen wir Menschen, die sehr viel leiden, die sehr viel Hass, Schmerzen und Sorgen in ihrem Alltag erfahren, dann handelt es sich um eine Manifestation, die auf verblendetem kollektiven Bewusstsein basiert. Eine Gruppe von Menschen jedoch, die glücklich zusammenleben, liebevoll miteinander umgehen und sich gegenseitig unterstützen, ist eine Manifestation wahren kollektiven Geistes. Diese Menschen wissen, wie man die Dinge im Licht des Interseins und der wechselseitigen Abhängigkeit sieht und berührt. Diese Art, die Dinge zu sehen, öffnet die Tür zur letztendlichen Dimension.

Verblendeter Geist – falsche Wahrnehmung und das daraus resultierende Leiden – lässt einen Zyklus aus zwölf Ursachen und Wirkungen entstehen, der als »Kreislauf von Geburt und Tod« bezeichnet wird und den wir bereits als Abhängiges Entstehen, *pratitya-samutpada*, kennen gelernt haben. Die zwölf Glieder sind: (1) Unwissenheit *(avidya)*, (2) Gebilde oder Impulse *(samskara)*, (3) Bewusstsein *(vijnana)*, (4) Körper/Geist, Name und Form *(namarupa)*, (5) die sechs Sinnesgrundlagen *(shadayatana)*, (6) Kontakt *(sparsha)*, (7) Gefühl *(vedana)*, (8) Begehren *(trishna)*, (9) Greifen oder Anhaftung *(upadana)*, (10) Werden *(bhava)*, (11) Geburt *(jati)* und (12) Alter und Tod *(jara-maranam)*. Jedes Glied des Zyklus erzeugt das jeweils nächste – Unwissenheit führt zu geistigen Gebilden, die wiederum Bewusstsein entstehen lassen und so weiter.

Das erste Glied im Kreislauf des Abhängigen Entstehens, Unwissenheit *(avidya)*, ist der verblendete Geist. Die Welt von Geburt und Tod wird vom verblendeten Geist hervorgebracht. Aus diesem Geist entstehen falsche willentliche Handlungen. Willentliche Handlungen wiederum bringen Samen hervor, die unser Bewusstsein bilden. Der auf Unwissenheit basierende Kreislauf von Geburt, Alter und Tod bringt uns viel Leiden.

Aber es gibt auch eine vom wahren Geist bedingte Welt. Diese Welt ist voller Sonnenschein, Vogelgezwitscher, Wind in den Kiefern – so wie die Welt, die wir um uns herum wahrnehmen –, aber etwas hat sie nicht: Sein und Nichtsein, Kommen und Gehen, gleich und verschieden, Geburt und Tod. Die Welt, die den wahren Geist zur Primärursache hat, ist die Welt des *Avatamsaka-Sutra*, in der das eine alles beinhaltet und in der es keine Furcht gibt. Wahrer Geist ist das Mittel zum Verständnis von Nicht-Geburt und Nicht-Tod.

Über den auf Unwissenheit beruhenden Kreislauf des Abhängigen Entstehens ist schon viel gesagt worden, aber nur sehr wenig über das auf wahrem Geist beruhende Entstehen in Abhängigkeit. Der Buddha sagte, dass Verstehen sich einstellt, sobald die Unwissenheit endet, so wie das Tageslicht kommt, wenn die Nacht zu Ende geht. Wenn wir der Unwissenheit ein Ende setzen, ist Verstehen vorhanden. In dem Zyklus von Ursachen und Bedingungen, der auf Verstehen beruht, gibt es keine zu Leiden führenden willentlichen Handlungen. Die Natur des Erwachens ist die Energie, die zu Weisheit führende willentliche Handlungen hervorbringt. Das verblendete Bewusstsein bringt den Körper und den Geist hervor, die leiden. Das wahre Bewusstsein, Weisheit, bringt den Körper und den Geist eines Buddha hervor. Die Lehre vom Abhängigen Entstehen sollte daher nicht nur einen Kreislauf enthalten, der in verblendetem Geist gründet, sondern ebenso einen, der auf wahrem Geist basiert. Der auf Verstehen gründende Kreislauf ist die Welt des Avatamsaka, in der alle Dinge – Sonne, Blumen, Tiere, Wälder und so weiter – wunderbar sind, nicht wie in der auf Verblendung beruhenden Welt, in der alle Dinge letztlich als unbefriedigend empfunden werden und fortwährendes Begehren herrscht.

Der verblendete Geist unterliegt Ursachen und Bedingungen, und ebenso ist der wahre Geist verursacht und bedingt. Die Welt, die auf Grundlage des verblendeten Geistes manifest wird, ist voller Leiden. Die Welt, die auf Grundlage des wahren Geistes manifest wird, ist eine Welt des Friedens und des Glücks. Man muss aber die Welt des verblendeten Geistes nicht verlassen, um die Welt des wahren Geistes zu erreichen. Die Welt des wahren Geistes manifestiert sich immer dann, wenn die Welt des verblendeten Geistes sich im Zustand der Latenz befindet. Damit die wunderbare Avatamsaka-Welt, die Welt des wahren Geistes erscheint, müssen wir nur unsere Blickrichtung ändern.

Viele Sutras und Kommentare, wie etwa die *Abhandlung über das Erwachen des Vertrauens* von Ashvagosha, sprechen von »zwei Toren«, dem Tor von Geburt und Tod sowie dem Tor der Soheit. Sie entsprechen der historischen und der letztendlichen Dimension. Das Leben hat zwei Gesichter: Eines ist das von Geburt und Tod, das andere das der Soheit. Tagtäglich scheint dieselbe Sonne, aber an einem Tag sind wir voller Freude und am nächsten Tag leiden wir. Wenn uns das Herz schwer ist, ist unsere Welt eine leidvolle. Wenn unser Herz jedoch leicht und offen ist, frei von den Fesseln unheilsamer geistiger Gebilde, ist die Welt wunderschön. Der wahre Geist bedingt die Welt der Soheit und des Glücks, weil er nicht in Anhaftung verfangen ist.

Die Lehren der Nur-Manifestation beschreiben die Wirklichkeit im Sinne von drei Naturen. Die letztendliche, erfüllte Natur *(nishpanna-svabhava)* ist die Basis, der es an nichts mangelt. Sie ist Nirwana, die Welt der Soheit. Die konstruierte Natur *(parikalpita-svabhava)* wird vom Denken geschaffen. Dies ist der verblendete Geist, die Welt der konstruierten Abbilder. Verblendeter Geist *(parikalpita)* ist der von Dualität und Vorstellungen von einem Selbst und Beständigkeit bedingte Geist, gefangen in Unwissenheit, Begierde und Hass. Er ist weder licht noch klar. Er nimmt Sein und Nichtsein wahr, Kommen und Gehen, gleich und verschieden, Geburt und Tod.

Die Denkweise des verblendeten Geistes beruht auf Gegensatzpaaren, Begriffen und Konzepten. Er ist nicht fähig, die Wirklichkeit-an-sich zu berühren. Weil unser verblendeter Geist Dinge erfindet, erschafft und konstruiert, die wir in Wirklichkeit nicht berühren können, leben wir in einer Welt konstruierter Abbilder. Alles, was wir auf diese Art und Weise wahrnehmen, gehört zur Welt der Abbilder und nicht zum Bereich der Soheit, zur Welt der Dinge-an-sich.

Solange Ihr Geist von Ideen oder Vorstellungen verdunkelt ist, können Sie die Dinge nicht direkt wahrnehmen. Während eines Retreats für Vietnamveteranen vor vielen Jahren erzählte uns ein Teilnehmer, dass er viele Jahre lang jeden Vietnamesen nur als Bedrohung sehen konnte, als Feind. Als er am Anfang des Retreats mich sah – einen vietnamesischen Mönch –, hielt er mich auch für seinen Feind. Erst später fand er dank der Praxis heraus, dass das nicht stimmte.

Einer meiner Schüler sagte einmal, dass er wohl akzeptieren könne, dass Leben und Tod in jedem Augenblick unseres Alltags stattfinden – dass Leben und Tod einander bedingen und durchdringen –, aber er frage sich doch, ob es für uns wirklich möglich sei, weiter zu existieren, nachdem unser Körper sich aufgelöst hat. Er fragte: »Wie kann das Gehirn sich noch etwas vorstellen, nachdem es zerstört ist, und wie können wir daher eine Fortdauer wahrnehmen?« Wenn Sie tief in den gegenwärtigen Moment schauen, können Sie es sehen. Jeder meiner Schülerinnen und Schüler trägt mich in sich. Eben jetzt atmet und lächelt jemand in Moskau. Das bin ich.

Unsere Atmosphäre ist voller Informationen, die via Satellit zu uns gesendet werden. Wenn wir ein Fernsehgerät oder ein Radio haben, können wir diese Informationen manifest werden lassen. Wenn wir aber weder Fernsehapparat noch Radio haben, sind sie dann nicht-existent? Der Buddha hat gesagt: »Wenn die Bedingungen ausreichen, wird etwas manifest, und man hält es für existent. Wenn die Bedingungen nicht ausreichen, manifestiert sich etwas nicht, und man hält es für nichtexistent.« Manifestation ist der Schlüssel. Alles manifestiert sich aus unserem individuellen und kollektiven Speicherbewusstsein. Aber weil wir in der Vorstellung von Sein und Nichtsein gefangen sind, können wir die letztendliche Dimension nicht berühren. Wir nehmen die Dinge gemäß der Muster unseres Geistes wahr, der geistigen Gebilde, die von den Samen in unserem Speicherbewusstsein ausgehen, und darum ist alles, was wir sehen, verzerrt.

Daher ist es so wichtig, dass wir über unsere Wahrnehmungen meditieren. Wir erschaffen eine Welt voller Illusionen, und als Ergebnis leiden wir. Wir müssen mit den Augen der Weisheit sehen lernen, mit dem wahren Geist, den Augen eines Buddha. Der wahre Geist entsteht aus der erfüllten Natur der Wirklichkeit. Wenn wir die Dinge klar und direkt wahrnehmen, wenn wir die Welt der Dinge-an-sich berühren, ist unser Geist zum wahren Geist geworden.

Wahrer Geist ist strahlend und weise, voller Verständnis und Mitgefühl. Schauen wir mit den Augen des wahren Geistes, bringt das Abhängige Entstehen die wunderbare Welt des Avatamsaka hervor, in der alles leicht, freudig und angenehm ist. Das Abhängige Entstehen kann Menschen zusammenführen, die Verstehen und Liebe entwickelt haben, und zur Freude aller in dieser Gemeinschaft kann ein kleines Paradies entstehen. Stellen Sie sich vor, dass viele Buddhas und Bodhisattvas zusammenkommen, um eine Welt zu errichten voller Freude und Frieden. Visualisieren Sie eine Gemeinschaft, in der die Menschen verständnisvoll und liebevoll miteinander umgehen und sie nicht Opfer ihrer falschen Wahrnehmungen sind. Das ist die wunderbare Atmosphäre des Avatamsaka, die wechselseitig abhängige Manifestation der Weisheit *(prajna)* und nicht des verblendeten Geistes *(parikalpita)*.

Wenn Menschen mit verblendetem Geist zusammenkommen, manifestieren sie Leiden, Zorn und Hass. Die von ihnen geschaffene kollektive Manifestation ist höllisch. Aus diesem Grunde üben wir eingehende Betrachtung, um Verblendung, Zorn und Hass zu transformieren. Das Ziel der Praxis besteht nicht darin, ein Leben voller Leiden zu beenden, sondern ein Leben zu erschaffen, das voller Freude und Friede ist.

Vierzig *Konstruierte, wechselseitig abhängige und erfüllte Natur*

*Das Konstruierte erfüllt den Geist mit Samen der Verblendung,
was zum Elend von Samsara führt.
Das Erfüllte öffnet das Tor der Weisheit
zum Bereich der Soheit.*

Unser Bewusstsein erschafft, konstruiert und imaginiert alle möglichen Dinge. Die konstruierte Natur *(parikalpita-svabhava)* zerschneidet die Wirklichkeit in getrennte Stücke: Dies ist verschieden von jenem, ich bin nicht du. Ihre Funktion ist das Unterscheiden – Selbst und andere, innen und außen, Kommen und Gehen, Geburt und Tod. Wir neigen dazu, unser Leben im Licht konstruierter Abbilder zu leben, die unsere Verblendung noch vergrößern und unsere Gewohnheitsenergien bestimmen. Mit dieser Art des Unterscheidens, Vorstellens und Konstruierens gießen wir tagtäglich die Samen der Verblendung in unserem Bewusstsein und erschaffen das Elend des Samsara, den Teufelskreis von Leiden und Verblendung. Wir selbst erschaffen die Hölle.

Erfüllte Natur *(nishpanna-svabhava)* bedeutet, die Dinge im Lichte des Interseins zu sehen, so zu leben, dass wir das eine im vielen und das viele im einen sehen können, und zu erkennen, dass es keine Geburt und keinen Tod, kein Kommen und kein Gehen gibt. Wenn wir auf diese Weise zu sehen lernen, wird uns die wunderbare Welt der Soheit nach und nach enthüllt, und das Tor zur Befreiung tut sich auf. Sind wir in der Lage, die erfüllte Natur der Wirklichkeit zu berühren, können wir das Tor der Weisheit öffnen und uns in der Welt der Soheit einrichten, frei von aller Verblendung und jedwedem Leiden.

Sehen wir aber die Welt weiterhin auf Grundlage unserer Ideen von einem Selbst, von Dauerhaftigkeit, von Sein oder Nichtsein, werden wir kontinuierlich die Samen der Verblendung in uns gießen und auch in Zukunft im Kreislauf von Samsara leiden. Aus diesem Grund ist es so entscheidend, unsere Sichtweise zu ändern. Die neue Art des Sehens ist *paratantra-svabhava,* das Sehen der Natur der wechselseitigen Abhängigkeit. Unsere Art des Sehens zu verändern, die wechselseitig abhängige Natur der Wirklichkeit sehen zu lernen ist unsere grundlegende Praxis. Der nächste Vers zeigt uns, wie wir lernen können, die Wirklichkeit auf diese Weise wahrzunehmen.

TEIL VI
Der Pfad der Praxis

Die Verse einundvierzig bis fünfzig beschreiben den Weg der Praxis. Die Meditation über die Natur der wechselseitigen Abhängigkeit *(paratantra)* kann Verblendung in Erhellung verwandeln. Wenn wir täglich unsere Achtsamkeit benutzen, um tief zu schauen und die wechselseitig abhängige Natur der Dinge zu beleuchten, können wir uns von unserer Neigung befreien, die Dinge als dauerhaft und mit einem eigenständigen Selbst ausgestattet zu sehen. Dann erkennen wir, dass die Welt von Geburt und Tod, die Welt von Samsara, dieselbe Basis hat wie der Bereich der Soheit, Nirwana. Samsara und Nirwana sind nicht voneinander getrennt. Es sind zwei Dimensionen ein und derselben Wirklichkeit. Wenn wir fähig sind, auch nur ein einziges Gebilde der samsarischen Welt tief genug zu betrachten, können wir einen Durchbruch erzielen und den Grund der Soheit berühren.

Sinn und Zweck der Meditation ist es, den Grund von Nicht-Geburt und Nicht-Tod, die Welt der Soheit, zu berühren. Im 11. Jahrhundert fragte ein Schüler seinen Zen-Meister einmal: »Wo kann ich die Wirklichkeit von Nicht-Geburt und Nicht-Tod berühren?« Der Meister antwortete: »Direkt in der Welt von Geburt und Tod.« Indem Sie die Welle tief berühren, berühren Sie das Wasser. Indem Sie die Welt des Samsara berühren, berühren Sie die Welt der Soheit. Wir haben bereits alle Werkzeuge, die wir brauchen, um die Welt der Soheit direkt hier in Samsara zu berühren.

Einundvierzig *Der Weg zur Praxis*

Über die Natur der wechselseitigen Abhängigkeit zu meditieren
kann Verblendung in Erleuchtung verwandeln.
Samsara und Soheit sind nicht zwei.
Sie sind ein und dasselbe.

Wenn wir in Achtsamkeit leben, können wir die wechselseitig abhängige Natur im Herzen aller Dinge erkennen und unsere Unwissenheit in Einsicht verwandeln. Verblendung wird zu Erleuchtung – wir erkennen, dass das, was wir früher als Samsara wahrgenommen haben, in Wirklichkeit nichts anderes ist als Nirwana, die Welt der Soheit. Der Schlüssel für diese Transformation ist Achtsamkeit, gerichtet auf die Natur der wechselseitigen Abhängigkeit.

In den Versen neununddreißig und vierzig haben wir die drei Naturen kennen gelernt. Die Lehren der Nur-Manifestation sagen, dass alle Phänomene eine oder mehrere von drei Eigennaturen *(svabhava)* haben. Diese drei sind: die Natur konstruierter Abbilder und Unterscheidungen *(parikalpita)*, die Natur wechselseitiger Abhängigkeit *(paratantra)* und die erfüllte Natur *(nishpanna)*, das heißt die Natur der letztendlichen Wirklichkeit.

Die meiste Zeit bewegen wir uns in der Welt konstruierter Abbilder. Wir sehen, wie die Dinge geboren werden und sterben, werden und vergehen, kommen und gehen, und in unserem Geist schreiben wir diese Qualitäten der Wirklichkeit zu – doch sie sind nicht die Wirklichkeit. Darum heißen sie ja auch »konstruierte Abbilder«. Die Wirklichkeit nimmt die von uns wahrgenommene Form an, weil es uns an Verstehen mangelt. Wenn wir traurig sind, sehen wir den Mond als etwas Trauriges. Diese traurige Eigennatur des Mondes ist eine Konstruktion unseres eigenen Geistes. Wir sind in der Welt von Unwissenheit, Geburt und Tod gefangen, weil wir diese eingebildete, konstruierte, von unserem eigenen Geist geschaffene Welt für die Wirklichkeit halten.

Das Gegenteil der Welt konstruierter Abbilder ist die erfüllte Eigennatur, die Natur der Dinge, wie sie sind. Diese Welt ist keine Konstruktion unseres Geistes, und sie ist nicht dem begrifflichen Denken unterworfen. Im Bereich der Dinge-an-sich gibt es keine Geburt, keinen Tod, nicht eins, nicht viele, kein Kommen, kein Gehen, keine Existenz, keine Nichtexistenz. Das ist die letztendliche Dimension, der Bereich der Soheit, Nirwana. Und wie können wir die Welt der konstruierten Abbilder verlassen und in Nirwana eintreten? Der Zugangsweg ist die Meditation über die Natur der wechselseitigen Abhängigkeit, die Praxis von Paratantra.

Paratantra bezeichnet den Prozess, tief in die Natur der wechselseitigen Abhängigkeit zu blicken. Wenn wir diese erkennen, sind wir nicht länger in dualistischen Vorstellungen gefangen. Wir sehen, dass Samsara und Soheit eins sind und nicht zwei. Mit verblendetem Geist sehen wir nur Samsara. Aber wenn unser Geist geläutert und zum wahren Geist geworden ist, verwandelt sich Samsara in Soheit, Nirwana. Ob der Boden unter unseren Füßen ein Boden des Himmels oder der Hölle ist, hängt ganz und gar von unserer Art des Sehens und Gehens ab. Samsara und Soheit teilen denselben Grund; dieser gemeinsame Grund ist unser Bewusstsein, unser Geist. Wenn wir uns darin üben, tief in die Natur der gegenseitigen Abhängigkeit, des Interseins aller Dinge, zu schauen, dann können wir Verblendung in Erhellung verwandeln.

Wechselseitige Abhängigkeit bedeutet, das ein Ding nur in Bezug zu anderen Dingen entstehen kann. Eine Blume entsteht in Abhängigkeit von Samen, Wolken, Regen, Erde und Wärme des Sonnenlichts. Alle diese Dinge sind etwas anderes als die Blume, aber die Blume hängt in ihrer Existenz von ihnen ab. Das ist die wechselseitig abhängige Eigennatur der Blume. Allem im Universum wohnt diese wechselseitig abhängige Eigennatur inne. Erhellen wir diese Eigennatur durch eingehende Betrachtung von allem, was wir wahrnehmen, verwandeln wir Unwissenheit in erwachtes Verstehen.

Wir erhellen die Art und Weise, wie die Dinge sind, indem wir

Unbeständigkeit, Nicht-Selbst und Intersein eingehend betrachten. Das *Sutra über das Dharmasiegel*[1] lehrt, dass wir Nirwana berühren können, wenn wir die Unbeständigkeit und das Nicht-Selbst der Phänomene zu berühren verstehen. Unbeständigkeit und Nicht-Selbst gehören zur Welt der Phänomene; Nirwana gehört zur Welt des Numinosen. Die drei Dharmasiegel Unbeständigkeit, Nicht-Selbst und Nirwana sind die Schlüssel zum Verständnis der Nur-Manifestation-Lehren.

Der erste Schlüssel ist Unbeständigkeit; er öffnet die Tür zur Wirklichkeit im Sinne der Zeit. Nicht-Selbst, der zweite Schlüssel, öffnet die Tür zur Wirklichkeit im Sinne des Raums. In Wirklichkeit sind sie eins, weil Raum und Zeit eins sind. Das eine kann ohne das andere nicht sein. Der dritte Schlüssel, Nirwana, ist die erfüllte Natur, die Wirklichkeit von weder Geburt noch Tod, weder Kommen noch Gehen, weder einem noch vielen, weder Existenz noch Nicht-Existenz. Das ist die Welt des Abhängigen Entstehens, in der nichts als eigenständige, dauerhafte Einheit existiert.

Unbeständigkeit, Nicht-Selbst und Intersein gehören zusammen. Um Nirwana berühren und die Natur des Abhängigen Entstehens der Dinge sehen zu können, müssen wir Unbeständigkeit und Nicht-Selbst berühren.

Die Konstruktion von Abbildern hängt mit unserem verblendeten Glauben an Dauerhaftigkeit und an ein eigenständig existierendes Selbst zusammen. Wir sehen die uns umgebende Welt als dauerhaft und glauben, dass sie aus eigenständigen, aus sich selbst heraus existierenden Einheiten bestehe. Aus diesem Grund müssen wir uns zu Beginn unserer Praxis der beiden Schlüssel Unbeständigkeit und Nicht-Selbst bedienen, um das allen Dingen zugrunde liegende Entstehen in Abhängigkeit zu verstehen. Unsere Praxis besteht darin, das Licht der Achtsamkeit zu entzünden und jeden Augenblick in diesem Licht zu leben. Was immer wir auch sehen, hören oder sonst wie wahrnehmen, wir üben Achtsamkeit und sehen die Natur des Interseins in jedem Objekt unserer Wahrnehmung.

Wenn wir eine Blume im Licht der Achtsamkeit betrachten, können wir leicht erkennen, dass sie nur in Abhängigkeit von Sonnenlicht, Regen, Erde und so weiter existiert. Das Gleiche gilt auch für Menschen – wenn wir unsere Eltern betrachten oder unsere Freundinnen und Freunde, sehen wir auch ihr Entstehen in Abhängigkeit. Das gilt auch für unsere psychischen Muster oder die anderer. In Gesellschaft eines Menschen, der dauernd wütend oder traurig ist, fühlen wir uns unwohl und neigen dazu, ihm Vorwürfe zu machen oder ihn zu meiden. Aber sobald wir die Wurzeln seines Zorns und seiner Traurigkeit verstehen, sobald wir sehen, dass sie sich in Abhängigkeit von anderen Faktoren manifestieren, sind wir in der Lage, ihn zu akzeptieren, ihn mit Mitgefühl zu sehen und ihm zu helfen. Auf natürliche Weise wird damit das Leiden für diesen Menschen und für uns selbst weniger. Das ist die Frucht, die dank der Einsicht in das Entstehen in Abhängigkeit sofort verwirklicht werden kann.

Bei einem wohl erzogenen Kind, ist es einfach zu verstehen, dass die Quelle und der Grund für sein gutes Benehmen in einem heilsamen Zuhause liegen. Aber noch wichtiger ist es, die abhängig entstandene Natur eines Kindes zu verstehen, das sich grausam verhält. Genau wie beim wohl erzogenen Kind liegen auch beim grausamen Kind die Gründe für sein Verhalten in Familie, Gesellschaft, Schule, Freunden und Vorfahren. Wenn wir den Charakter des Kindes nicht im Lichte des Abhängigen Entstehens sehen, reagieren wir zornig oder erschreckt und machen ihm Vorwürfe. Wir müssen unser Bestes tun, um seine wechselseitig abhängige Eigennatur zu erkennen, damit wir es verstehen, akzeptieren, ja lieben können und ihm helfen, sich zu ändern.

Betrachten wir die Todesstrafe im Licht des Abhängigen Entstehens, begreifen wir schnell, dass eine so extreme Strafe nichts mit Vernunft zu tun hat. Ein Mensch begeht ein schweres Verbrechen, bedingt auch durch die Samen, die er von den Vorfahren geerbt hat, und die Samen, die im Laufe seines eigenen Lebens gesät wurden. Er war unterschiedlichen Umgebungen ausgesetzt und seine Eltern, Geschwister, Freunde und Erzieher sowie die Autoritäten der Gesellschaft haben nicht genug getan, um ihm zu helfen, die unheilvollen Samen, die er erhalten hat, zu transformieren. Das Reifwerden dieser

Samen hat in ihm eine außerordentlich große Gewaltbereitschaft geschaffen, die ihn dazu getrieben hat, zu töten, zu vergewaltigen oder andere schwere Verbrechen zu begehen. Glauben wir nun, dass man mit diesem Menschen nichts anderes mehr tun kann, als ihn umzubringen, so zeigen wir unsere kollektive Machtlosigkeit. Wir geben uns als Gesellschaft geschlagen. Wir müssen alle Ursachen und Bedingungen, die den Menschen zu dem Kriminellen gemacht haben, der er ist, eingehend betrachten, damit wir Mitgefühl entwickeln und mithelfen können, die unheilvollen Samen in ihm zu verwandeln, aber ebenso auch die unheilvollen Samen in unserem kollektiven Bewusstsein.

Natürlich ist es sehr schwierig, einem Menschen, der uns verletzt hat, zu vergeben. Unsere erste Reaktion ist Zorn und der Wunsch nach Rache. Wir leiden. Vermögen wir jedoch im Lichte des Abhängigen Entstehens tief zu schauen, können wir vielleicht erkennen, dass wir selbst, wären wir aufgewachsen wie der Kriminelle und hätten die gleichen Erfahrungen gemacht, vermutlich nicht sehr verschieden von ihm wären. Wenn wir das verstanden haben, wollen wir uns vielleicht sogar beschützend vor ihn stellen, statt zornig zu sein und nach Rache zu dürsten.

In der buddhistischen Tradition gibt es viele Geschichten über die früheren Leben des Buddha, die Jatakas genannt werden. Als Bodhisattva übte der spätere Buddha sich darin, andere Wesen voll und ganz anzunehmen und Durchhaltevermögen zu entwickeln. Es gibt Geschichten, die davon erzählen, wie er lächelt, obwohl sein Körper in Stücke gesägt wird. Als kleiner Junge habe ich diese Geschichten gelesen und konnte nie verstehen, wie ein Mensch derartig geduldig und verzeihend sein konnte. Ich war noch zu jung, um zu begreifen, dass der Buddha auf diese Weise handeln konnte, weil er fähig war, die Ursachen und Bedingungen zu sehen, die seine Folterer zu so viel Grausamkeit und Unmenschlichkeit getrieben hatten. Die »Fähigkeit zu sehen« ist das Rohmaterial, das eine Bodhisattva zum großen Mitgefühl führt. Jemand, der niemals tief geschaut und niemals Mitgefühl gespürt hat, kann die Kraft des akzeptierenden Gleichmuts in einer Bodhisattva nicht begreifen.

Aber wenn wir aufgrund unseres tiefen Schauens auch nur einen kleinen Vorgeschmack von Mitgefühl empfunden haben, werden wir fähig, die Grausamen und Verantwortungslosen zu verstehen und zu lieben. Wir können das Lächeln der Bodhisattva verstehen.

Während des Vietnamkriegs gab es viele Mönche, Nonnen und junge Laienanhänger, die den Kriegsopfern halfen. Unsere jungen Sozialarbeiter und Sozialarbeiterinnen waren stark von Liebe motiviert. Sie sahen, wie ihr Volk und ihr Heimatland litten, und wollten helfen. Sie arbeiteten unter elenden und äußerst leidvollen Bedingungen. Die eine Seite hielt uns für Kommunisten und wollte uns töten, die andere Seite hielt uns für Sympathisanten des Feindes oder Agenten der CIA. Viele unserer Leute starben in diesen Zeiten der Dunkelheit eines gewaltsamen Todes. 1966 hatte ich Vietnam schon verlassen müssen, aber ich litt immer sehr, wenn ich von neuen Todesfällen hörte. Ich wusste nicht, ob unsere Sozialarbeiterinnen und Sozialarbeiter wirklich fähig waren, im Geist ihren Mördern zu vergeben und sich mit ihnen zu versöhnen.

Damals schrieb ich das folgende Gedicht.

Versprich mir,
versprich mir heute,
während die Sonne hoch am Himmel steht,
wenn sie dich zu Boden schmettern
mit einem Berg aus Hass und Gewalt;
nicht zu vergessen, Bruder:
Der Mensch ist nicht unser Feind.

Die einzig dir würdige Regung ist Mitgefühl –
ohne Bedingung, grenzenlos, unüberwindbar.
Hass wird dir niemals helfen,
über die Bestie im Menschen zu siegen.

Aber eines Tages, wenn du
dieser Bestie gegenübertrittst, allein,
mit ungebrochenem Mut,

mit freundlichem Blick
in deinen ungetrübten Augen
(auch wenn niemand sie sieht),
wird aus deinem Lächeln eine Blume erblühen,
und diejenigen, die dich lieben,
werden auf dich schauen
über zehntausend Welten von Geburt und Tod hinweg.

Wieder allein, schreite ich fort mit gebeugtem Haupt,
doch wissend um die Unsterblichkeit der Liebe.
Und auf dem langen, rauen Weg
scheinen mir Sonne und Mond
und erhellen meinen Weg.[2]

Bevor ich dieses Gedicht schrieb, habe ich lange Zeit damit verbracht, tief zu schauen. Wenn wir uns zum Zeitpunkt unseres Todes nicht mit unseren Mördern versöhnt haben, ist es äußerst schmerzlich zu sterben. Wenn wir uns versöhnt fühlen und etwas Mitgefühl mit ihnen verspüren, leiden wir viel weniger. Eine meiner Schülerinnen, Nhat Chi Mai, verbrannte sich selbst als Aufschrei und Aufforderung an die beiden Krieg führenden Parteien, sich zusammenzusetzen und endlich den Krieg zu beenden. Bevor sie sich selbst anzündete, sprach sie dieses Gedicht zweimal auf einen Kassettenrekorder.

Wenn wir tief in die Natur der wechselseitigen Abhängigkeit blicken und sehen, dass der Mensch, der uns Leiden zufügt, auch ein Opfer ist – ein Opfer seiner Familie, seiner Gesellschaft, seiner Umgebung –, dann entsteht Verständnis ganz von selbst. Und mit Verständnis gehen Empathie und Versöhnung einher. Verständnis führt immer zu Liebe. Und wenn wir Mitgefühl und Liebe empfinden, sind wir nicht wütend und leiden nicht. Das, was uns leiden lässt, sind unsere Angst, Unsicherheit, Verzweiflung, Hoffnungslosigkeit und unsere Sorgen. Die Fähigkeit, die wechselseitig abhängige Natur aller Dinge zu sehen, führt zu Mitgefühl in unserem Herzen und bewahrt uns vor Leiden, selbst wenn Menschen uns betrügen und Schaden zufügen. Wenn wir andere trotz ihrer Missetaten zu lieben vermögen, sind wir bereits Bodhisattvas.

Schon die kleinsten Handlungen lassen Mitgefühl in uns wachsen. Sehen wir bei unserer Gehmeditation einen Wurm vor uns auf dem Weg und steigen wir über ihn, um ihn nicht zu zertreten, wissen wir, dass Mitgefühl bereits in uns ist. Wenn wir uns darin üben, tief zu schauen und unseren Alltag auf erwachte Weise zu leben, wird unser Mitgefühl von Tag zu Tag zunehmen. Die Worte aus dem *Lotos-Sutra*: »Alle Lebewesen mit den Augen des Mitgefühls betrachten«, verdeutlichen die Haltung. Wenn wir Bäume, Felsen, Wolken, den Himmel, Menschen und Tiere mit den Augen der Liebe sehen, wissen wir, dass Verstehen bereits vorhanden ist. Verstehen, Liebe und Mitgefühl sind eins. Verstehen ist die Frucht tiefen Schauens, des Erhellens aller Dinge durch das Licht des Gewahrseins.

Die Praxis des tiefen Schauens, der eingehenden Betrachtung, lässt uns die wechselseitig abhängige Natur aller Dinge erkennen und Verblendung in Erhellung verwandeln. Das Objekt des verblendeten Geistes ist Samsara. Das Objekt des wahren Geistes ist Nirwana. Wenn wir den verblendeten Geist durch das Erkennen der Intersein-Natur aller Dinge in den wahren Geist zu verwandeln vermögen, erreichen wir den Bereich der Soheit, die Welt der Dinge-an-sich. Verstehen wir mit Festigkeit und Freiheit zu gehen, ist der Boden unter unseren Füßen der Himmel. Gehen wir jedoch mit Sorgen, Angst und Zorn beladen, gehen wir in der Hölle. Alles hängt von unserer Art zu gehen, unserer Art zu sein ab.

Wenn Sie Geburt und Tod eingehend betrachten, finden Sie die Natur von Nicht-Geburt und Nicht-Tod. Es ist wie beim Wasser und den Wellen. Wir glauben, dass es einen bestimmten Moment gibt, an dem die Welle entsteht, und ebenso einen bestimmten Moment, an dem sie aufhört zu sein, und so geraten wir in die Falle der Furcht vor Geburt und Tod. Geburt und Tod, Welle und Wasser sind aber lediglich Erscheinungen, bloße Vorstellungen. Wegen dieser Vorstellungen leiden wir. Das ist Samsara.

Wenn wir die Wirklichkeit der wechselseitigen Abhängigkeit berühren, die Wirklichkeit der erfüllten Natur *(nishpanna)*, sind wir von allen Vorstellungen befreit, einschließlich der Vorstellungen von Kommen und Gehen, Sein und Nichtsein, Geburt und Tod. Wenn wir Nishpanna berühren, verwirklichen wir Furchtlosigkeit. Die letztendliche Dimension, Nirwana, berühren zu können ist die größte Erlösung; sie wird möglich durch die Praxis der eingehenden Betrachtung. Glauben Sie nur ja nicht, das sei zu schwierig. Wir alle können Nirwana berühren, die Dinge global sehen und nicht in einer kleinlichen Sicht gefangen bleiben.

Nehmen Sie einmal an, gestern hätte jemand etwas zu Ihnen gesagt, was Sie zutiefst verletzt hat. Er hat Ihnen nicht einmal die Möglichkeit einer Erwiderung gegeben. Er ist einfach gegangen. Sie waren so zornig. In Ihnen war das Gefühl gegenwärtig, Ihre Würde verloren zu haben, weil Sie keine Möglichkeit der Erwiderung hatten. Den ganzen Nachmittag haben Sie gelitten. Aber am nächsten Morgen, als Sie sich die Zähne putzen, brechen Sie in schallendes Gelächter aus. Die ganze Angelegenheit, die Ihnen so viel Sorgen gemacht hat, scheint plötzlich bedeutungslos. Nur eine Nacht trennt Sie von dem Vorfall, und dennoch fühlen Sie sich bereits jetzt derartig erleichtert, weil Sie angefangen haben, das größere Bild zu sehen. Wenn wir die Dinge global sehen können, wenn wir Zeit und Raum als Einheit erkennen, leiden wir nicht mehr.

Verletzt Sie der Mensch, den Sie lieben, versuchen Sie es mit der folgenden Praxis: Schließen Sie die Augen, atmen Sie achtsam ein und aus, und stellen Sie sich sie beide in hundert Jahren vor. Wenn Sie nach drei Atemzügen Ihre Augen wieder öffnen, werden Sie sich nicht mehr verletzt fühlen; statt dessen werden Sie den Wunsch haben, den geliebten Menschen zu umarmen. Das sind Beispiele für das Berühren von Nirwana. Wir lernen, das Ganze zu berühren und uns nicht in kleinlichen Situationen zu verfangen. Unsere konstruierten Abbilder bringen das Elend von Samsara hervor. Die Natur von Nirwana, Nishpanna, öffnet das Tor der Weisheit und enthüllt die Welt der Soheit. Die Brücke zwischen beiden ist Paratantra, Einsicht in die Natur der Wirklichkeit, das Entstehen in Abhängigkeit.

Samsara und Nirwana sind nicht verschieden. Sie haben denselben Grund. Die Welle muss nichts tun, um Wasser zu werden. Sie ist bereits Wasser. Sie trägt schon seit langer, langer Zeit Nirwana in sich. Und wie im Falle des Wassers müssen auch Sie nicht nach Nirwana suchen. Wenn Sie fähig sind, mit den Augen des Interseins und der gegenseitigen Abhängigkeit zu sehen, berühren Sie Nirwana in sich selbst.

Zweiundvierzig *Blumen und Abfall*

Noch während die Blume blüht, ist sie bereits im Kompost,
und der Kompost ist schon in der Blume.
Blume und Kompost sind nicht zwei.
Verblendung und Erleuchtung bedingen und durchdringen einander.

Der zweiundvierzigste Vers hilft uns, die Lehre vom Intersein in unser tägliches Leben zu integrieren. »Blume« und »Abfall« sind Bilder, um die wechselseitig abhängige Natur von Unwissenheit und Erwachen zu illustrieren. Gewöhnlich glauben wir, dass Erwachen nichts mit Unwissenheit zu tun habe. Wir stellen Erwachen auf die eine Seite vom Zaun und Unwissenheit auf die andere, weil wir fürchten, dass Unwissenheit das Erwachen irgendwie vergiften könnte. Aber in Wirklichkeit lassen sie sich nicht trennen. Gäbe es keine Unwissenheit und keine Verwirrung, könnte es auch kein Erwachen geben. Unwissenheit ist der Boden, in dem Erwachen kultiviert werden kann. Das ist die Natur des Abhängigen Entstehens. Wenn Sie sagen: »Ich will dem Kreislauf von Geburt und Tod ein Ende setzen; ich werde nur Befreiung akzeptieren«, beweisen Sie, dass Sie diese Natur noch nicht verstanden haben.

Werfen Sie »dies« fort, um »das« zu finden, werden Sie niemals finden, wonach Sie suchen. »Das« kann nur im »dies« gefunden werden. Der Buddha hat uns geraten, niemals vor etwas davonzulaufen, um auf etwas anderes zuzulaufen. Kennzeichnend für die buddhistische Praxis ist die Übung der Ziellosigkeit *(apranihita)*. Wenn unser Geist rein, ruhig und klar ist, dann befinden wir uns bereits im Reinen Land. Unwissenheit und Erwachen sind voneinander abhängig. Nirwana lässt sich nur in der Welt von Geburt und Tod finden. Die Geistesplagen *(klesha)*, die unheilsamen geistigen Gebilde wie Gier, Hass, Unwissenheit, Stolz, Zweifelsucht und falsche Sichtweisen verursachen unser Leiden. Wollen wir erwachen, müssen wir unsere geistigen Gebilde annehmen, um sie zu transformieren.

Wenn wir drauf und dran sind zu verdursten und jemand bringt uns ein Glas schlammiges Wasser, wissen wir, dass wir nur überleben können, wenn wir Mittel und Wege finden, das Wasser zu filtern. Wir können es nicht einfach wegschütten – dieses Wasser, obwohl unrein, ist ja unsere einzige Hoffnung auf Rettung. Auf gleiche Weise müssen wir alle unsere Geistesplagen, unsere geistigen Gebilde, alle Schwierigkeiten der Welt, unseren Körper und unseren Geist akzeptieren, um sie verwandeln zu können. Wenn wir sie zurückweisen, wenn wir vor ihnen wegzulaufen versuchen, werden wir niemals Erfolg haben. Es gibt keine Möglichkeit, den Dingen, die wir hassen, zu entkommen. Wir können sie nur verwandeln und zwar in das, was wir lieben.

Eine Gärtnerin, die sich der Wirklichkeit des Interseins bewusst ist, wird ihren Abfall nicht wegwerfen. Wenn sie einen Abfallhaufen betrachtet, kann sie schon jetzt Gurken, Salat und Blumen in ihm sehen. Sie wird den Abfall benutzen, um daraus Kompost für ihren Garten zu machen. Die wechselseitig abhängige Eigennatur der Blume besagt, dass eine Blume aus Nicht-Blume-Elementen wie zum Beispiel Abfall besteht. Wenn wir das Element »Abfall« aus der Blume entfernen würden, könnte die Blume nicht mehr existieren. Die Blume befindet sich auf dem Weg, Abfall zu werden; und der Abfall befindet sich auf dem Weg, Blume zu werden. Wenn wir unsere Geistesplagen annehmen und sie als Kompost benutzen, werden die Blumen der Freude, des Friedens, der Befreiung und des Glücks wachsen. Wir müssen annehmen, was hier und jetzt ist, unser Leiden und unsere Verblendung eingeschlossen. Das Annehmen unseres Leidens und unserer Verblendung bringt uns bereits ein gewisses Maß an Frieden und Freude. Das ist der Beginn unserer Praxis.

Wir akzeptieren, was im gegenwärtigen Augenblick ist, um eine tiefere Perspektive zu entwickeln und die Fähigkeit, unsere Umstände zu verwandeln. Wenn wir ständig zukünftige Umstände oder Ergebnisse zum Ziel unserer Praxis machen, werden wir niemals lernen, das Hier und Jetzt zu akzeptieren. Blumen und Abfall, beides existiert in der Gegenwart, hier und jetzt. Die Bedingungen für Erleuchtung existieren ebenso hier und jetzt, in der Gegenwart. Erleuchtung kann man nicht finden, indem man vor der Verblendung davonläuft. Wer aber tief in die Natur der Verblendung schaut, findet Erleuchtung.

In unserem Speicherbewusstsein gibt es einen wunderbaren Samen namens Achtsamkeit, die Fähigkeit, sich klar bewusst zu sein, was im gegenwärtigen Augenblick geschieht. Dieser Samen mag noch schwach sein, weil wir ihn nur selten gießen. Im Allgemeinen führen wir unser Leben nicht auf achtsame Weise. Wir essen nicht achtsam. Wir gehen nicht achtsam. Wir sehen und sprechen andere Menschen nicht achtsam an. Wir leben in Achtlosigkeit. Aber wir haben immer auch die Möglichkeit, unser Leben voll und ganz zu leben. Wenn wir Wasser trinken, können wir uns bewusst sein, dass wir Wasser trinken. Wenn wir gehen, können wir uns bewusst sein, dass wir gehen. Achtsamkeit ist in jedem Augenblick für uns verfügbar.

Obwohl unser Samen der Achtsamkeit also schwach sein mag, kann er doch ganz schnell wachsen, wenn wir die Dinge achtsam tun. Um zu wachsen, braucht die Achtsamkeit Nahrung. Wir alle haben Samen der Achtsamkeit, der liebevollen Güte, des Verstehens und der Freude in uns. Diese Samen können zu wunderschönen Blumen werden, wenn wir lernen, den Abfall – unseren Hass, unser Urteilen, unsere Verzweiflung und unsere Wut – zu verwandeln. Indem wir tief in die Natur des Leidens blicken und die Energie des Leidens in uns verwandeln, können wir mithelfen, dass die Energie des Glücks und des Friedens sich in unserem Leben manifestiert.

Dreiundvierzig *Intersein*

Fliehe nicht Geburt und Tod.
Blicke einfach tief in deine geistigen Gebilde.
Wird die wahre Natur der wechselseitigen Abhängigkeit erkannt,
ist die Wahrheit des Interseins verwirklicht.

Genau im Herzen von Geburt und Tod liegen Nicht-Geburt und Nicht-Tod. Solange wir vor Geburt und Tod, vor dem Leiden, davonlaufen, werden wir die Welt des Nicht-geboren-Werdens und Nicht-Sterbens niemals erreichen. Wenn wir aber innehalten und tief in unsere geistigen Gebilde schauen, in unsere Vorstellungen von Selbst und anderen, von Geburt und Tod, von Unwissenheit und Erwachen, dann erkennen wir ihre wahre Eigennatur – wechselseitige Abhängigkeit. Das ist Intersein.

Um tief schauen zu können, brauchen wir die Energie der Achtsamkeit. Achtsamkeit ähnelt einem Strom erzeugenden Generator. Der Strom des Generators ermöglicht elektrisches Licht, das Kochen auf dem Herd und viele weitere Annehmlichkeiten. Wir müssen so praktizieren, dass wir in unserem Alltag Tag für Tag die Energie der Achtsamkeit produzieren. Wenn wir achtsam leben, alles, was in uns und um uns herum vorgeht, eingehend betrachten, erkennen wir die Natur des Abhängigen Entstehens, die wechselseitige Durchdringung aller Dinge.

Gehen wir geschickt vor, können wir mit unserer Einsicht in wechselseitige Abhängigkeit, Unbeständigkeit und Nicht-Selbst Nirwana berühren. Wir sehen, dass Nirwana genau hier ist, im gegenwärtigen Augenblick – im Tisch, im Stuhl, im Haus, im Berg, in der Wolke und in jeder Zelle unseres Körpers. Einige christliche Theologen sagen, dass das Reich Gottes in unserem Herzen liegt, dass wir es jeden Augenblick berühren können. Mit Nirwana ist es das Gleiche.

Wenn wir in Vorstellungen von Dauerhaftigkeit und Selbst gefangen sind, können wir Nirwana nicht berühren. In dem Augenblick aber, in dem wir Nirwana berühren, sind wir von Geburt und Tod frei.

Der Buddha sprach in seiner Lehre von Fünf Kräften. Die erste ist die Kraft des gläubigen Vertrauens. Wir müssen gläubiges Vertrauen in die Möglichkeit haben, Nirwana berühren, zur Soheit erwachen zu können. Dabei geht es nicht um blinden Glauben; gläubiges Vertrauen gründet sich auf unser Verstehen, unsere Einsicht und Erfahrung. Vertrauen führt zu Energie, der zweiten Kraft. Ohne gläubiges Vertrauen ermüden wir schnell. Um die Energie aufzubringen, die Dinge eingehend zu betrachten, müssen wir auf unsere Fähigkeit zum Erwachen vertrauen und an das erwachte Verstehen des Buddha glauben. Unsere Energie verwandeln wir dann in Achtsamkeit, die dritte Kraft. Und dort, wo Achtsamkeit herrscht, da ist auch Konzentration, die vierte Kraft.

Ein Leben in Achtsamkeit ist geprägt von der Konzentration tiefen Schauens. Ist unsere Konzentration nur schwach entwickelt, können wir die Natur des Abhängigen Entstehens vielleicht ganz kurz sehen, fallen aber bald wieder in unsere alte Sichtweise zurück, in der uns alle Dinge als dauerhaft und mit einem eigenständigen Selbst versehen erscheinen. Mit starker und stabiler Konzentration aber können wir die Natur des Interseins aller Dinge in uns und um uns herum immer länger erkennen. Wenn unsere Konzentration wirklich groß ist, führt sie zur fünften Kraft, Verstehen. Verstehen wir, so verschwenden wir keine Zeit mit Träumereien über die Zukunft oder Grübeleien über die Vergangenheit. Wir erwachen zu unserem wahren Geist. Mit achtsamem Schritt betreten wir die Welt der Soheit, das Reich Gottes. Verstehen wiederum stärkt unser Vertrauen, und auf diese Weise unterstützen sich die Fünf Kräfte gegenseitig.

Die Energie der Achtsamkeit zu erzeugen ist entscheidend für unsere Praxis. Wir müssen jeden Augenblick unseres Lebens achtsam leben, achtsam schauen, hören und berühren. Kochen wir, kochen wir achtsam; wir achten auf unseren Atem und auf alles, was wir tun. Wenn wir uns bei allem, was wir tun, an unserem Atem erfreuen, bringen wir die Energie der Achtsamkeit hervor, die uns das Leben tief berühren lässt. Meditation hilft uns, Einsicht zu gewinnen und Missverstehen und Unwissenheit aufzulösen; darüber hinaus bringt sie uns Liebe, Akzeptanz und Freude. Es gibt keinerlei Notwendigkeit vor Geburt und Tod davonzulaufen. Es ist vollkommen unnötig, vor unserem »Abfall« die Flucht zu ergreifen. Wir können die Kunst lernen, uns gut um unser Leiden zu kümmern und es in Frieden, Freude und liebevolle Güte zu verwandeln. Wenn Leiden, Furcht oder Verzweiflung in uns vorherrschen, sollten Sie eine Haltung der Furchtlosigkeit einnehmen. Lernen Sie den Abfall Ihrer Geistesplagen in die Blumen des Wohlbefindens, der Festigkeit und Freiheit zu verwandeln.

Wenn wir eine Blume eingehend betrachten, sehen wir das Intersein der Blume. Wenn wir den Abfall eingehend betrachten, sehen wir das Intersein des Abfalls. Eingehende Betrachtung ist keine Spekulation. Wir müssen üben. Wir müssen konzentriert sein. Wir müssen präsent sein, um die Blume tief zu berühren, damit wir ihre Natur des Interseins tatsächlich erfahren. Leben wir achtsam, enthüllt alles die Natur des Interseins. Wenn wir ein Blatt eingehend betrachten, berühren wir den Sonnenschein, den Fluss, den Ozean und unseren Geist in ihm. Das ist wahre Praxis.

Die Lehren von Unbeständigkeit und Nicht-Selbst sind keine Dogmen oder Theorien für einen philosophischen Disput. Sie sind Werkzeuge für die Meditation, Schlüssel, die uns helfen, das Tor der Wirklichkeit zu öffnen. Gibt uns jemand einen Hammer für unsere Tischlerarbeit, legen wir ihn ja auch nicht auf einen Altar und beten ihn an. Wir müssen lernen, ihn zu gebrauchen. Gehen Sie nicht dogmatisch mit Unbeständigkeit und Nicht-Selbst um. Üben Sie eingehendes Betrachten und berühren Sie die Natur der wechselseitigen Abhängigkeit, die Natur des Interseins, in der Wirklichkeit.

Vierundvierzig *Rechte Sicht*

Übe bewusstes Atmen,
um die Samen des Erwachens zu gießen.
Die Rechte Sicht ist eine Blume,
die im Feld des Geistbewusstseins erblüht.

Dieser Vers zeigt eine vollständige Übungsmethode, um die Samen des Erwachens zu gießen, die wir alle in uns tragen. In unserem Speicherbewusstsein haben wir Samen der Unwissenheit und der Verblendung, aber ebenso tragen wir auch Samen des Verstehens und des Mitgefühls in uns. Die Objekte unseres gläubigen Vertrauens sind die Samen des Erwachens in unserem Speicherbewusstsein. Diese Samen sind nicht etwas, an das wir blind glauben müssen. Wir können sie direkt erfahren. Wenn wir in unserem Alltag Achtsamkeit üben, um die Dinge eingehend zu betrachten, wird eines Tages die Rechte Sicht wie eine Blume in unserem Geistbewusstsein erblühen, und zwar dauerhaft, nicht nur von Zeit zu Zeit.

Rechte Sicht ist die erste Übung des Edlen Achtfachen Pfades, der zudem noch Rechtes Denken, Rechte Rede, Rechtes Handeln, Rechten Lebenserwerb, Rechte Bemühung, Rechte Achtsamkeit und Rechte Konzentration umfasst.[3] Rechte Sicht, die klare Sicht des Geistbewusstseins, ist der erste Schritt auf dem Pfad des Erwachens. Ob wir nun essen, gehen, abwaschen oder kochen, die klare Sicht unseres Geistbewusstseins gießt den Samen von *bodhi*, Erwachen, mit dem Wasser der Rechten Achtsamkeit. Achtsamkeit ist das Wasser, das den Bodhi-Samen nährt. Je mehr Achtsamkeit er empfängt, desto besser gedeiht er. Je mehr er gedeiht, desto mehr Vertrauen haben wir in die Praxis. Mit der Übung stetiger Achtsamkeit wird der Sprössling schließlich zu einem schönen Bodhi-Baum heranwachsen. Wo immer ein Bodhi-Baum ist, da ist auch ein Buddha.

Der Samen des Erwachens bringt den Samen der Liebe zum Vorschein. Ausschließlich Achtsamkeit kann zu einem Durchbruch verhelfen, kann zu Verstehen führen, wo vorher Verwirrung und Dunkelheit herrschten.

Erinnern Sie sich daran, das Geistbewusstsein ist der Gärtner, der die Samen im Speicherbewusstsein gießt. Der Gärtner muss Vertrauen zur Erde haben und eifrig gießen. Unsere einzige Aufgabe besteht darin, den Bodhi-Samen in die Erde – das Speicherbewusstsein – zu säen und ihn mit Achtsamkeit zu gießen. Dann wird der Samen des Erwachens ganz von selbst in unserem Geistbewusstsein erblühen. Keine weitere Anstrengung ist nötig. Sie haben bloß eins zu tun, nämlich Achtsamkeit zu üben. Das Speicherbewusstsein sorgt für den Rest. Eines Tages, beim Aufwachen oder wenn Sie jemanden etwas sagen hören, wird ein Durchbruch stattfinden, ein Erwachen. Ganz plötzlich werden Sie Dinge verstehen, die Ihnen über Jahre schleierhaft gewesen sind.

Wir mögen zwanzig Jahre lang ein Sutra rezitieren, ohne auch nur ein einziges Wort zu verstehen, und dann, eines Tages, lesen wir eine einzige Zeile und *sehen*. Das ist erwachtes Verstehen, die Blume, die in unserem Geistbewusstsein erblüht. Dieses Erwachen ist möglich, weil wir uns beim Rezitieren des Sutras bewusst sind, was wir rezitieren. Wie oft rezitieren wir ein Sutra, ohne ein Wort zu verstehen? Wenn Sie ein Sutra rezitieren und dabei wissen, dass Sie ein Sutra rezitieren, ist Achtsamkeit vorhanden. Wenn Sie ein Glas Wasser trinken und wissen, dass Sie ein Glas Wasser trinken, ist Achtsamkeit vorhanden. Pflegen Sie dieses Gewahrsein in Ihrem Alltag, so wird es zu einem großen und schönen Bodhi-Baum heranwachsen, der Ihnen Schutz gewährt, und eines Tages schließlich werden Verstehen und Einsicht geboren.

Verstehen ist nichts, was wir von anderen erhalten können, auch von unserem Lehrer nicht. Das Beste, was unser Lehrer tun kann, ist, uns zu helfen, den Samen des Verstehens tief in unserem Speicherbewusstsein zu berühren. Wird dieser Samen dann gegossen, kann das Verstehen in unserem Geistbewusstsein erblühen. Verstehen ist Rechte Sicht, die Frucht der Praxis. Wir beginnen mit einer winzigen Rechten Sicht, und so lange wir mit der Praxis fortfahren, nimmt unsere Rechte Sicht – zusammen mit den anderen sieben Aspekten des Achtfachen Pfades – zu. Wenn die Rechte Sicht in uns wächst, verbessert sich unsere Praxis. Und wenn sich unsere Praxis verbessert, wächst die Rechte Sicht in uns.

Die meisten von uns beginnen ihre Praxis mit einer ziemlich theoretischen Sicht von Unbeständigkeit und Nicht-Selbst. Aber durch achtsame Betrachtung und achtsames Leben entdecken wir die Essenz von Unbeständigkeit und Nicht-Selbst, die wahre Natur des Interseins, und unsere Rechte Sicht wird tiefgründig und wahr. Der Samen der Rechten Sicht ist der Samen der Erkenntnis. Wenn wir achtsam zu atmen und achtsam zu schauen verstehen und den Samen der Erleuchtung in unserem Speicherbewusstsein stetig gießen, wird er eines Morgens aufgehen und wie eine Blume im Feld unseres Geistbewusstseins erblühen.

Bewusstes Atmen ist das Fundament der Achtsamkeitspraxis. Wir identifizieren das Einatmen als Einatmen und das Ausatmen als Ausatmen: »Einatmend weiß ich, dass ich einatme. Ausatmend weiß ich, dass ich ausatme.« Seit zweitausendsechshundert Jahren haben Generationen praktizierender Buddhisten sich dieser Methode bedient. Bevor wir mit der Übung des bewussten Atmens beginnen, ist unser Körper zwar da, aber unser Geist ist irgendwo anders. Sobald wir aber achtsam atmen, bringen wir Körper und Geist zusammen. Plötzlich wird es möglich, das Leben im gegenwärtigen Augenblick zu berühren.

Das Leben ist voller Leiden, aber es enthält auch viele Wunder. Wenn Sie die Wunder des Lebens berühren wollen, kehren Sie zum gegenwärtigen Augenblick zurück. Üben Sie bewusstes Atmen und Sie werden sich im Hier und Jetzt wieder finden. Wären Sie nicht hier, wie könnte das Leben real und wahr sein? Wenn Sie abgelenkt sind, ist wirkliches Leben nicht möglich. Nur Ihre wahre Präsenz macht das Leben möglich, und Präsenz kann man nicht kaufen. Sie kann nur durch Übung erlangt werden – die Übung achtsamen Gehens[4], achtsamen Atmens[5] und achtsamen Sitzens. Die Praxis der Achtsamkeit besteht in der Übung, präsent zu sein.

Unsere Fähigkeit achtsam zu sein hat ungeheure Auswirkungen auf unser Alltagsleben, auf unsere Beziehungen mit anderen. Das größte Geschenk, das wir einem geliebten Menschen machen können, ist authentische Präsenz. Üben Sie Gehmeditation, Sitzmeditation und achtsames Atmen, um für Ihren liebsten Menschen wirklich da zu sein. Wenn sie leidet, üben Sie achtsames Atmen und dann sagen Sie zu ihr: »Liebling, ich weiß, dass du leidest. Darum bin ich für dich da.« Wenn Sie selbst leiden, so atmen Sie achtsam ein und aus und sagen zu ihr: »Liebling, ich leide. Bitte hilf mir.« Liebe muss mit Vertrauen einhergehen. Wenn Sie leiden, sollten Sie zu den Menschen gehen können, die Sie lieben, um ihnen zu sagen, dass Sie leiden und ihre Hilfe brauchen. Wenn Sie das nicht können, stimmt in Ihrer Beziehung etwas nicht. Es ist ganz wichtig, dies zu üben. Wie können Sie ohne wahre Präsenz einander lieben und für einander sorgen? Sie erzeugen die Energie der Achtsamkeit, um wirklich und wahrhaftig präsent zu sein.

Die schönste Liebeserklärung lautet: »Liebling, ich bin für dich da.« Wenn Sie dieses Mantra aussprechen, wird eine Verwandlung in Ihnen beiden stattfinden. Das ist die Praxis der Achtsamkeit.

Fünfundvierzig *Achtsamkeit*

Wenn die Sonne scheint,
lässt sie alle Pflanzen wachsen.
Wenn die Achtsamkeit erstrahlt,
verwandelt sie alle geistigen Gebilde.

Dank der Sonne kann Gemüse wachsen. Es gibt zwar noch andere Bedingungen für das Wachstum von Pflanzen, zum Beispiel Regen und Erde, aber die Sonne ist die Hauptenergiequelle, die alles Lebendige wachsen lässt. Was immer wir auch essen – ob wir Vegetarier sind oder nicht – stets essen wir die Energie der Sonne. Das Sonnenlicht ernährt uns alle.

So wie das Sonnenlicht die Energie für die wunderbare Verwandlung eines Samens in eine Pflanze liefert, so ist Achtsamkeit die Energie, die alle anderen geistigen Gebilde verwandeln kann. Achtsamkeit selbst ist ein heilsames geistiges Gebilde aus der Gruppe der fünf Speziellen, die zusätzlich noch Eifer, Entschlossenheit, Konzentration und Weisheit beinhaltet. Im Lichte des Interseins enthält jedes geistige Gebilde auch jedes andere geistige Gebilde. Sobald Achtsamkeit da ist, vermag sie andere geistige Gebilde zu verwandeln, so wie die Sonne Samen in Gemüse verwandelt, ja das ganze Angesicht der Erde verwandelt. Achtsamkeit gleicht der Sonne. Sie muss lediglich scheinen, um ihre Arbeit zu verrichten.

Unsere Praxis besteht nicht darin, unsere Geistesplagen, unsere unheilsamen geistigen Gebilde, loszuwerden. Je mehr wir sie nämlich zu unterdrücken versuchen, desto stärker wachsen sie. Wir müssen unsere schwierigen Seiten annehmen und sie mit der Energie der Achtsamkeit berühren. Diese Berührung führt schließlich zu ihrer Verwandlung. Das Geheimnis der Praxis liegt darin, das Feld unseres Geistbewusstseins mit dem Licht der Achtsamkeit zu beleuchten, damit alle geistigen Gebilde wie etwa Zorn, die auf diesem Feld erscheinen, sofort der Energie der Achtsamkeit begegnen. Wenn Zorn in uns hochkommt, unterdrücken wir ihn nicht. Statt dessen lassen wir unsere Achtsamkeit den Zorn berühren. Wir sagen: »Einatmend weiß ich, dass ich zornig bin.« Zwei Dinge sind nun präsent: Zorn und Achtsamkeit. Wenn wir unsere Achtsamkeit für eine gewisse Zeit aufrecht erhalten können, wird unser Zorn erkannt, umarmt und mehr oder weniger umfassend verwandelt, abhängig von der Kraft unserer Achtsamkeit. Ohne Achtsamkeit verlieren wir unseren Weg und treiben haltlos auf den Wogen von Geburt und Tod umher. Ist jedoch Achtsamkeit vorhanden, wissen wir, in welche Richtung wir gehen wollen, um uns zu verwandeln.

Der Buddha hielt seine Schülerinnen und Schüler an, sich jeden Tag die Fünf Gewissheiten bewusst zu machen und sie zu rezitieren:

1) Es ist der natürliche Verlauf, dass ich alt werde. Es gibt keinen Weg, dem Altern zu entgehen.
2) Es ist der natürliche Verlauf, dass ich krank werde. Es gibt keinen Weg, der Krankheit zu entgehen.
3) Es ist der natürliche Verlauf, dass ich sterben werde. Es gibt keinen Weg, dem Tode zu entgehen.
4) Es ist der natürliche Verlauf, dass alles, woran ich hänge, und alle, die mir lieb sind, sich verändern. Es gibt keinen Weg, der Trennung von ihnen zu entgehen.
5) Meine Taten sind meine einzig wirklichen Besitztümer. Den Folgen meiner Taten kann ich nicht entgehen. Meine Taten sind der Boden, auf dem ich stehe.

Es ist wichtig, diese Lehre des Buddha im Licht der Nur-Manifestation-Lehren zu verstehen. Wenn wir die Fünf Gewissheiten nur als ominöse Warnungen vor kommendem Unheil sehen, werden sie nur zu noch mehr Leiden führen. Wir müssen diese fünf Aussagen mit dem Licht der Achtsamkeit erhellen und sie eingehend betrachten, um unsere Angst zu überwinden, unsere Angst vor Alter, Krankheit, Tod, vor Getrenntsein von Menschen und Dingen, die wir lieben, sowie vor der Tatsache, dass wir das Ergebnis unserer eigenen Handlungen sind. Die ersten vier der Fünf Gewissheiten sprechen die Ängste an, die in der Tiefe unseres Bewusstseins ständig wirksam sind. Wie sehr wir auch versuchen mögen, sie unten zu halten und zu vergessen, sie sind immer gegenwärtig. Statt diese Ängste also zu unterdrücken, laden wir sie ausdrücklich in unser Geistbewusstsein ein und lächeln ihnen zu, weil wir wissen, dass sie die Aktivitäten unseres Geistbewusstseins beeinflussen.

Wenn wir diese Art der Kontemplation jeden Tag üben, laden wir die Samen der Furcht ein, hervorzutreten. Und wenn sie dann tatsächlich erscheinen, begegnen wir ihnen mit Achtsamkeit. Sind wir nicht achtsam, wenn die Samen der Furcht sich zeigen, haben wir die Situation nicht im Griff und leiden. Aus diesem Grunde ist es so wichtig, unsere Samen der Furcht mit Rechter Achtsamkeit zu betrachten. Dann können unsere Ängste schwinden und werden eines Tages vollständig verwandelt sein.

Die Übung der Fünf Gewissheiten hilft uns, unseren Ängsten direkt zu begegnen und sie nicht länger als Feinde zu betrachten. Sie sind wir. Unser Glück, unser Leiden, unsere Liebe und unser Zorn – alles sind wir. Wir behandeln alle geistigen Gebilde auf die gleiche Art und Weise – im Geiste der Nicht-Dualität. Wir verwandeln uns nicht in ein Schlachtfeld, auf dem eine Seite gegen die andere Krieg führt. Manche Traditionen lehren genau das – das Gute muss gegen das Böse kämpfen und es überwinden. Im Buddhismus sehen wir beide Seiten als zu uns gehörig, und wir sind bestrebt, alle Aspekte unserer selbst zu sehen und für sie zu sorgen, indem wir ihre wechelseitig abhängige Natur erkennen. Wir müssen unsere Geistesplagen, unsere unheilsamen geistigen Gebilde, annehmen, nur dann können wir sie verwandeln. Je mehr wir sie bekämpfen, desto stärker werden sie. Je mehr wir sie unterdrücken, desto offenkundiger werden sie.

Was können wir tun, um unsere tief verwurzelten Samen des Leidens zu verwandeln? Es gibt drei Wege, mit ihnen zu arbeiten: Der erste besteht darin, dass wir uns auf das Aussäen und Gießen von Samen des Glücks konzentrieren. Dabei arbeiten wir nicht direkt mit den Samen des Leidens, sondern lassen die Samen des Glücks sie verwandeln. Wir gestatten den Samen des Leidens, in unserem Speicherbewusstsein zu ruhen, während wir neue Samen des Friedens, der Freude und des Glücks säen und die bereits vorhandenen gießen. Unser Geistbewusstsein schickt diese Samen des Friedens und der Freude dann in das Speicherbewusstsein, wo sie auf die tief verwurzelten Samen des Leidens treffen und diese verwandeln. Das ist indirekte Verwandlung.

Der zweite Weg besteht darin, kontinuierlich Achtsamkeit zu üben, damit wir die Samen des Leidens erkennen, sobald sie zum Vorschein kommen. Jedes Mal, wenn sich Samen des Leidens als geistige Gebilde in unserem Geistbewusstsein manifestieren, baden wir sie im Licht der Achtsamkeit. Sobald sie in Kontakt mit Achtsamkeit kommen, werden sie schwächer. Ohne Achtsamkeit sind wir nicht einmal in der Lage, diese Samen des Leidens auch nur zu erkennen. Mit Achtsamkeit können wir sie erkennen und müssen sie nicht mehr fürchten.

Wenn wir als Kind verletzt wurden, sind die Samen des Leidens, die wir damals empfangen haben, auch heute noch in uns und beeinflussen die Art und Weise, wie wir im gegenwärtigen Augenblick mit dem Leben umgehen. Jeden Tag manifestieren sich Samen aus der Vergangenheit in unserem Geistbewusstsein, aber weil wir sie nicht im Licht der Achtsamkeit betrachtet haben, werden wir uns ihrer nicht bewusst. Mit Achtsamkeit können wir diese Samen erkennen, sobald sie sich zeigen: »Aha, du bist das! Ich kenne dich.« Allein dieses Erkennen lässt sie einiges von ihrer Gewalt über uns verlieren. Unsere Samen des Leidens sind eine Art Energiefeld, und auch unsere Achtsamkeit ist eine Form der Energie. Wenn die beiden Energiefelder aufeinander treffen, werden die Samen des Leidens verwandelt. Der Kontakt mit der Kraft der Achtsamkeit transformiert sie.

Der dritte Weg, mit den Samen des Leidens umzugehen, die schon seit unserer Kindheit Teil von uns sind, besteht darin, sie ganz bewusst in unser Geistbewusstsein einzuladen. Wenn unsere Achtsamkeit stark und stabil ist, müssen wir nicht darauf warten, dass sich die Samen des Leidens unerwartet zeigen. Wir wissen, dass sie dort im Keller unseres Speicherbewusstseins liegen, und wir laden sie bewusst ein, in unser Geistbewusstsein zu kommen – und zwar jetzt, wo es nicht mit anderen Dingen besetzt ist und sie mit dem Licht der Achtsamkeit beleuchten kann. Wir laden Traurigkeit, Verzweiflung, Bedauern und Begehren ein, Gefühle, die wir in der Vergangenheit nur schwer berühren konnten, setzen uns mit ihnen zusammen und reden mit ihnen wie mit alten Freunden. Bevor wir sie jedoch einladen, müssen wir sicherstellen, dass die Lampe der Achtsamkeit angezündet ist und ihr Licht gleichmäßig und stark scheint.

Wenn wir alle drei Wege, mit unseren Samen des Leidens umzugehen, üben, werden wir Stabilität entwickeln. Man sollte aber nicht, wenn man sehr leidet und nicht weiß, wie man Achtsamkeit übt, mit dem dritten Weg beginnen. Wir sollten uns dann zuerst darin üben, die Samen des Glücks entstehen zu lassen und sie zu nähren. Haben wir mit dieser Methode Erfolge erzielt und mehr von der Energie der Achtsamkeit hervorgebracht, können wir es mit der zweiten Methode versuchen: das Leiden zu erkennen und anzunehmen, sobald es erscheint. Je besser wir die Samen des Leidens erkennen, desto schwächer werden sie. Fühlen wir uns schließlich stark genug, können wir auch die dritte Methode nutzen und die Samen des Leidens in unser Geistbewusstsein einladen, wo die Achtsamkeit sie berühren und verwandeln kann.

Mit dem Leiden umzugehen ähnelt dem Umgang mit einer giftigen Schlange. Wir müssen viel über die Schlange lernen und selbst stark und gefestigt sein, um ihr begegnen zu können, ohne uns selbst dabei zu verletzen. Am Ende dieses Prozesses sind wir dann in der Lage, der Schlange direkt gegenüberzutreten. Wenn wir dies zu vermeiden suchen, wird sie uns eines Tages überraschen, und wir werden an einem Schlangenbiss sterben. Der Schmerz, den wir in den Tiefen unseres Bewusstseins mit uns herumtragen, ist durchaus mit einer Schlange vergleichbar. Wenn er wächst und uns eines Tages mit Macht entgegentritt, gibt es nichts, was wir tun können, wenn wir nicht stark und stabil in unserer Achtsamkeit geworden sind. Tatsächlich einladen sollten wir unser Leiden aber erst dann, wenn wir bereit sind. Wenn es dann erscheint, können wir sicher mit ihm umgehen.

Durch die Lehren der Nur-Manifestation können wir die Wahrheit von Nicht-Dualität, Intersein und Gewaltlosigkeit erkennen, sowohl in unserer Praxis als auch in unserem täglichen Handeln. Mit der Energie der Achtsamkeit können wir mit den Blumen und mit dem Abfall in uns umgehen. Wir schützen die Blumen und verwandeln den Abfall wieder in Blumen. Und wir schrecken vor unserem Abfall nicht länger zurück. Eine Bodhisattva weiß, wie sie ihren Abfall in Blumen zurückverwandeln kann. Ein törichter Mensch versucht, die Augen vor ihm zu verschließen. Wenn wir unseren Abfall ignorieren, welche Nahrung haben wir dann noch für unsere Blumen?

Es gibt Augenblicke, in denen wir fähig sind, die Natur des Interseins in Menschen und Dingen zu sehen. Zu anderen Zeiten jedoch vergessen wir alles und fallen wieder in unsere Welt konstruierter Abbilder zurück. Aus diesem Grunde ist regelmäßige Übung so wichtig, damit die Blume der Erleuchtung dauerhaft im Feld unseres Geistbewusstseins erblühen kann. So wie das Sonnenlicht auf die Pflanzenwelt scheint und alles wachsen lässt, kann auch die Achtsamkeit – ist sie erst einmal entzündet – alle anderen geistigen Gebilde verwandeln. Jedes geistige Gebilde ist für die Energie der Achtsamkeit empfänglich. Wenn es sich um ein heilsames geistiges Gebilde handelt, wird die Achtsamkeit ihm helfen, zu wachsen und zu gedeihen. Wenn ein geistiges Gebilde negativ ist, kann die Energie der Achtsamkeit es in etwas Positives verwandeln. Achtsamkeit ist das Herz unserer Praxis.

Sechsundvierzig *Verwandlung an der Basis*

Wir erkennen innere Knoten und latente Neigungen
und können sie dann verwandeln.
Wenn unsere Gewohnheitsenergien sich auflösen,
findet Verwandlung an der Basis statt.

Wenn wir in Achtsamkeit verwurzelt sind, können wir alles, was sich in uns entfaltet, klar erkennen. Wir greifen nicht danach und stoßen es auch nicht von uns – wir erkennen es einfach. Werden wir zornig, erkennt die Achtsamkeit den Zorn. Werden wir eifersüchtig, erkennt die Achtsamkeit die Eifersucht. Erkennen wir die Präsenz von Furcht oder Traurigkeit in uns, verurteilen wir sie nicht und sagen, sie sei schlecht. Wir beobachten einfach alle Vorgänge in unserem Körper und Geist mit Achtsamkeit und begrüßen, was auch immer sich zeigt, ohne zu loben, zu tadeln oder zu urteilen. Das nennt man »bloßes Erkennen«. Bloßes Erkennen ergreift niemals Partei. Das Objekt unserer Erkenntnis ist nicht unser Feind. Es ist nichts anderes als wir selbst. Wir akzeptieren es so, wie wir unser eigenes Kind akzeptieren.

In seiner *Lehrrede über die Vier Verankerungen der Achtsamkeit*[6] spricht der Buddha von vier Feldern der Praxis: der Kontemplation des Körpers im Körper, der Kontemplation der Gefühle in den Gefühlen, der Kontemplation des Geistes im Geist und der Kontemplation der als geistige Objekte entstehenden Phänomene in den Objekten des Geistes. Das dritte Feld der Praxis, die Kontemplation des Geistes im Geist, bezieht sich hier auf fünfzig der einundfünfzig geistigen Gebilde. (Das geistige Gebilde »Gefühle« bildet das zweite Feld, die Betrachtung der Gefühle in den Gefühlen.) Die acht Bewusstseinsformen lassen sich mit acht Flüssen vergleichen und die geistigen Gebilde mit Wassertropfen in diesen Flüssen. Obwohl

Geist und Objekte des Geistes als zwei unterschiedliche Bereiche gelten, sind sie in Wirklichkeit eins. Der Geist ist der Wahrnehmende und die Objekte des Geistes sind das Wahrgenommene. Wahrnehmender und Wahrgenommenes können aber unter keinen Umständen getrennt werden; sie bilden ein Ganzes. Objekte des Geistes entstehen nicht unabhängig vom Geist. Objekte des Geistes – einschließlich Körper, Gefühle und alle anderen geistigen Gebilde – sind Produkte des Geistes.

Die vier Felder für unsere Achtsamkeit – Körper, Gefühle, Geist und Objekte des Geistes – bedingen und durchdringen einander. Jedes Feld beinhaltet die anderen drei. Nach der in dieser Lehrrede beschriebenen Praxis erkennen wir jedes Phänomen in jedem der vier Felder, sobald es erscheint. Unsere Hauptaufgabe ist zu erkennen und ähnelt der Arbeit eines Portiers, der jeden grüßt, der herein kommt oder hinaus geht. Wir sind der Portier für unsere sechs Sinneswahrnehmungen. Wenn es keinen Portier gibt, ist das Haus unbewacht und könnte gestürmt werden. Wir entzünden die Lampe der Achtsamkeit, um alles sehen und erkennen zu können, was geschieht. Auf diese Weise ist unser Haus sicher.

Die Augen sind ein tiefes Meer,
mit Strudeln und heftigen Stürmen,
mit Schatten unter der Oberfläche
und Meeresungeheuern tief drunten.
Mein Boot segelt in Achtsamkeit,
ich gelobe, das Steuer ganz fest zu halten,
um nicht im Ozean der Form zu ertrinken.

Mit meiner Praxis bewussten Atmens
bewache ich meine Augen, zu meinem Schutz und zu deinem,
damit der heutige Tag ein schöner Tag bleibt
und wir uns auch morgen immer noch haben.[7]

Die Grundlagen unserer Sinne – Augen, Ohren, Nase, Zunge, Körper und Geist – gleichen alle tiefen Ozeanen voller Gefahren. Wir können in den Myriaden von Bildern, Klängen, Gerüchen, Geschmäckern, Tastempfindungen und Gedanken ertrinken. Ein Übender, der nicht die Lampe der Achtsamkeit entzündet, um seine sechs Sinne zu schützen, ist nicht wirklich in der Lage zu praktizieren.

Was das erste Feld für unsere Achtsamkeit, unseren Körper, angeht, sind wir uns stets unserer Handlungen bewusst, ob wir nun atmen, stehen, gehen, sitzen oder liegen. Sind wir uns dessen nicht bewusst, praktizieren wir nicht. Unser zweites Übungsfeld sind unsere Gefühle. Sobald wir Traurigkeit, Freude, Zorn, Angst, Hass oder Verzweiflung empfinden, erkennen wir das entsprechende Gefühl einfach. Gelingt uns das nicht, beeinflussen diese Gefühle uns und unsere Handlungen, ohne dass wir es überhaupt merken. Aus unerkannten Zorngefühlen heraus sagen wir dem Menschen, den wir lieben, vielleicht grobe Worte, ohne es zu bemerken.

Ein Philosoph fragte einst den Buddha, was seine Mönche und Nonnen denn den ganzen Tag über so täten. Der Buddha antwortete, sie würden gehen, stehen, sich niederlegen, sitzen, essen, ihre Schalen säubern und den Boden fegen. Wodurch, so fragte der Philosoph weiter, unterschieden sie sich denn dann von weltlichen Menschen? Der Buddha antwortete, der Unterschied liege darin, dass seine Mönche und Nonnen ihre sechs Sinne beschützen und dies alles in Achtsamkeit tun würden. Was immer wir auch tun, wir können es achtsam tun. Wir können alle Phänomene in unserem Körper, unseren Gefühlen, unserem Geist und den Objekten unseres Geistes erkennen. Wir sollten niemals denken, dass wir nicht praktizieren könnten, weil wir zu beschäftigt sind. Tun wir unsere Arbeit achtsam, dann praktizieren wir bereits richtig. Probleme entstehen nur dann, wenn wir Dinge unachtsam tun.

Angenommen wir schauen einen Baum an – wir empfinden ein angenehmes Gefühl und genießen das frische Grün des Baumes. Wenn wir nun unsere Achtsamkeit verstärken, während wir den Baum betrachten, verstärkt sich auch unsere angenehme Empfindung, und der Baum wird noch strahlender und klarer. In Neuengland ist das Herbstlaub an den Bäumen so schön, dass die Menschen von weither anreisen, um es zu sehen. Aber die Schönheit der Blätter und das Ausmaß an Freude, das jeder Betrachter empfindet, hängen ganz und gar von seiner inneren Freiheit und seinem geistigen Frieden ab. Mit friedvollem Herzen und starker Achtsamkeit ist der Genuss des Herbstlaubs tausendmal intensiver, als wenn wir leiden und nur die Sorgen in unserem Leben sehen. Menschen können dieselbe Landschaft betrachten, aber sie genießen nicht den gleichen Frieden und das gleiche Glück. Der Unterschied liegt im Ausmaß der Achtsamkeit.

Ein schöner Ahornbaum gehört zum Feld der Geistesobjekte. Die Freude, die wir bei seiner Betrachtung empfinden, gehört zum Feld des Geistes. Wenn wir die Schönheit des Baumes nicht bewusst wahrnehmen, dann ist es beinahe so, als existierte der Baum und seine Schönheit überhaupt nicht. Unser Leiden und unser Glück gehören zum Feld der Gefühle. Achtsamkeit ist der Portier, der unsere Sinne bewacht. Sobald wir verstehen, wie wir unsere Achtsamkeit benutzen können, um die Gebilde in unserem Geistbewusstsein im Augenblick ihres Entstehens zu erkennen, wissen wir auch, in welche Richtung wir gehen müssen. Nicht dass wir bewusst nach einer Richtung suchen würden, aber indem wir achtsam sind, zeigt sich die Richtung ganz von selbst. Wir wissen immer, ob das, was geschieht, heilsam ist oder nicht, und können die entsprechende Handlung wählen, um es zu fördern oder zu vermeiden.

In uns allen gibt es so genannte innere Knoten und latente Neigungen. Innere Knoten sind Knoten, Verhärtungen der Traurigkeit und des Schmerzes, die sich in unserem Bewusstsein gebildet haben. Sie sind unheilsam. Wenn jemand etwas Bestimmtes zu uns sagt oder wir etwas sehen, was uns zornig oder traurig macht, wenn die Objekte unseres Geruchs-, Geschmacks- oder Tastsinns eine Blockade in uns bilden, haben wir einen inneren Knoten oder eine Fessel *(samyojana)* entwickelt. Das chinesische Schriftzeichen für Samyojana bedeutet »herumkommandiert werden«. Wenn wir unsere sechs Sinne nicht bewachen, können wir nicht vermeiden, dass sich innere Knoten in unserem Speicherbewusstsein bilden, und sie lassen uns Dinge tun, ohne dass wir es überhaupt merken. Schützen wir die Sinnestore unserer Augen nicht, wenn sie in Kontakt mit Formen kommen, wird sich früher oder später ein innerer Knoten bilden. Wir werden zornig, traurig oder klammern uns an etwas fest.

Sucht ist solch ein innerer Knoten. Wir sind nicht von Anfang an süchtig nach Drogen, Alkohol oder unheilsamen Beziehungen. Der Knoten zieht sich erst allmählich zu. Würde die Bildung innerer Knoten sich mit lautem Getöse ankündigen, wüssten wir sofort um ihre Existenz. Aber gewöhnlich können wir den Augenblick, an dem wir süchtig nach Drogen oder Alkohol geworden sind, nicht genau bestimmen. Wir wissen nicht, wann genau wir uns in jemanden vernarrt haben, der nicht gut für uns ist. Innere Knoten bilden sich im Verborgenen. Wenn wir jedoch unsere sechs Sinnestore bewachen, nehmen wir sofort wahr, wenn zum Beispiel ein Gefühl der Anhaftung aufkommt. Wir wissen, dass wir ein angenehmes Gefühl der Anhaftung verspüren, wenn wir ein Glas Wein trinken oder eine Zigarette rauchen oder mit einem Menschen zusammen sind, dem wir nicht so nahe kommen sollten. Wir wissen aber auch, wohin dieses Gefühl uns bringen wird. Mit Achtsamkeit – dem Erkennen dessen, was geschieht, wenn es geschieht – kann sich der innere Knoten der Anhaftung nicht bilden, ohne dass wir es bemerken.

Innere Knoten können über einen langen Zeitraum hinweg still in unserem Speicherbewusstsein liegen, aber irgendwann werden sie hervortreten und uns herumkommandieren. Wir wollen nicht aus Zorn handeln, wir sind von der Empfindung, dass unser Gesicht rot wird und unsere Faust auf den Tisch schlägt, nicht gerade begeistert, aber der innere Knoten des Zorns ist stärker als wir. Lassen wir uns von einem inneren Knoten herumkommandieren, bedeutet dies für uns eine vernichtende Niederlage. Wir können das verhindern, indem wir die inneren Knoten im Augenblick ihres Entstehens erkennen. Angenommen ich empfinde ganz spontan ein Gefühl der Aversion gegen einen Menschen. Wenn ich mir dieses Gefühls der Aversion nicht bewusst werde, kann ich es nicht als inneren Knoten erkennen und werde von dem Gefühl der Abneigung weiter herumkommandiert. Bin ich aber achtsam, erkenne ich das unheilsame Gefühl schon im Augenblick seines Entstehens: »Ich habe ein unangenehmes Gefühl, wenn ich diesen Menschen sehe.«

Wenn wir die Gewohnheit entwickelt haben, das, was in uns vorgeht, zu erkennen, können wir einen Schritt weitergehen und das eingehend betrachten, was wir da erkannt haben. Wir vergessen das Gefühl nicht mehr, auch wenn es sich wieder gelegt hat. Wir fahren damit fort, uns selbst zu beobachten und tief zu schauen. Vielleicht werden wir entdecken, dass der Mensch, dem unsere Abneigung gilt, jemandem gleicht, der uns in der Vergangenheit Unrecht getan hat, und wir deswegen Schwierigkeiten mit ihm haben, selbst wenn er persönlich nichts getan oder gesagt hat, um uns zu verletzen. Unser innerer Knoten zwingt uns dazu, so zu empfinden. Haben wir diesen Sachverhalt aber einmal gründlich beobachtet, stellt sich ein gewisses Verstehen ein. Dieses Verstehen führt uns zu unserer Befreiung. Wir werden von dem Einfluss unserer inneren Knoten frei. Dann können wir ohne Vorbehalte mit dem Menschen sprechen.

Latente Neigungen (*anushaya*) sind innere Knoten, die teilweise verwandelt wurden, so dass wir glauben, sie seien nicht mehr vorhanden. Es ist, als hätten wir einen Baum abgesägt, aber die Wurzeln im Boden gelassen: Der Baum scheint verschwunden zu sein, aber er existiert in latenter Form in seinen unterirdischen Wurzeln weiter. Wir können unsere latenten Neigungen nicht von uns weisen. Sie gleichen dem Schatten, der der Form folgt. Üben wir uns in der Betrachtung von Nicht-Selbst und gegenseitiger Durchdringung, meinen wir vielleicht, die Vorstellung eines Selbst, die Wurzel unserer Gefangenschaft, beseitigt zu haben. Aber diese Wurzel ist schon seit der Zeit vor unserer Geburt vorhanden, und es bedarf noch vieler Anstrengungen, um sie wirklich zu verwandeln. Wir müssen aufpassen und die latente Neigung, an einem Selbst anzuhaften, sofort erkennen, wenn sie in der einen oder anderen Form auftaucht.

Gewohnheitsenergien (*vasana,* »Imprägnierung«) sind die Grundlage der inneren Knoten. So wie Blütenblätter den Tee aromatisieren, wenn wir sie ihm beigeben, so nehmen wir den »Duft« einer guten Umgebung an. Halten wir uns in einem unheilsamen Umfeld auf, nehmen wir auch dessen »Duft« an. Jede Handlung von Körper, Sprache oder Geist kann das Ergebnis von Gewohnheitsenergien sein. Einige unserer Gewohnheitsenergien haben sich über Tausende von Jahren gebildet. Unser Erbe besteht aber nicht nur aus den Dingen, die wir in der Vergangenheit getan haben, sondern ebenso aus dem, was wir gegenwärtig tun. Jedes Wort, das wir sprechen, und jede Handlung, die wir ausführen, entscheidet, wie es uns gehen wird. Um an einen Ort des Lichts und des Glücks zu gelangen, müssen wir gute Gewohnheiten entwickeln. Die beste Gewohnheit ist die Praxis der Achtsamkeit. Wenn wir mit Menschen zusammen sind, die Achtsamkeit üben, nehmen auch wir den Duft der Achtsamkeit an.

Es gibt zwei Arten von Gewohnheitsenergien. Die erste ist *karmavasana*, wörtlich »Handlungs-Imprägnierung«, eine Gewohnheit, die aus wiederholter Handlung entsteht. Wenn wir drei Wochen Gehmeditation üben, wird sie uns zur Gewohnheit. Und wenn wir dann im Flughafen wieder einmal auf unseren Flug warten müssen, können wir von der Gewohnheitsenergie der Gehmeditation profitieren.

Gewohnheitsenergien sind unsere einzig wahren Besitztümer, das einzige Erbe, das wir auch über unseren Tod hinaus besitzen werden. Alles andere – unsere Liebsten, unser Heim, unsere Universitätsabschlüsse – müssen wir zurücklassen. Alles, was wir mit uns nehmen, ist unser Karma-Vasana, und wir haben nicht die Wahl, etwa nur den Teil davon mitzunehmen, der uns gefällt. Wir müssen alles nehmen. Die fünfte der Fünf Gewissheiten erinnert uns an folgendes: »Meine Taten sind meine einzig wirklichen Besitztümer. Den Folgen meiner Taten kann ich nicht entgehen. Meine Taten sind der Boden, auf dem ich stehe.«

Die zweite Art der Gewohnheitsenergie ist *graha-dvaya-vasana*, die Gewohnheitsenergie des Greifens nach der Dualität. Wir haben die Gewohnheit, die Phänomene im Sinne von Gegensätzen wahrzunehmen, zu glauben, dass das Objekt außerhalb des Subjekts existiert, dass es Selbst und andere gibt. Wenn wir in Achtsamkeit leben, erkennen wir, dass die Welt lediglich unser individuelles und kollektives Bewusstsein ist und dass Selbst und andere, Geburt und Tod, Kommen und Gehen, Existenz und Nicht-Existenz nichts als Vorstellungen sind.

Konnten wir unsere Gewohnheitsenergien verwandeln, die inneren Knoten entwirren, dann enthüllt sich uns die Frucht der Praxis. Das nennt man Verwandlung an der Basis *(ashraya-paravritti)*. Verwandlung an der Basis bedeutet grundlegende Verwandlung, Verwandlung in den Tiefen des Speicherbewusstseins, weil es die Basis aller anderen Bewusstseinsformen und letztlich des gesamten Universums ist. Die intensive Auseinandersetzung mit der Theorie des Nicht-Selbst vermag eine gewisse Veränderung in unserem Geistbewusstsein herbeizuführen. Um aber die Wurzel, den Grund, zu verwandeln, müssen wir unsere inneren Knoten, Gewohnheitsenergien und latenten Neigungen transformieren. Wir müssen mit den Blockaden der Unwissenheit in unserem unbewussten Geist arbeiten. Wahre Verwandlung kann nur stattfinden, wenn wir diese Dinge zu berühren vermögen. Sie ist keine Angelegenheit der Verwandlung lediglich unseres Intellekts.

Wenn wir unsere Gewohnheitsenergien berühren und die Wurzeln von Gewalt, Verzweiflung, Angst und Zorn in unserem Speicherbewusstsein verwandeln können, dann findet Verwandlung an der Basis, eine Verwandlung von Grund auf, statt. Dazu müssen wir zunächst die inneren Knoten und latenten Neigungen erkennen und sie aus der Perspektive von Nicht-Selbst und Intersein betrachten. Tag und Nacht müssen wir den Samen des Verstehens in unserem Speicherbewusstsein gießen, damit er wächst und uns hilft, in allem, was wir sehen und berühren, die Natur des Interseins zu erkennen. Dieses Verständnis müssen wir in unseren Alltag integrieren.

Siebenundvierzig *Der gegenwärtige Augenblick*

Der gegenwärtige Augenblick
enthält Vergangenheit und Zukunft.
Das Geheimnis der Verwandlung liegt darin,
wie wir mit eben diesem Augenblick umgehen.

Der gegenwärtige Augenblick enthält Vergangenheit und Zukunft – eine Lehre des *Avatamsaka-Sutra*. Das eine enthält alles. Zeit enthält Raum. Wenn wir in Kontakt mit dem gegenwärtigen Augenblick sind, sind wir mit der gesamten Zeit in Kontakt, einschließlich Vergangenheit und Zukunft. Da Zeit außerdem Raum enthält, enthält der gegenwärtige Augenblick auch diesen Ort und alle anderen Orte. Wenn wir auf dem Erdboden stehen und im gegenwärtigen Augenblick weilen, ist der Boden unter unseren Füßen grenzenlos. Wenn wir auf dem Boden Berlins stehen, erkennen wir, wenn wir unserem Atem folgen, dass wir auf dem Boden ganz Europas stehen. Und wenn wir sicher und fest gegründet im gegenwärtigen Augenblick weilen, sehen wir, dass wir gleichzeitig auch auf dem Boden Amerikas, Asiens und der ganzen Welt stehen. Im gegenwärtigen Augenblick können wir die ganze Welt und sogar das gesamte Universum berühren.

Wie wir mit dem gegenwärtigen Augenblick umgehen, ist der Schlüssel zur Verwandlung unseres Leidens. Das ist eine wesentliche Lehre des Buddhismus. Die abendländische Psychologie hat einen anderen Ansatz. Die Psychoanalyse sucht die Tür zur Vergangenheit zu öffnen und das zu berühren, was damals geschehen ist. Unser Leiden gilt ihr als Ergebnis ungelöster innerer Konflikte. Die inneren Knoten – Zorn, Hass, Angst und Unsicherheit – befinden sich seit unserer Kindheit in unserem Geist. Weil unser bewusster Geist den Schmerz dieser Konflikte nicht ertragen konnte, begrub er sie tief im

Unbewussten, und seither ist er damit beschäftigt, sein Territorium von diesen unerträglichen Ängsten frei zu halten. Die schmerzlichen Erinnerungen bleiben also im Unbewussten, wo sie danach trachten, an die Oberfläche zu kommen. Von Zeit zu Zeit treten sie in der einen oder anderen Form zum Vorschein. Dann tun, sagen oder denken wir Dinge, die uns selbst überraschen, die in einem Missverhältnis zur augenblicklichen Situation stehen.

Sigmund Freud war der Meinung, dass die Krankheit unserer Psyche sich allmählich bessern wird, wenn wir mit dem Licht des bewussten Geistes die dunklen Ecken und Winkel des Unbewussten ausleuchten. In der von ihm entwickelten Methodik liegt der Patient auf einer bequemen Couch, während der Analytiker hinter ihm sitzt, wo er vom Patienten nicht gesehen werden kann. Das ist deshalb wichtig, damit der Patient ohne Schüchternheit oder Verlegenheit alles sagen kann, was ihm in den Sinn kommt. Der Patient liegt also entspannt auf dem Rücken und lässt seinem Hirn die Freiheit, Bilder zu produzieren. Alle Bilder und Assoziationen, die ihm einfallen, berichtet er seinem Analytiker. Von Zeit zu Zeit kann der Analytiker ein paar Worte sagen, um den Patienten zum Weiterreden zu ermutigen. Auch kann er vorschlagen, dass der Patient sich eine spezielle Erinnerung aus der Kindheit ins Gedächtnis ruft. Und während der dann von seiner Kindheit erzählt, kommen unter Umständen bestimmte Details aus seinem Unbewusstsein zum Vorschein, deren Bedeutung er überhaupt nicht erkennt. Der Analytiker notiert sich diese Einzelheiten und stellt eventuell Fragen, um diese Bereiche tiefer zu ergründen.

Der Analytiker kann seinen Patienten auch bitten, ihm einen neueren Traum zu erzählen. Der Psychoanalyse zufolge sind die Träume der Königsweg zum Unbewussten. Vielleicht fordert er seinen Patienten aber auch auf, etwas zu berichten, was sich kürzlich zugetragen hat, etwas Schmerzliches oder anders Besonderes, ein Missgeschick oder einen Moment der Verlegenheit. Wenn der Patient über diese Dinge spricht, enthüllt er von Zeit zu Zeit bedeutsame Bilder, die unkontrolliert aus seinem Unbewussten hervorsprudeln. Ein gut ausgebildeter Analytiker ist in der Lage, die Bilder aus dem

Unbewussten seines Patienten zu interpretieren. Gemeinsam tauchen Patient und Analytiker in die Vergangenheit ein und nehmen Kontakt mit den in der Tiefe des Bewusstseins liegenden Bildern und Gedanken auf, die den Patienten im Augenblick quälen. Wesentlich für diesen ganzen Prozess ist, dass der Patient entspannt ist und nicht bewusst an irgendetwas denkt, sondern das, was ihm in den Sinn kommt, berichtet, aus dem Vertrauen heraus, dass der Analytiker ihm helfen kann.

Das mag einfach klingen, ist es aber nicht. Häufig erscheinen Gedanken und Bilder in unserem Geist, die laut auszusprechen wir nicht den Mut haben. Wenn wir reden, zensieren wir uns meistens, aber das hilft uns nicht, die Wahrheit zu erkennen. Im psychoanalytischen Modell fühlen wir uns erst entspannt und frei genug, die ganze Wahrheit zu sagen, wenn wir Vertrauen zum Analytiker gefasst haben. Je mehr wir erzählen, desto mehr Material hat der Analytiker, um uns dabei zu helfen, zu sehen und in Kontakt mit unserem Unbewussten zu kommen.

Freud gilt als der »Entdecker« des Unbewussten. Der Einfluss dieser Entdeckung auf die westliche Literatur, Philosophie und Psychologie war außerordentlich. Freud bemerkte, dass es Menschen gab, die zeitweilig blind, stumm oder taub waren, obwohl keinerlei körperliche Defekte ihrer Sinnesorgane nachweisbar waren. Freud schloss daraus, dass den körperlichen Symptomen der Krankheit geistige Störungen zugrunde liegen müssten und keine physiologischen. Das führte zu seiner Entdeckung des Unbewussten.

Manchmal können Fünf- oder Sechsjährige taub werden, wenn die feindselige Konversation ihrer Eltern ihnen unerträgliches Leid verursacht. Manchmal werden Menschen blind, um bestimmte Dinge, die ihnen unerträglich sind, nicht mehr sehen zu müssen. Bei anderen Menschen kann es zu Lähmungserscheinungen an der Hand kommen, wenn sie gezwungen worden sind, mit ihrer Hand jemandes sexuelle Gelüste zu befriedigen. Die Psychoanalyse zielt darauf ab, dieses vergrabene Wissen der Vergangenheit aufzudecken, um unser gegenwärtiges Leid zu erklären. Ihre Betonung liegt auf der Vergangenheit, in der sie den Schlüssel zur Gegenwart sieht.

Die humanistische Psychologie, ein späterer Zweig westlicher Psychologie, vertritt die Ansicht, dass wir nicht in die Vergangenheit zurückgehen müssen; statt dessen müssen wir der Gegenwart mehr Aufmerksamkeit widmen. Carl Rogers, einer der führenden Vertreter der humanistischen Psychologie, entwickelte die folgenden fünf Richtlinien:

1) Unser Hauptinteresse sollte der Gegenwart gelten und nicht der Vergangenheit.
2) Wenn sich ein Gefühl einstellt, sollten wir unsere Aufmerksamkeit dem Gefühl widmen statt nach seiner Ursache in der Vergangenheit zu suchen.
3) Wir sollten mit dem Rohmaterial des bewussten Geistes arbeiten und nicht mit dem Rohmaterial des Unbewussten.
4) Wir sollten persönliche Verantwortung für alles übernehmen, was im Bereich unserer Gefühle erscheint.
5) Wenn wir unsere Aufmerksamkeit darauf richten, unser Leben friedvoll und freudig zu gestalten, wird unsere Krankheit ganz von selbst abklingen.

Die buddhistische Psychologie enthält Elemente beider Ansätze. Der Buddhismus geht davon aus, dass alle Informationen im Geistbewusstsein aus dem unbewussten Geist, dem Speicherbewusstsein, kommen. Wenn sich Samen des Leidens aus dem Speicherbewusstsein im Geistbewusstsein manifestieren, ist das Ergebnis eine Zunahme des Leidens. Darin ist die buddhistische Psychologie Freuds Vorstellung vom Unbewussten als dem Schlüssel zum Leiden sehr ähnlich. Allerdings teilt sie seine Schlussfolgerung nicht und gibt dem Erforschen vergangener Ereignisse – in der Sprache der Nur-Manifestation: der Untersuchung der Samen des Leidens im Speicherbewusstsein – nicht den Vorzug gegenüber ihrer Verwandlung in der Gegenwart.

Wie wir in Vers fünfundvierzig gesehen haben, bietet die buddhistische Praxis drei Wege zum Umgang mit dem Leiden an, das den Samen vergangenen Leidens entstammt. Zuerst nehmen wir mit den Dingen in der Gegenwart Kontakt auf, die gesund, belebend und schön sind. Dann üben wir Achtsamkeit, um die schmerzlichen Gefühle gleich bei ihrem Erscheinen zu erkennen. Und wenn wir dazu bereit sind, können wir die schmerzlichen Gefühle schließlich direkt in unser Geistbewusstsein einladen, wo wir sie mit unserer Achtsamkeit berühren und verwandeln können. Alle drei Methoden konzentrieren sich auf den gegenwärtigen Augenblick, weil Vergangenheit und Gegenwart einander bedingen und durchdringen. Die Gegenwart enthält die gesamte Vergangenheit. Das ist die Wahrheit des Interseins. Durch die Energie der Achtsamkeit sehen wir, was im gegenwärtigen Augenblick geschieht und können seine Basis entdecken.

Wenn Ärger oder Verzweiflung in uns entsteht, müssen wir zu allererst Verantwortung dafür übernehmen. Ich bin an erster Stelle für meinen Zorn verantwortlich, aber auch mein Bruder trägt einen gewissen Teil der Verantwortung. Schließlich hat er die Worte gesprochen, die den Samen des Zorns in meinem Speicherbewusstsein gegossen haben. Meine Schwester hat ebenfalls einen Teil der Verantwortung, denn mein Zorn hat auch eine kollektive Natur, und sie ist Teil des Kollektiven, obwohl sie aktuell nichts gesagt oder getan hat, um diesen Samen zu gießen.

Alle Phänomene haben eine individuelle und eine kollektive Natur. Leiden ist nicht nur eine individuelle, sondern ebenso eine kollektive Manifestation vieler Generationen und der gegenwärtigen Gesellschaft. Daher gibt es niemanden, der nicht für alles, was in mir vorgeht, mitverantwortlich ist. Der Anteil an der Verantwortung kann größer oder kleiner ausfallen, je nach Person und Umständen. Und aus denselben Gründen bin ich mitverantwortlich für das, was in den Menschen meiner Umgebung vorgeht.

Es ist für uns von großem Nutzen, die Verantwortung für das zu übernehmen, was in unserem Geist geschieht. Zu neunzig Prozent sind wir für unseren Ärger selbst verantwortlich, also sollten wir nicht anderen die Schuld geben, selbst wenn sie eine direkte oder indirekte Rolle beim Entstehen unseres Zorns gespielt haben. Statt Zeit mit der Suche nach Gründen für unseren Zorn zu verschwenden, sollten wir unsere Energie lieber nutzen, uns um ihn zu kümmern. Wenn ein Gefühl des Leids entsteht, umarmen wir es mit der Energie unserer Achtsamkeit. Wir tun dies für alle unsere Vorfahren und auch für die zukünftigen Generationen.

Die grundlegende Heilmethode besteht darin, sich der belebenden und schönen Dinge im gegenwärtigen Augenblick achtsam bewusst zu sein. Diese einfache Methode wird bei weitem nicht so anerkannt, geschätzt und geübt, wie sie sollte. Schnell hält man Freude und Frieden für selbstverständlich. Wenn alles gut läuft, sagt kein Mensch etwas dazu. Wenn jemand sympathisch lächelt, steht es nicht in der Zeitung. Wenn hingegen jemand so zornig wird, dass er jemanden umbringt, ist das sofort eine Nachricht wert.

Mit der ersten der drei Methoden arbeiten wir nicht bewusst an unserer Selbstheilung; Heilung geschieht auf indirekte Weise. Es gibt aber auch direkte Formen der Heilung. Die Lehren der Nur-Manifestation sagen, dass wir unsere Achtsamkeit nicht nur dazu nützen können, um unser Leiden bereits im Ansatz zu erkennen, damit es weniger stark wird, sondern dass wir das Leiden sogar in unser Bewusstsein einladen können, um es direkt zu transformieren. Hier gehen die buddhistischen Lehren weiter als der Ansatz der humanistischen Psychologie.

Die Wurzeln unseres Leidens und unserer Unwissenheit finden sich in unserem Speicherbewusstsein, der Basis, sämtlich im gegenwärtigen Augenblick. Daher ist das Intelligenteste, was man tun kann, den gegenwärtigen Augenblick zu verwandeln, ihn schön und belebend werden zu lassen. Wir sollten nicht sagen: »Wir müssen heute leiden, damit wir morgen Frieden und Freude haben«, oder »dies ist nicht meine wahre Heimat. Ich warte, bis ich ins Paradies komme, um endlich glücklich sein zu können.« Wir wollen für die Zukunft vorsorgen. Aber die Zukunft wird nur aus einer einzigen Substanz gemacht sein: dem gegenwärtigen Augenblick. Die beste Art und Weise, für die Zukunft vorzusorgen, besteht darin, sich bestmöglich um den gegenwärtigen Augenblick zu kümmern. Es ist nicht hilfreich, sich in Zukunft oder Vergangenheit zu verlieren. Wenn wir uns darin verloren haben, können wir weder für die Gegenwart noch für die Zukunft oder die Vergangenheit sorgen. Das Geheimnis der Verwandlung an der Basis, der grundlegenden Transformation, liegt im achtsamen Umgang mit gerade diesem Augenblick. Wenn wir mit dem gegenwärtigen Moment richtig umzugehen verstehen, erleben wir nicht nur jeden Augenblick unseres Lebens ganz tief, sondern wir können auch die Vergangenheit verwandeln und eine Zukunft bauen.

Das Verweilen im gegenwärtigen Augenblick hält uns nicht davon ab, die Vergangenheit oder die Zukunft eingehend zu betrachten. In der Gegenwart gegründet, können wir die Vergangenheit überblicken oder in die Zukunft schauen und eine Menge lernen. Wenn wir den gegenwärtigen Augenblick tief berühren können, dann können wir auch die Vergangenheit berühren, ja sie sogar verändern. Vielleicht habe ich in der Vergangenheit Fehler gemacht und jemandem Leid zugefügt. Die Narbe des Leidens ist immer noch in mir und auch in der anderen Person. Mit der Energie der Achtsamkeit kann ich die Wunde in mir erkennen und dann zu dem Menschen, den ich verletzt habe, sagen: »Entschuldige bitte, ich will das nie wieder tun.« Die Entscheidung für einen Neuanfang ist eine sehr kraftvolle Energie. Sie kann helfen, unsere Wunden augenblicklich zu heilen, und unser Leiden sowie das der anderen Person lindern. Wir können vielen Menschen helfen, sich von ihren Schuldgefühlen zu befreien, indem wir ihnen diese Art der Lehre und Praxis anbieten.

Das *Sutra der Kenntnis des besseren Wegs, allein zu leben* ist die älteste Unterweisung zu diesem Thema.[8] Der Buddha hat oft gesagt, dass diese Unterweisung den Menschen helfen wird, Frieden und Freude im gegenwärtigen Moment zu finden, und das dies nicht nur ihr gegenwärtiges, sondern auch ihr zukünftiges Glück garantiert. Wenn die Gegenwart freudvoll gelebt werden kann, dann kann auch die Zukunft voller Freude gelebt werden. Der Sanskritausdruck *drishta-dharma-sukha-viharin* fasst diese Einsicht zusammen. *Drishta* bezeichnet das, was im gegenwärtigen Augenblick sichtbar, berührbar und erkennbar ist. *Dharma* bedeutet »Phänomene«. *Sukha* ist »Glück« oder »Freude«. Und *viharin* bedeutet »verweilend«. »Indem wir den gegenwärtigen Augenblick berühren, verweilen wir im Glück.« Es gibt im gegenwärtigen Augenblick stets genügend innere und äußere Bedingungen, um uns glücklich zu machen.

Das soll allerdings nicht bedeuten, dass es in uns und um uns herum nicht auch Elemente des Leidens gibt. Aber die Elemente des Leidens beseitigen oder übertreffen nicht die Elemente des Glücks. Wenn wir nur leidvolle Elemente berühren, leben wir nicht wirklich. Manche Menschen verstricken sich in ihr Leiden. Wohin sie auch blicken, stets sehen sie nur das, was falsch ist, was schmerzlich ist. Im Prinzip wissen sie, dass die Blume schön und der Sonnenuntergang majestätisch ist, aber sie können sie nicht berühren. Sie sind wie von einer Mauer umgeben, die sie daran hindert, mit der Blume, dem Sonnenuntergang und den stets vorhandenen Wundern der Natur im gegenwärtigen Augenblick in Kontakt zu sein. Wenn diese Menschen die gesunden und schönen Dinge berühren könnten, die stets in ihnen und um sie herum verfügbar sind, würde dies ihr Leiden mindern. Es ist nicht genug, unser Leiden zu berühren. Wir müssen ebenso mit den wunderschönen und gesunden Dingen des Lebens in Kontakt sein. Dafür brauchen wir eine Sangha, eine Gruppe von Freundinnen und Freunden, die lächeln, sich uns mitteilen, uns verstehen und Schritte in Freiheit mit uns üben, um uns aus unserer Welt der Dunkelheit herauszuziehen.

Achtundvierzig *Sangha*

Verwandlung findet
in unserem Alltagsleben statt.
Übe mit einer Sangha,
um die Arbeit der Verwandlung zu erleichtern.

Dieser Vers bezieht sich auf die Praxis im Alltag und die Gemeinschaft, die unsere Praxis unterstützt – die Sangha. Manchmal sind wir vielleicht der Meinung, es wäre einfacher, allein zu leben und zu praktizieren. Am liebsten würden wir auf einem Berggipfel leben und die Tür unserer Einsiedelei hinter uns schließen. Tatsächlich ist es viel schwieriger, auf uns allein gestellt zu üben. Wir Menschen sind soziale Wesen, und unsere Hoffnungen und Freuden hängen am Zusammensein mit anderen.

Unsere Praxis ist einfach: Achtsamkeit im Alltag. Wir üben die meditativen Techniken des Innehaltens *(shamata)* und der eingehenden Betrachtung, des tiefen Schauens *(vipashyana)*. Ohne Achtsamkeit und Meditation laufen wir den unterschiedlichsten Dingen kopflos hinterher und verlieren uns selbst. Die Praxis hilft uns, nicht länger durch unser Leben zu rennen, als wäre Mara höchstpersönlich hinter uns her. Viel zu oft lassen wir uns von den Energien der Menschen um uns, von Umständen, von unseren eigenen Gedanken, von Zorn und ähnlichen Gefühlen davontragen und haben nicht die Kraft, uns gegen diese Energien zu wehren.

Stellen Sie sich folgende Frage: »Was habe ich im Laufe der vergangenen Jahre mit meinem Leben gemacht?« Wenn Sie sich nicht darin geübt haben, innezuhalten, wird es Ihnen so scheinen, als wären die Jahre wie im Traum vergangen. Vielleicht haben Sie nicht einen Augenblick innegehalten, um den Mond zu betrachten, einen Sonnenaufgang zu erleben oder eine Blume in Ihren Händen zu halten. Ohne innezuhalten und tief zu schauen, sind wir nicht in der Lage, unser Leben wirklich zu leben.

Die Energie, die uns befähigt innezuhalten, ist die Achtsamkeit. Wir können die Dinge aus unserem Alltag – das Klingeln des Telefons, den Ampelstopp im Straßenverkehr – nutzen, um uns daran erinnern zu lassen, innezuhalten, zu atmen, zu lächeln und zum gegenwärtigen Augenblick zurückzukehren. Der Klingelton des Telefons ist die Stimme des Buddha, der uns zu unserem wahren Selbst zurückruft und uns fragt: »Wohin gehst du? Warum kommst du nicht nach Hause?« Wir sind Kinder, die von zu Hause ausgerissen sind. Wenn wir den Klang des Telefons hören, können wir ins Hier und Jetzt zurückkehren. Der gegenwärtige Augenblick ist voller Freude, Frieden, Freiheit und Erwachen. Wir müssen nur innehalten und ihn berühren.

Die Praxis des Innehaltens führt zu Konzentration *(samadhi)*. Konzentration macht unsere Achtsamkeit stabiler. Wenn die Batterien in unserer Taschenlampe voll aufgeladen sind, ist das Licht stark und stabil, und wir können jedes Objekt, auf das wir unser Licht richten, klar erkennen. Ist die Batterie aber schwach, sehen wir nur ein vages, flackerndes Bild. Konzentration gleicht der Batterie, die Taschenlampe der Achtsamkeit. Wenn wir innehalten und unseren Geist nur ein klein wenig konzentrieren, beginnen wir zu sehen. Wenn wir länger innehalten, wird die Energie der Konzentration in uns sehr stark, und wohin wir das Licht unserer Achtsamkeit auch richten, wir können alles klar sehen. Mit Konzentration ist auch das tiefe Schauen *(vipashyana)* viel einfacher. Tatsächlich lassen sich Konzentration und tiefes Schauen oder eingehendes Betrachten nicht trennen. Sobald Konzentration vorhanden ist, findet tiefes Schauen statt. Wenn wir innehalten und eine Blume eingehend betrachten, können wir die Natur ihres Abhängigen Entstehens, die Sonne, den Regen und die Erde in ihr erkennen.

Konzentration und tiefes Schauen können wir in allen Aktivitäten unseres täglichen Lebens üben. Selbst während wir gehen, können wir innehalten. Wir gehen auf eine Weise, die das Ankommen nicht mehr zum einzigen Ziel macht. Wir gehen, um jeden Schritt zu genießen. Wenn wir innehalten, während wir den Boden fegen, das Geschirr abwaschen oder duschen, leben wir unser Leben wirklich tief. Leben wir nicht auf diese Weise, ziehen die Tage und Monate dahin, und wir verschwenden unsere Zeit. Innehalten hilft uns, unser Leben authentisch zu leben.

Obwohl die Praxis eigentlich recht einfach ist, kann es doch schwierig werden, sie auf uns allein gestellt, isoliert, aufrechtzuerhalten. Die Kräfte, die an uns zerren, sind stark. Wenn wir jedoch Teil einer Gemeinschaft, einer Sangha, sind, in der alle auf diese Weise üben, wird es einfach und natürlich. Die Sangha ist eine Gemeinschaft, in der alle die Absicht haben, zu lernen und zu praktizieren. Aber gute Absichten sind nicht genug. Wir müssen die Kunst erlernen, glücklich zusammen zu leben. Der Aufbau und der Erhalt einer Sangha gehören zu den wichtigsten Aspekten der Praxis. Wir müssen die Kunst erlernen, eine Gemeinschaft zu bilden, die glücklich ist und den Menschen ein Gefühl der Sicherheit gibt. Praxiszentren sollten wie Familien organisiert sein. Der Lehrer oder die Lehrerin ist wie Vater oder Mutter. Die fortgeschrittenen Praktizierenden gleichen älteren Geschwistern, Onkeln und Tanten. Wenn ein Praxiszentrum nicht wie eine spirituelle Familie organisiert ist, in der sich jede und jeder als geschätztes Mitglied fühlt, ist die Arbeit der Transformation schwierig. Viele Menschen kommen aus zerbrochenen Familien und schwierigen Verhältnissen zur Praxis. Ist das Praxiszentrum aber so organisiert, dass jeder dort wie eine isolierte Insel ist und nur wenig Kontakt, Zuneigung oder Wärme zwischen den Mitgliedern herrscht, kann selbst eine zehn- oder zwanzigjährige Praxis keine Früchte tragen. Wir müssen Wurzeln schlagen. Ohne Wurzeln ist es schwierig, glücklich zu sein.

Auch ein Lehrer profitiert von einer guten Sangha. Wie brillant eine Lehrerin auch sein mag, wenn sie nicht Teil einer Sangha ist, kann sie nicht viel ausrichten. Ein Lehrer ohne Sangha gleicht einem Handwerker ohne Material oder einem Musiker ohne Instrument. Die Fähigkeit einer Lehrerin lässt sich an der Qualität ihrer Gemeinschaft ablesen.

Warten Sie nicht auf die perfekte Gemeinschaft oder den vollkommenen Lehrer. Wir brauchen lediglich eine Gruppe gewöhnlicher Menschen, die eine Verpflichtung miteinander eingegangen sind, und wir werden alle großen Nutzen erfahren. Wenn die Einzelnen in der Gruppe Zuflucht zur Sangha nehmen, wird sie stark und schön heranwachsen. Wenn wir lächeln und einen bewussten Atemzug tun, so lächelt und atmet unsere ganze Sangha bewusst mit uns. In einer Sangha hilft man sich gegenseitig. Wenn wir fallen, gibt es immer jemanden, der uns helfen kann. Die Techniken für den Aufbau einer Sangha sind das bewusste Lächeln, die Gehmeditation, das Innehalten und das Verweilen im gegenwärtigen Augenblick. Bauen wir auf diesen Fundamenten auf, können wir anderen helfen. Am wichtigsten ist es, dass die Sangha glücklich, kräftigend und stabil ist.

Der beste Weg, eine solche Sangha aufbauen zu helfen, besteht darin, selbst ein heilsames Element in der Praxisgemeinschaft zu sein. Eine Sangha ist der Ort, an dem Sie der Tradition begegnen und an ihr teilhaben können. Aber sie kommt nicht von selbst zustande. Sie ist das, was wir selbst erschaffen. Es gibt Menschen, die zwar zu Buddha und Dharma Zuflucht nehmen wollen, nicht aber zur Sangha. Andere wollen nur zur Sangha der großen kosmischen Bodhisattvas wie Shariputra, Maudgalyayana, Samantabhadra und Manjushri Zuflucht nehmen, nicht aber zu den gewöhnlichen Praktizierenden in ihrer eigenen Gemeinschaft. Wir nehmen Zuflucht zum Buddha, weil wir Vertrauen zu seiner Lehre und Übung haben. Der Buddha ist Achtsamkeit. Er zeigt den Weg. Aber auch Zuflucht zur Sangha zu nehmen ist keine Frage bloßen Glaubens. Es ist ein Ausdruck unseres Vertrauens, das auf unserer Erfahrung der Praxis in einer Gemeinschaft basiert.

Verwandlung findet nur in unserem täglichen Leben statt. Dabei ist die Zufluchtnahme zu und die Praxis mit einer Sangha ein bedeutender Aspekt. Warten Sie nicht damit, eine Sangha zu aufzubauen. Lernen Sie jetzt, in Harmonie und Glück zu leben, und errichten Sie Ihre Sangha gleich hier, im gegenwärtigen Augenblick. Nicht nur Mönche und Nonnen, alle Praktizierenden brauchen eine Sangha zu ihrer Unterstützung. Wenn Sie mit einer Sangha üben, können Sie die Früchte der Praxis leicht verwirklichen. Wenn Sie Zuflucht zu einer Sangha nehmen, wird die Arbeit der Verwandlung verwirklicht.

Wir sollten Sangha auch im Sinne von Umgebung, Umwelt verstehen. Transformation und Heilung sind ohne eine entsprechende Umgebung sehr schwierig. In einer guten, heilsamen Umgebung jedoch lassen sich die positiven Elemente in einem Samen oder Gen berühren und sie manifestieren sich, und die negativen Elemente nehmen ab und kehren in den Hintergrund zurück. Dieses Prinzip gilt sowohl für geistige als auch für körperliche Bedingungen. Im Licht des Interseins besteht ein Samen ja aus allen Samen und ein Gen aus allen Genen, umfasst also alle heilsamen und unheilsamen Elemente, vergleichbar einem Computer, der auf sämtliche Informationen im Internet zugreifen kann. Wenn eine Information auf dem Bildschirm erscheint, müssen alle anderen Informationen latent im Hintergrund warten. Wir können das manifest gewordene Material, so lange wir wollen, auf dem Bildschirm belassen und damit andere Informationen daran hindern, in den Vordergrund zu treten. Eine gute Umgebung ist für unsere Transformation und Heilung also wesentlich. Ein guter Samen kann gesät werden, aber wenn die Umgebung nicht förderlich ist, kann er sich nicht lange im Vordergrund halten. Aus diesem Grund sollten der Aufbau und der Erhalt einer Sangha und das Schaffen heilsamer, förderlicher Umgebungen zu den dringlichsten Aufgaben in unserer modernen Gesellschaft gehören.

Neunundvierzig *Nichts zu erreichen*

Nichts wird geboren, nichts stirbt.
Nichts gibt es festzuhalten, nichts loszulassen.
Samsara ist Nirwana.
Es gibt nichts zu erreichen.

Dieser Vers bezieht sich auf die letztendliche Dimension: die Frucht der Praxis, Nirwana, das Überschreiten von Geburt und Tod. Wir wissen aber, dass die letztendliche Dimension von der historischen Dimension nicht getrennt ist. Wir sagen, wir »erreichen« die letztendliche Dimension, aber in Wirklichkeit erreichen wir nichts. Die Welle muss den Status des Wassers nicht erst erreichen – die Welle *ist* Wasser. Wir leben in der historischen Dimension, der Welt von Existenz und Nicht-Existenz, von Fortdauer und Aufhören, von Kommen und Gehen – und sind gleichzeitig in Kontakt mit Nirwana. Nirwana ist unsere wahre Natur. So wie eine Welle immer schon Wasser gewesen ist, sind wir immer schon in Nirwana gewesen.

Die Drei Dharmasiegel – Unbeständigkeit, Nicht-Selbst und Nirwana – sind die Schlüssel, die das Tor der *Fünfzig Verse* öffnen. Die Drei Dharmasiegel wirken zusammen wie die zwei Seiten einer Münze und das Metall aus dem sie gemacht ist. Welche der beiden Seiten wir auch berühren, immer berühren wir gleichzeitig das Metall. Unbeständigkeit und Nicht-Selbst beziehen sich auf die Phänomene, die Welle. So wie wir eine Welle betrachten können, um herauszufinden, woraus sie besteht, so betrachten wir die unbeständige und selbst-lose Natur alles Existierenden und können durch diese Praxis über die Vorstellungen von Existenz und Nicht-Existenz, einem und vielen, Kommen und Gehen, Geburt und Tod hinausgehen. Das ist Nirwana, die Auslöschung aller Ideen und Vorstellungen, einschließlich der Ideen von Unbeständigkeit und Nicht-

Selbst. Unbeständigkeit und Nicht-Selbst sind Ideen, die uns helfen sollen, die Vorstellungen von Beständigkeit und Selbst zu überwinden. Aber es sind nichtsdestoweniger Ideen, Konstrukte und nicht die Wirklichkeit selbst. Nirwana geht über alle Ideen hinaus – also sowohl über Beständigkeit als auch über Unbeständigkeit.

Vom Blickpunkt der drei Naturen betrachtet, gelten in der Natur der konstruierten Abbilder *(parikalpita)* die Dinge als dauerhaft und mit einem eigenständigen Selbst versehen. Die Natur des Abhängigen Entstehens *(paratantra)* sieht die Dinge als unbeständig und ohne Selbst, befreit uns so von der Natur der konstruierten Abbilder und hilft uns, in Kontakt mit der erfüllten Natur *(nishpanna)* zu kommen. Wenn wir die Welle berühren, berühren wir das Wasser. Wenn wir Unbeständigkeit berühren, berühren wir Nirwana. Das ist der Grund, warum es nichts zu erreichen gibt. Es gibt nicht festzuhalten und nichts loszulassen. Alles ist bereits präsent.

Wir verfangen uns in den Ideen von Geburt und Tod. Wir glauben, geboren zu werden, bedeute, aus nichts zu etwas zu werden und aus niemand zu jemand. Zu sterben, so glauben wir weiter, bedeute, aus etwas zu nichts und aus jemand zu niemand zu werden. Wenn wir aber tief schauen, erkennen wir, dass sich diese Vorstellungen nicht auf die Wirklichkeit anwenden lassen. Es gibt weder Geburt noch Tod – nur Fortdauer.

Wenn die Wolke sich in Regen verwandelt und auf Flüsse, Meere und Felder fällt, stirbt sie nicht. Sie dauert nur in anderer Form fort. Wenn sie sich mit dem Fluss vermischt, verändert sie sich weiter. Es ist wunderbar, eine am Himmel schwebende Wolke zu sein. Aber es ist ebenso wunderbar, Regen zu sein, der auf die Erde fällt. Ein Stück Papier lässt sich nicht zu Nichts reduzieren. Selbst wenn Sie es verbrennen, dauert es nur auf andere Weise fort. Einiges von ihm steigt als Rauch zum Himmel hoch und wird eins mit einer Wolke. Einiges wird zur Energie der Hitze. Einiges wird Asche und fällt zu Boden, vermischt sich mit der Erde. Ein paar Wochen später kann dieses Stück Papier sich schon wieder als winzige Blume im Gras manifestieren. Werden wir fähig sein, seine erneute Gegenwart zu erkennen?

Es gibt ein berühmtes Zen-Koan: Was war Ihr Gesicht, bevor Sie geboren wurden? Die Kontemplation dieser Frage soll uns helfen, die Nicht-Geburt- und Nicht-Tod-Natur der Wirklichkeit und unserer selbst zu erkennen. Ein französischer Wissenschaftler aus dem achtzehnten Jahrhundert, Antoine Lauren Lavoisier, sagte: »Nichts wird geboren. Nichts stirbt.« Er war kein Buddhist, sondern ein Wissenschaftler, der tief in die Natur der Wirklichkeit geschaut und diese Wahrheit entdeckt hatte. Auch im *Herz-Sutra* heißt es, dass es keine Geburt und keinen Tod, kein Entstehen und kein Vergehen gibt. Wenn Sie niemals geboren wurden, wie können Sie dann sterben? Ergreifen und zurückweisen sind nur möglich, solange Sie noch nicht ins Herz der Wirklichkeit geblickt haben.

Gewöhnlich klammern wir uns an das Leben und versuchen, vor dem Tod zu flüchten. Aber den buddhistischen Lehren zufolge ist seit anfangsloser Zeit alles schon Nirwana. Warum also sollten wir das eine ergreifen und ein anderes ablehnen? In der letztendlichen Wirklichkeit gibt es keinen Anfang und kein Ende. Wir glauben, es gebe etwas zu erreichen, etwas, das außerhalb von uns liegt, aber alles ist bereits vorhanden. Wenn wir die Vorstellungen von außen und innen überschreiten, wissen wir, dass das Objekt, das wir erlangen wollen, bereits in uns ist. Wir müssen nicht in Raum und Zeit nach ihm suchen. Es ist im gegenwärtigen Augenblick bereits verfügbar. Wir müssen nichts erlangen oder erreichen. Wir haben es bereits. Wir *sind* es bereits.

Die Lehre des Nicht-Erreichens hat sich aus der Lehre der Ziellosigkeit *(apranihita),* einem der Drei Tore der Befreiung, entwickelt. Die Drei Tore der Befreiung werden von allen buddhistischen Traditionen gelehrt. Das erste Tor ist Leerheit. Alles ist Leerheit. Leer von was? Leer von einem eigenständigen Selbst. Eine Blume ist voll von allem – Sonnenschein, Wolken, Luft und Raum. Nur von einer einzigen Sache ist sie leer, einer eigenständigen oder abgetrennten Existenz. Das ist die Bedeutung von Leerheit.

Das zweite Tor ist Zeichenlosigkeit. Wenn Sie eine Blume lediglich als Blume sehen, aber nicht den Sonnenschein, die Wolken, die Erde, die Zeit und den Raum in ihr, sind Sie im Zeichen der Blume gefangen. Wenn Sie aber die Intersein-Natur der Blume berühren, dann sehen Sie die Blume wirklich. Sehen Sie bei einem Menschen nicht auch seine Gesellschaft, Erziehung, Vorfahren, Kultur und Umwelt, haben Sie den Menschen nicht wirklich gesehen. Stattdessen haben Sie sich vom Zeichen dieses Menschen täuschen lassen, von der äußeren Erscheinung eines eigenständigen Selbst. Sehen Sie den Menschen in seiner ganzen Tiefe, berühren Sie den gesamten Kosmos und werden nicht von der äußeren Erscheinung getäuscht. Das nennen wir Zeichenlosigkeit.

Das dritte Tor ist Ziellosigkeit. Was wir werden wollen, sind wir bereits. Wir müssen nicht zu jemand anderem werden. Alles, was wir zu tun haben, ist, vollständig und authentisch wir selbst zu sein. Wir müssen nicht hinter irgendetwas herlaufen. Wir tragen den gesamten Kosmos schon in uns. Wir kehren einfach zu uns selbst zurück, mit Hilfe der Achtsamkeit, und berühren den Frieden und die Freude, die bereits in uns und überall um uns herum gegenwärtig sind. Ich bin angekommen. Ich bin zu Hause. Es gibt nichts zu tun. Das ist das dritte Tor zur Wirklichkeit. Ziellosigkeit, Nicht-Erreichen, ist eine wunderbare Praxis.

Unsere Geistesplagen sind nichts anderes als Erleuchtung. Wir können in Frieden auf den Wogen von Geburt und Tod reiten. Furchtlos lächelnd können wir auf dem Boot des Mitgefühls den Ozean der Verblendung bereisen. Im Licht des Interseins sehen wir die Blume im Abfall und den Abfall in der Blume. Gerade auf dem Boden des Leidens, dem Grund der Geistesplagen, können wir Erleuchtung und Wohlergehen betrachten. Gerade im schlammigen Wasser wächst und erblüht der Lotos.

Bodhisattvas sind bereits zur Wirklichkeit von Nicht-Geburt und Nicht-Tod vorgedrungen. Darum auch sind sie furchtlos, Tag und Nacht. Diese Freiheit von Furcht lässt sie denen helfen, die leiden. Wir können nur ein Buddha werden, wenn wir in der Welt des Leidens und der Geistesplagen leben. Und wir sind frei. Wir können furchtlos auf dem Ozean von Geburt und Tod reiten und jenen helfen, die im Ozean des Leidens versinken.

Fünfzig *Furchtlosigkeit*

Wenn wir erkennen, dass die Geistesplagen nichts anderes sind
als Erleuchtung,
können wir in Frieden auf den Wellen von Geburt und Tod reiten.
Im Boot des Mitgefühls auf dem Ozean der Verblendung reisend,
lächeln wir das Lächeln der Furchtlosigkeit.

Im Mittelpunkt des letzten der *Fünfzig Verse* stehen die Bodhisattvas, diejenigen, die erleuchtet sind und sich das Recht verdient haben, den Kreislauf von Geburt und Tod für immer zu verlassen, die sich aber stattdessen freudig und furchtlos dafür entscheiden, in dieser Welt von Geburt, Tod und Geistesplagen zu bleiben. Bodhisattvas stehen auf demselben Boden wie wir – der Welt von Geburt und Tod, Beständigkeit und Selbst. Aber dank ihrer Praxis der tiefen Betrachtung von Unbeständigkeit und Nicht-Selbst sind sie in Kontakt mit der letztendlichen Dimension und frei von Angst bezüglich Existenz und Nicht-Existenz, einem und vielen, Kommen und Gehen, Geburt und Tod. In dieser Freiheit reiten sie auf den Wogen von Geburt und Tod in vollkommenem Frieden. Sie können in der Welt der Wellen bleiben, während sie in der Natur des Wassers weilen.

»Auf den Wellen von Geburt und Tod reiten« ist eine Beschreibung der vier großen Bodhisattvas des *Lotos-Sutra* – Avalokiteshvara, Samantabhadra, Bhaishajyaraja und Gadgadasvara. Sie repräsentieren die Praxis für dieses Leben, und diese liegt in der Dimension des Handelns. In einer Welt voller Schmerz und Trauer können diese Bodhisattvas immer noch mitfühlend und furchtlos lächeln, denn sie sind fähig, die Nicht-Dualität von Geistesplagen und Erwachen zu sehen und die Wirklichkeit von Nirwana zu berühren.

Die buddhistischen Texte sprechen von drei Arten von Geschenken: materielle Güter, das Teilen des Dharma mit anderen und

Furchtlosigkeit. Letztere gilt als das größte Geschenk. Weil Bodhisattvas frei sind von Furcht, können sie vielen Lebewesen helfen. Furchtlosigkeit ist das wertvollste Geschenk, das wir unseren Lieben geben können. Nichts ist kostbarer. Aber wir können dieses Geschenk nicht machen, ohne es selbst zu besitzen. Wenn wir geübt und die letztendliche Dimension der Wirklichkeit berührt haben, können auch wir das furchtlose Lächeln der Bodhisattvas lächeln. Wie sie müssen auch wir nicht mehr vor den Geistesplagen fliehen. Wir müssen uns nicht irgendwo anders hinbegeben, um Erleuchtung zu erlangen. Wir erkennen, dass Geistesplagen und Erleuchtung eins sind. Mit verblendetem Geist sehen wir überall nur Geistesplagen. Mit wahrem Geist sind die Geistesplagen nicht mehr vorhanden. Es gibt nur noch Erleuchtung. Wir fürchten uns nicht mehr vor Geburt und Tod, weil wir die Natur des Interseins berührt haben.

Die Arbeit mit Sterbenden erfordert in besonderem Maße Festigkeit und Furchtlosigkeit. Sterbende brauchen unsere Stabilität und Furchtlosigkeit, um in Frieden sterben zu können. Wenn wir die letztendliche Natur zu berühren verstehen, wenn wir die Wirklichkeit von Nicht-Geburt und Nicht-Tod kennen, können wir jegliche Angst überwinden. Und wenn wir dann bei Sterbenden sitzen, können wir eine Quelle des Trostes und der Inspiration für sie sein. Furchtlosigkeit ist die höchste Praxis im Buddhismus. Um uns von jeglicher Furcht zu befreien, müssen wir den Grund unseres Seins berühren und uns darin üben, direkt in das Licht des Interseins zu blicken.

Das *Herz-Sutra* beschreibt, wie Bodhisattva Avalokiteshvara – weil er fähig ist, tief in die Nicht-Selbst-Natur der Fünf Skandhas[9] zu blicken – die Natur der Leerheit entdeckt und plötzlich alle Geistesplagen überwindet. Dadurch empfängt er die Energie der Furchtlosigkeit, die ihn befähigt, so vielen anderen zu helfen. Haben wir erst einmal erkannt, dass unsere Geistesplagen nichts anderes sind als Erleuchtung, können auch wir voller Freude auf den Wogen von Geburt und Tod reiten.

Eine Gärtnerin jagt nicht den Blumen nach und flüchtet auch

nicht vor dem Abfall. Sie nimmt beide an und kümmert sich gut um sie. Sie haftet weder an dem einen, noch weist sie das andere von sich, denn sie erkennt, dass die Natur beider Intersein ist. Sie hat mit der Blume und dem Abfall Frieden geschlossen. Eine Bodhisattva geht mit Erleuchtung und Geistesplagen auf die gleiche Weise um wie eine geschickte Gärtnerin mit Blumen und Abfall – ohne jede wertende Unterscheidung. Sie versteht sich auf die Arbeit der Transformation, und daher hat sie keine Angst mehr. Das ist die Haltung eines Buddha.

Anmerkungen

Einführung

1 Der Pali-Kanon war die erste schriftliche Aufzeichnung der Lehren des Buddha, niedergeschrieben im heutigen Sri Lanka, etwa einhundert Jahre nach Buddhas Tod. Er ist auch als *Tipitaka* (Sanskrit *Tripitaka*, wörtlich »drei Körbe«) bekannt. Diese Körbe umfassen den *Sutta-pitaka* (Skt. *Sutra-pitaka*), die ursprünglichen Lehrreden des Buddha, den *Vinaya-pitaka*, das monastische Regelwerk, sowie den *Abhidhamma-pitaka* (Skt. *Abhidarma-pitaka*), die früheste Sammlung buddhistischer Philosophie und Psychologie.

2 Diese drei Perioden datieren von der Zeit des Buddha, Mitte des sechsten bis Mitte des fünften Jahrhunderts v. u. Z. bis etwa zum siebten Jahrhundert u. Z. Für einen Überblick siehe Thich Nhat Hanh, *Das Herz von Buddhas Lehre* (Freiburg i. Br.: Herder, 1999).

3 Hier wird der Begriff Sangha in eingeengter Bedeutung als die Gemeinschaft der ordinierten buddhistischen Mönche und Nonnen verwendet. Im normalen Sprachgebrauch wie auch im Rest des Buches bezieht Sangha sich allgemein auf die Gemeinschaft der Buddhistinnen und Buddhisten.

4 Die Sthaviras waren die Vorläufer der Theravada-Schule (wörtl. »Weg der Älteren«), der vorherrschenden Form des Buddhismus im heutigen Süd- und Südostasien.

5 Für eine detaillierte Beschreibung der verschiedenen Schulen und der Unterschiede ihrer Lehrmeinungen siehe Edward Conze *Buddhistisches Denken* (Frankfurt am Main: Insel, 1988).

6 Das Mahayana entwickelte sich von ca. 100 v. u. Z. bis 100 u. Z.

Charakteristisch für das Mahayana ist das Ideal des Bodhisattva (wörtl. »Erleuchtungswesen«), der für das Erwachen aller Wesen arbeitet, im Gegensatz zum früheren buddhistischen Ideal des Arhat, der sich auf seine eigene Befreiung konzentriert. Das Mahayana ist die vorherrschende Form des Buddhismus im heutigen China, Tibet, Korea, Japan und Teilen Vietnams.

7 Buddhaghosa, *Der Weg zur Reinheit (Visuddhi-Magga)*. Übersetzt von Bhikkhu Nyanatiloka (Konstanz: Christiani Verlag, 1952).

8 Ins Englische übersetzt aus Louis de La Vallée Poussins französischer Übersetzung von Leo Pruden, *Abhidharma Kosha Bhashya* (Fremont, CA: Asian Humanities Press, Abdruck von der Jain Publishing Company, 1990.

9 *Samgraha* bedeutet Kompendium, Zusammenfassung oder Essenz. *Shastra* ist ein Kommentar. Dieser Text wurde ins Französische übersetzt von Étienne Lamotte, *La Somme du Grand Véhicule d'Asanga* (Louvain, Belgien: Institut Orientaliste, Éditions Peeters, 1973) und ins Englische von John P. Keenan, *The Summary of The Great Vehicle* (Berkeley, CA: Numata Center for Buddhist Translations and Research, 1992).

10 Sowohl Vijnanavada als auch Yogacara waren frühe, auf das Studium der Natur des Bewusstseins gegründete Schulen des Mahayana-Buddhismus. Vijnana bedeutet wörtlich »Geist« oder »Bewusstsein«. Die Schule ist besser bekannt unter dem Namen Nur-Geist- oder Nur-Bewusstsein-Schule. Dieser Name hat häufig zu dem Missverständnis geführt, dass es sich dabei um eine Art philosophischen Idealismus handelt. Aus diesem Grund habe ich in diesem Buch stets den Namen Schule der Nur-Manifestation (*Vijnaptimatra*) benutzt. Die Schule des Yogacara (wörtl. »Anwendung des Yoga«) bezieht ihren Namen aus ihrer Betonung der Praxis des Yoga, das heißt der Meditation, speziell der meditativen Praktiken der Vollkommenheiten *(paramitas)*, der essenziellen Qualitäten eines Bodhisattva.

11 Beide Abhandlungen liegen in einer französischen Fassung vor, *Deux traités de Vasubandhu: Vimshatika et Trimshika*, übersetzt von Sylvain Lévi (Paris: Bibliothèque des l'École des Hautes Études, 1925), und wurden auch von vielen Gelehrten ins Englische übersetzt. Unter anderem von David J. Kalupahana in *The Principles of Buddhist*

Psychology (Albany, NY: State University of New York Press, 1987) S. 173–192, und Francis H. Cook, in *Three Texts on Consciousness Only* (Berkeley, CA: Numata Center for Buddhist Translation and Research, 1999), »Thirty Verses of Consciousness Only« (S. 371–381) und »The Treatise in Twenty Verses on Consciousness Only« (S. 385–408). Eine Sanskritversion der *Dreißig Verse* wurde von Professor Sylvain Lévi in den 20er Jahren entdeckt. Ebenfalls existiert eine Übersetzung des Sanskritoriginals Vasubandhus ins Chinesische von Xuanzang, zusammen mit einem Kommentar Xuanzangs. Das ins Tibetische übersetzte Sanskritoriginal wurde von Stefan Anacker ins Englische übertragen und zwar in seinem Werk *Seven Works of Vasubandhu: The Buddhist Psychological Doctor* (Delhi: Motilal Banarsidass, 1984, 1998) S. 181–190.

12 Der japanische Buddhismusgelehrte Takakusu nennt sie »Semi-Mahayana« und »Quasi-Mahayana« in *Essential of Buddhist Philosophie* (Honolulu, HI: University of Hawaii Press, 1947).

13 Die Universität von Nalanda, gegründet im fünften Jahrhundert, lag zirka acht Kilometer entfernt von Rajagriha, dem heutigen Rajgir im indischen Bundesstaat Bihar. Xuanzangs Bericht seiner Reisen in Indien wurde ins Englische übersetzt von Li Rongxi, *The Great Tang Dynasty Record of the Western Regions* (Berkeley, CA: Numata Center for Buddhist Translation and Research, 1996).

14 Sylvain Lévi entdeckte auch ein Sanskritmanuskript eines Kommentars von Sthiramati zu Vasubandhus *Dreißig Verse* und veröffentlichte es in einer französischen Übersetzung, *Matériaux pour l'Étude du Système Vijnaptimatra*, bearbeitet von Honoré Champion (Paris: Libraire Ancienne, 1932). Die französische Version wurde in der Folge ins Englische und aus dem Englischen dann ins Chinesische übersetzt.

15 Dieser Text findet sich so nicht im *Taisho Tripitaka*; der *Taisho Tripitaka* enthält aber einen Kommentar von Xuanzangs Schüler Putai zu diesem Text, in dem der Text selbst enthalten ist *Pa-shih Kuei-chu Pu-chu, Taisho* 45, 467–476. Xuanzangs *Pa-shih Kuei-chu Sung (Standardverse über die Acht Formen des Bewusstseins)* wurde von Ronald Epstein ins Englische übersetzt; die Übersetzung findet sich unter: http://online.sfsu.edu/~rone/Buddhism/Yogacara/BasicVersecon-

tents.htm. Xuanzangs Hauptwerk ist sein Kommentar zu Vasubandhus *Dreißig Versen, Cheng Wei Shi Lun*, dem Grundlagentext der Wei-Shi-(Nur-Bewusstsein-)Schule des chinesischen Buddhismus. Dieser Text wurde zusammen mit Vasubandhus *Dreißig Verse* und *Zwanzig Verse* (siehe Anm. 11) ins Englische übersetzt von Francis H. Cook und veröffentlicht unter dem Titel »Demonstration of Consciousness Only« in *Three Texts on Consciousness Only* (Berkeley, CA: Numata Center for Buddhist Translation and Research, 1999) S. 7–370.

16 Für Näheres zum *Avatamsaka-Sutra*, siehe Thich Nhat Hanh, *Aus der Tiefe des Verstehens die Liebe berühren* (Berlin: Theseus, 1996). Siehe auch Thomas Cleary, *The Flower Ornament Scripture: A Translation of the Avatamsaka-Sutra* (Boston, MA: Shambhala Publications, 1993) und Cleary, *Entry into the Inconceivable* (Honolulu, HI: University of Hawaii Press, 1983) S. 147–170.

Anmerkungen Teil I

1 Siehe Einführung Anm. 10.

2 Alle Schulen des Buddhismus gehen aus von einem grundlegenden Bewusstsein, aus dem »geistige Gebilde« (*citta-samskara*) hervorgehen. Die Tamrashatiya-Schule nennt es »Strom der Bausteine der Existenz« *(bhavangashrota)*, »Strom des Seins«, »Grund von Samsara und Wiedergeburt«. Auch die Nur-Manifestation-Schule vergleicht das Bewusstsein mit einem Wasserstrom. Tang Hoi, der erste Dhyana-(Zen-)Meister Vietnams, verglich den Geist mit einem Ozean. Alles, was wir sehen, hören, riechen, schmecken, berühren, empfinden oder denken, fließt in den Ozean unseres Geistes gleich Tausenden von Flüssen. Die Sarvastivada-Schule verwendete den Begriff »Wurzel-« oder »Basis-Bewusstsein« *(mulavijnana)*. In den *Dreißig Versen* verwendet Vasubandhu den Sarvastivada-Begriff »Wurzelbewusstsein«. Der Ursprungsbuddhismus benutzte die Worte *citta* (manchmal auch *citta-raja*, »Geist-König«), *manas* und *vijnana* austauschbar für »Geist«. Zur Zeit der Entwicklung des Nur-Manifestation-Buddhismus hatte aber jeder dieser drei Begriffe eine eigene Bedeutungsebene

herausgebildet. So bezog sich *citta* auf das Speicherbewusstsein – die Wurzel oder Basis des Bewusstseins. Phänomene, die aus dem Speicherbewusstsein hervorkommen, werden »Geistesfunktionen« *(caitasika)* genannt. Das *Avatamsaka-Sutra* bedient sich des Begriffs »Nur-Geist« *(citta-matra)*. Im späteren *Lankavatara-Sutra* wurden die Begriffe *vijnapti-matra* (Nur-Manifestation) und *vijnana-matra* (Nur-Bewusstsein) eingeführt.

3 Obwohl Begriffe wie »Fähigkeit zu speichern«, »gespeicherte Objekte«, »alle Samen« und »Speicher für das Anhaften an einem Selbst« erstmals in der Nur-Manifestation-Schule des Mahayana-Buddhismus verwendet wurden, war ihre grundlegende Bedeutung auch schon in den Lehren des Ursprungs- und Viele-Schulen-Buddhismus gegenwärtig.

4 Siehe Einführung.

5 Wenn bedingt durch bestimmte Umstände eine Frau sich gezwungen sieht, eine Abtreibung vornehmen zu lassen, zittert das Universum, denn es weiß, dass das Embryo, das zerstört werden soll, viele Generationen von Vorfahren und viele zukünftige Generationen in sich trägt. Das unendlich Kleine enthält das unendlich Große. Aber der Boden für unser Handeln muss stets Mitgefühl sein. Also müssen wir jeden Fall sorgfältig untersuchen und dürfen nicht verallgemeinern. Wir dürfen keine eisernen Regeln aufstellen, die für alle Frauen unter allen Umständen Gültigkeit haben sollen. Wir sollten in einem solchen Fall als Gemeinschaft zusammenkommen, mit der ganzen Familie, der Frauenärztin, unseren Freundinnen und Freunden, Kolleginnen und Kollegen, Nachbarn und Mitpraktizierenden und gemeinsam unsere »Sangha-Augen« benutzen, um eine solche Entscheidung zu treffen. Wir können außerordentlich von der Einsicht der Gemeinschaft profitieren. Eine solche Entscheidung ist niemals leicht. Wenn wir tief schauen, können wir nie leichtfertig oder oberflächlich ja oder nein sagen. Tiefe, kollektive Einsicht ist nötig.

6 Buddhacarita XIV, 50 und 51.

7 Siehe Thich Nhat Hanh, *Das Herz von Buddhas Lehre* (Freiburg i. Br.: Herder, 1999).

8 *Vinaya Mahavagga* V

9 »Dinge-an-sich« ist ein Begriff, den auch der deutsche Philosoph

Immanuel Kant (1724–1804) verwendete. Kant zufolge ordnet der Geist (»Verstand«) mit Hilfe von vier Gruppen von Kategorien die Inhalte der Erfahrung: Quantität, Qualität, Relation und Modalität. Diese Kategorien sind selbst ohne Inhalt und geben nur die Struktur für Objekte möglicher Erfahrung vor. Raum zum Beispiel ist nichts außerhalb von uns, sondern lediglich eine Struktur im Geist, die Objekte zueinander in Beziehung setzt. Es ist der aktive Beitrag des Geistes, der dem äußeren Material unserer Erfahrung Bedeutung verleiht. Ob die Dinge wirklich so sind, wie sie uns erscheinen, können wir nie wissen, denn all unser Wissen ist vom Filter des Geistes vorstrukturiert. Das ist die Basis für Kants berühmte Unterscheidung zwischen dem unkennbaren Noumenon oder Ding-an-sich und dem Phänomen, der Erscheinung.

10 Das *Herz-Sutra (prajnaparamita-hridaya-sutra)* ist einer der populärsten und wichtigsten Texte des Buddhismus in Ostasien. Sein Name deutet darauf hin, dass es das »Herz« oder die Essenz der Prajnaparamita-Lehren (siehe Anm. 14 in diesem Kapitel) des Mahayana enthält. Siehe Thich Nhat Hanh, *Mit dem Herzen verstehen: Kommentare zum Prajnaparamita-Herz-Sutra* (Berlin: Theseus, 1989).

11 Die Reine-Land-Schule des Mahayana-Buddhismus entwickelte sich im fünften Jahrhundert in China. Sie betont den Glauben an die erlösenden Kräfte des Buddha Amitabha, Buddha des Westlichen Paradieses oder Reinen Lands. Das Reine Land ist eine Welt der Glückseligkeit, in der die Gläubigen durch die Kraft von Amitabhas großem Gelübde des Mitgefühls wiedergeboren werden.

12 Die sechs Ebenen oder Bereiche, in die Lebewesen aufgrund ihrer Handlungen *(karma)* wiedergeboren werden können, gliedern sich in die drei höheren Bereiche der Götter *(deva)*, Titanen *(asura)* und Menschen sowie in die drei niederen Bereiche der Tiere, Hungergeister *(preta)* und Höllen. Auch wenn alle sechs Bereiche zum Kreislauf der Existenz *(samsara)* gehören, sind die Wesen der drei höheren Bereiche – insbesondere die Menschen – fähig, ihr Bewusstsein zu verwandeln und Befreiung aus Samsara zu finden oder zumindest die Bedingungen für eine günstige Wiedergeburt zu schaffen, während die Wesen der niederen Bereiche nicht so leicht Befreiung vom Kreislauf der Existenzen oder eine günstige Wiedergeburt finden können.

13 Siehe Thich Nhat Hanh, *Das Diamant-Sutra, Kommentare zum Prajnaparamita Diamant-Sutra* (Berlin: Theseus, 1993).

14 Die Sutras der Prajnaparamita (Vollkommenheit der Weisheit) sind eine Sammlung von etwa vierzig Texten, verfasst etwa im ersten Jahrhundert; sie stellen eine Grundlage für die Lehren des Mahayana zur Verwirklichung von *prajna* (Weisheit, Verstehen) dar. Sie hatten großen Einfluss auf die Entwicklung der Philosophie der späteren großen chinesischen Schulen des Buddhismus, einschließlich der Schule des Ch'an (Zen).

15 Indra, eine Gottheit der hinduistischen Mythologie, ist eine von vielen göttlichen Gestalten, die in die Lehren des Buddhismus in Indien integriert wurden.

16 Siehe Thich Nhat Hanh, *Donnerndes Schweigen: Das Sutra über die Kenntnis vom besseren Weg, eine Schlange zu fangen* (Berlin: Theseus, 1995).

17 Für eine eingehende Diskussion des Entstehens in Abhängigkeit siehe Thich Nhat Hanh, *Das Herz von Buddhas Lehre* (Freiburg i. Br.: Herder, 1999) Kap. 27.

Anmerkungen Teil II

1 Siehe Einführung.

2 Die einundfünfzig Kategorien sind die fünf universellen, die fünf speziellen, die elf heilsamen, die sechsundzwanzig unheilsamen und die vier unbestimmten geistigen Gebilde. Alle einundfünfzig Kategorien geistiger Gebilde sind in Kap. 30 detailliert aufgeführt. Weitere Erläuterungen zu den geistigen Gebilden siehe Thich Nhat Hanh, *Das Herz von Buddhas Lehre* (Freiburg i. Br.: Herder, 1999) Kap. 11 und 23.

3 Die zehn Bhumis (»Länder«) sind die Stufen der Praxis und Verwirklichung, die ein Bodhisattva auf dem Weg zur Buddhaschaft durchläuft. Diese sind: 1) *Pramudita-bhumi*, das Land der Freude; 2) *Vimala-bhumi*, das Land der Reinheit; 3) *Prabhakari-bhumi*, das Land des Strahlens; 4) *Arcishmati-bhumi*, das lodernde Land; 5) *Sudurjaya-bhumi*, das überaus schwer zu erobernde Land; 6) *Abhimukhi-bhumi*,

das Land in Sicht der Weisheit; 7) *Durangama-bhumi*, das weit reichende Land; 8) *Acala-bhumi*, das unerschütterliche Land; 9) *Sadhumati-bhumi*, das Land der guten Gedanken; und 10) *Dharmamegha-bhumi*, das Land der Dharmawolke.

4 Siehe Thich Nhat Hanh, *Vierzehn Tore der Achtsamkeit* (Berlin: Theseus, 1998).

Anmerkungen Teil III

1 Siehe *Taisho.*

2 Siehe die zweisprachige Ausgabe (Vietnamesisch, Englisch) von Nguyen Du, *The Tale of Kieu* (New Haven, CT: Yale University Press, 1983).

3 Siehe Thich Nhat Hanh, *Und ich blühe wie die Blume: Geführte Meditationen und Lieder* (Braunschweig: Aurum, 1995).

4 Für eine vollständige Liste der einundfünfzig Kategorien geistiger Gebilde, siehe Kap. 30.

5 In traditionellen buddhistischen Texten wird Mara gelegentlich als Gottheit dargestellt, auch bekannt als der Verführer, der Böse oder der Mörder. Mara versinnbildlicht das Gegenteil der Buddha-Natur.

6 Ein Arhat ist jemand, der die Stufe des »Nicht mehr Lernens« erlangt hat. Er hat alle Verblendungen zerstört und wird nicht in Samsara wiedergeboren. Der Arhat ist die höchste Stufe spiritueller Verwirklichung im Ursprungsbuddhismus und damit das Ideal der frühen buddhistischen Schulen, im Gegensatz zum Ideal des Mahayana-Buddhismus, dem Bodhisattva.

Anmerkungen Teil V

1 Für eine eingehende Diskussion des Entstehens in Abhängigkeit siehe Thich Nhat Hanh, *Das Herz von Buddhas Lehre* (Freiburg i. Br.: Herder, 1999) Kap. 27.

2 Meister Khanh Hy (1067–1142).

3 Siehe *Shurangama Samadhi Sutra*, übersetzt von John McRae (Berkeley, CA: Numata Center, 1998).
4 Siehe Thich Nhat Hanh, *Das Diamant-Sutra, Kommentare zum Prajnaparamita Diamant-Sutra* (Berlin: Theseus, 1993).
5 Siehe Thich Nhat Hanh, »Wahre Quelle«, in *Nenne mich bei meinen wahren Namen* (Berlin: Theseus, 1997), S. 116.

Anmerkungen Teil VI

1 *Taisho* 104
2 Thich Nhat Hanh, »Empfehlung«, in *Nenne mich bei meinen wahren Namen* (Berlin: Theseus, 1997), S. 26.
3 Für eine ausführliche Beschreibung des Edlen Achtfachen Pfades, siehe Thich Nhat Hanh, *Das Herz von Buddhas Lehre* (Freiburg i. Br.: Herder, 1999) Kap. 9–16.
4 Siehe Thich Nhat Hanh, *Der Geruch von frisch geschnittenem Gras, Anleitung zur Gehmeditation* (Berlin: Theseus, 2002).
5 Siehe Thich Nhat Hanh, *Das Wunder des bewussten Atmens* (Berlin: Theseus, 2000).
6 Siehe Thich Nhat Hanh, *Umarme deine Wut: Sutra der Vier Verankerungen der Achtsamkeit* (Berlin: Theseus, 1992).
7 Thich Nhat Hanh, »Guarding the Six Senses«, in *A Basket of Plums*, Third Edition (France: Plum Village, 2000) Nr. 23.
8 Siehe Thich Nhat Hanh, *Unsere Verabredung mit dem Leben* (Berlin: Theseus, 1991).
9 Die Fünf Skandhas oder Aggregate sind die Komponenten, aus denen sich das zusammensetzt, was wir gewöhnlich als Persönlichkeit oder Selbst bezeichnen. Sie sind Form, Gefühle, Wahrnehmungen, Willensregungen oder geistige Gebilde und Bewusstsein. Eine ausführliche Behandlung des Themas findet sich in Thich Nhat Hanh, *Das Herz von Buddhas Lehre* (Freiburg i. Br.: Herder, 1999) Kap. 23.